高职高专工学结合课程改革规划教材

Baoxian Falü Fagui yu Baoxian Tiaokuan
保险法律法规与保险条款

（汽车运用技术专业用）

交通职业教育教学指导委员会
汽车运用与维修专业指导委员会　组织编写

曹云刚　彭朝晖　　主　编
李富仓（内蒙古大学）　主　审

人民交通出版社

内 容 提 要

本书是高职高专工学结合课程改革规划教材,是在各高等职业院校积极践行和创新先进职业教育思想和理念,深入推进"校企合作、工学结合"人才培养模式的大背景下,由交通职业教育教学指导委员会汽车运用与维修专业指导委员会根据新的教学标准和课程标准组织编写而成。

本教材以汽车保险理赔中涉及的法律法规为主线,内容主要包括保险法、交通事故责任强制保险条款、机动车辆商业保险条款、合同法条款、民法通则条款及道路交通安全法条款等,共6个学习单元。

本书主要供高职高专院校汽车运用技术、汽车检测与维修、汽车营销、汽车保险专业教学使用。

图书在版编目(CIP)数据

保险法律法规与保险条款／曹云刚,彭朝晖主编.
— 北京:人民交通出版社,2011.9
　ISBN 978-7-114-09259-6

Ⅰ.①保… Ⅱ.①曹…②彭… Ⅲ.①保险法-中国
-高等职业教育-教材　Ⅳ.①D922.284

中国版本图书馆 CIP 数据核字(2011)第 135550 号

高职高专工学结合课程改革规划教材
书　名:保险法律法规与保险条款
著 作 者:曹云刚　彭朝晖
责任编辑:张　强　赵东方
出版发行:人民交通出版社股份有限公司
地　　址:(100011)北京市朝阳区安定门外外馆斜街3号
网　　址:http://www.ccpress.com.cn
销售电话:(010) 59757973
总 经 销:人民交通出版社股份有限公司发行部
经　　销:各地新华书店
印　　刷:北京市密东印刷有限公司
开　　本:787×1092　1/16
印　　张:11
字　　数:238千
版　　次:2011年9月　第1版
印　　次:2016年7月　第3次印刷
书　　号:ISBN 978-7-114-09259-6
定　　价:30.00元

(有印刷、装订质量问题的图书由本社负责调换)

交通职业教育教学指导委员会
汽车运用与维修专业指导委员会

主 任 委 员：魏庆曜

副主任委员：张尔利　汤定国　马伯夷

委　　　员：王凯明　王晋文　刘　锐　刘振楼

　　　　　　　刘越琪　许立新　吴宗保　张京伟

　　　　　　　李富仓　杨维和　陈文华　陈贞健

　　　　　　　周建平　周柄权　金朝勇　唐　好

　　　　　　　屠卫星　崔选盟　黄晓敏　彭运均

　　　　　　　舒　展　韩　梅　解福泉　詹红红

　　　　　　　裴志浩　魏俊强　魏荣庆

秘　　　书：秦兴顺

编审委员会

公共平台组

组　　长：魏庆曜
副 组 长：崔选盟　周林福
成　　员：王福忠　林　松　李永芳　叶　钢　刘建伟　郭　玲
　　　　　马林才　黄志杰　边　伟　屠卫星　孙　伟
特邀主审：郭远辉　杨启勇　崔振民　韩建保　李　鹏　陈德阳

机电维修专门化组

组　　长：汤定国
副 组 长：陈文华　杨　洸
成　　员：吕　坚　彭小红　陈　清　杨宏进　刘振楼　王保新
　　　　　秦兴顺　刘　成　宋保林　张杰飞
特邀主审：卞良勇　黄俊平　寨小平　张西振　疏祥林　李　全
　　　　　黄晓敏　周建平

维修服务顾问专门化组

组　　长：杨维和
副 组 长：刘　焰　杨宏进
成　　员：韦　峰　罗　双　周　勇　钱锦武　陈文均　刘资媛
　　　　　金加龙　王彦峰　杨柳青
特邀主审：吴玉基　刘　锐　张　俊　邹小明　熊建国

保险与公估专门化组

组　　长：张尔利
副 组 长：阳小良　彭朝晖
成　　员：李远军　陈建宏　侯晓民　肖文光　曹云刚　廖　明
　　　　　荆叶平　彭晓艳
特邀主审：文爱民　任成尧　李富仓　刘　璘　冷元良

前言

为落实《国家中长期教育改革和发展规划纲要(2010—2020年)》精神,深化职业教育教学改革,积极推进课程改革和教材建设,满足职业教育发展的新需求,交通职业教育教学指导委员会汽车运用与维修专业指导委员会按照工学结合一体化课程的开发程序和方法编制完成了《高职汽车运用技术专业教学标准和课程标准》,在此基础上组织全国交通职业技术院校汽车运用技术专业的骨干教师及相关企业的专业技术人员,编写了本套规划教材,供高职高专院校汽车运用技术、汽车检测与维修专业教学使用。

本套教材在启动之初,交通职业教育教学指导委员会汽车运用与维修专业指导委员会又邀请了国内著名职业教育专家赵志群教授为主编人员进行了关于课程开发方法的系统培训。初稿完成后,根据课程的特点,分别邀请了企业专家、本科院校的教授和高职院校的教师进行了主审,之后又专门召开了两次审稿会,对稿件进行了集中审定后才定稿,实现了对稿件的全过程监控和严格把关。

本套教材在编写过程中,主要编写人员认真总结了全国交通职业院校多年来的教学成果,结合了企业职业岗位的客观需求,吸收了发达国家先进的职教理念,教材成稿后,形成了以下特色:

1. 强调"校企合作、工学结合"。汽车运用技术专业建设,从市场调研、职业分析,到教学标准、课程标准开发,再到教材编写的全过程,都是职业院校的教师与相关企业的专业人员一起合作完成的,真正实现了学校和企业的紧密结合。本专业核心课程采用学习领域的课程模式,基于职业典型工作任务进行课程内容选择和组织,体现了工学结合的本质特征——"学习的内容是工作,通过工作实现学习",突出学生的综合职业能力培养。

2. 强调"课程体系创新,编写模式创新"。按照整体化的职业资格分析方法,通过召开来自企业一线的实践专家研讨会分析得出职业典型工作任务,在专业教师和行业专家、教育专家共同努力下进行教学分析和设计,形成了汽车运用技术专业新的课程体系。本套教材的编写,也打破了传统教材的章节体例,以具有代表性的工作任务为一个相对完整的学习过程,围绕工作任务聚焦知识和技能,体现行动导向的教学观,提升学生学习的主动性和成就感。

前　言

《保险法律法规与保险条款》是本套教材中的一本。与传统同类教材相比，本教材力求理论联系实际，在条款中穿插案例，在案例中引用条款，具有易学、易懂、易用的特点。

本书编写分工为：广西交通职业技术学院的吴丹编写学习单元1，广西交通职业技术学院的彭朝晖编写学习单元2，贵州交通职业技术学院的田佩先、曹云刚编写学习单元3，广西交通职业技术学院的林明松编写学习单元4，贵州交通职业技术学院的周文、曹云刚编写学习单元5，贵州交通职业技术学院的彭静、田佩先编写学习单元6。全书由贵州交通职业技术学院的曹云刚、广西交通职业技术学院的彭朝晖担任主编，内蒙古大学交通学院的李富仓担任主审。

限于编者经历和水平，教材内容难以覆盖全国各地的实际情况，希望各教学单位在积极选用和推广本系列教材的同时，注重总结经验，及时提出修改意见和建议，以便再版修订时补充完善。

交通职业教育教学指导委员会
汽车运用与维修专业指导委员会
2011年6月

目录

学习单元 1　保险法 ··· 1
　一、保险法概述 ··· 1
　二、保险法基本原则 ·· 5
　三、有关保险合同的相关规定 ·· 10
　四、对保险公司的规定 ··· 13
　五、保险经营规则 ·· 14
　六、有关保险中介的管理规定 ·· 16
　思考与练习 ·· 16

学习单元 2　交通事故责任强制保险 ·· 18
　一、总则 ··· 18
　二、基本定义 ·· 20
　三、保险责任 ·· 21
　四、垫付与追偿 ··· 22
　五、责任免除 ·· 23
　六、保险期间 ·· 24
　七、投保人、保险人义务 ··· 24
　八、赔偿处理 ·· 26
　九、合同变更与终止 ·· 31
　十、附则及代缴车船税规定 ·· 32
　十一、交强险财产损失互碰自赔 ··· 33
　思考与练习 ·· 35

学习单元 3　机动车辆商业保险条款 ·· 37
　一、机动车辆商业保险概述 ·· 37
　二、机动车辆损失保险条款 ·· 41
　三、机动车辆第三者责任保险条款 ··· 64
　四、机动车辆附加保险条款 ·· 70
　思考与练习 ·· 75

学习单元 4　合同法条款 ·· 78
　总则 ··· 78

1

目录

    一、一般规定 ·· 78
    二、合同的订立 ·· 79
    三、合同的效力 ·· 84
    四、合同的履行 ·· 86
    五、合同的变更和转让 ··· 89
    六、合同的权利义务终止 ·· 91
    七、违约责任 ·· 93
    八、其他规定 ·· 96
    分则(节选) ·· 97
    九、委托合同 ·· 97
    十、行纪合同和居间合同 ·· 98
    思考与练习 ··· 100

学习单元5 民法通则条款 ··· 101

    一、民法通则基本原则 ··· 101
    二、有关公民与法人的法律规定 ·· 102
    三、有关民事法律行为和代理的法律规定 ···································· 105
    四、有关民事权利与民事责任的法律规定 ···································· 109
    思考与练习 ··· 116

学习单元6 道路交通安全法条款 ································· 119

    一、总则 ··· 119
    二、车辆和驾驶人 ·· 121
    三、道路通行条件 ·· 129
    四、道路通行规定 ·· 132
    五、交通事故处理 ·· 141
    六、执法监督 ·· 145
    七、法律责任 ·· 148
    思考与练习 ··· 163

参考文献 ·· 165

学习单元1 保险法

学习目标

1. 描述保险法的立法目的、基本原则;
2. 运用保险原则分析判断保险案件;
3. 运用保险法条款规定分析判断汽车保险案件;
4. 规范自身的保险行为。

学习时间

6学时

一、保险法概述

1 保险法立法宗旨

第一条 为了规范保险活动,保护保险活动当事人的合法权益,加强对保险业的监督管理,促进保险事业的健康发展,制定本法。

[解说] 本条是关于《中华人民共和国保险法》(以下简称《保险法》)立法宗旨的规定。

保险法是以保险关系为调整对象的法律规范,也就是以保险组织、保险对象以及保险当事人的权利义务为调整对象的法律规范。保险业是金融体系的重要组成部分,是一个高风险的特殊行业,又是一个极具社会性的行业。俗话说,"天有不测风云,人有旦夕祸福",指的是那些无法预知的"危险"或称"风险"给人类带来的不幸。这些危险或风险有可能来自天灾,也可能产于人祸。地震、洪水、台风、瘟疫、车祸、疾病等给人类、社会、家庭等带来不同程度的灾难。保险正是源于危险及风险的存在。保险是一种通过社会化的安排,将面临风险的人通过保险人组织起来,从而使个人风险得以转移、分散,由保险人组织保险基金并集中承担。当被保险人发生损失时,就可以从保险基金中获得补偿。保险的运用表现形式是,以投保人向保险人交纳保费,保险人在被保险人发生预先规定的情形时,给予补偿。

从经济学上讲,保险是对客观存在的未来风险进行转移,把不确定性损失转变为确定性成本,是风险管理的有效手段。在国民经济中,保险发挥着巨大的作用:

第一,稳定社会再生产。自然灾害和意外事故的发生所带来的损失,常常使一些单位、

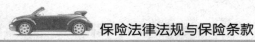

部门或企业无法正常运行,有的甚至是灭顶之灾,如果及时得到经济补偿,就可以有效地保证再生产,以及生产的连续性和稳定性,把损失降至可能达到的最低点。

第二,使社会生活安定。自然灾害或意外事故将可能使人们受伤、死亡或其家庭财产受到损失,使其生活产生困难,而通过保险则可以使这些投保的人们的家庭财产的损失和生活困难得到补偿,使其维持正常的生活,同时也能保证相关当事人的合法的经济利益,客观上有利于社会安定。

此外,保险还具有扩大积累规模,促进对外贸易的发展,促进科技创新,促进改革开放等作用,这些作用有直接的,也有间接的。保险的作用如此重要,毋须多言,但是,能否真正发挥和体现其应有的作用,还取决于保险活动规范与否,如不规范将不能实现或者不能很好地实现保险的作用。制定保险法就是为了实现保险给经济生活中的主体及其经济活动本身所带来的利益。

本法第一条将制定保险法的立法宗旨规定得十分明确,即:

(1) 规范保险活动

保险业在稳定企业经营,保障人民生活安定,促进市场经济发展等方面,发挥了越来越重要的作用。近年来,我国的保障市场有了很大的发展,机构的数量和从业人员都有了很大的增长,业务范围也有了逐步的扩展,保费收入也在逐年大幅递增。同时,由于我国保险市场处于发展阶段,从业人员的素质参差不齐,尚缺乏丰富的经验,监管手段和管理措施也存在一定的差距,因此存在着一些不规范的问题。例如,一些地方和单位未经批准擅自从事商业保险业务,把办保险当作集资的手段,并且滥用保险资金,严重扰乱了保险市场秩序,损害了投保人和被保险人的利益;有些保险公司采取不正当的手段争夺保险市场,进行不正当竞争,为保险公司的偿付留下了隐患;还有一些投保人与保险人员勾结,骗取保险金的赔付等。为了保证我国保险业的健康发展,必须依法规范保险的活动,使保险活动完全纳入法治的轨道,无论是订立保险合同,还是设立保险公司、经营保险业务等,都要依照法律规范行事。

(2) 保护保险活动当事人的合法权益

保险活动的当事人,是指依照保险合同,在保险活动中享有权利和承担义务的人。在保险活动中,保险人收取保险费,相对应地承担被保险人所可能面临的风险;投保人向保险人支付保险费,同时转嫁被保险人的风险。保险活动的当事人依法享有相应的权利并承担相应的义务,保险当事人所涉及的权利、义务都需要在法律中明确规定,使保险当事人清楚地知道自己所应有的权利和义务,正确地行使和享有权利,承担义务。任何一方当事人,无论是保险人还是投保人或是被保险人,在参与保险活动中都应当严格遵守法律、合同的规定。由于在保险活动中,当事人的权利、义务是确定的,一方不遵守法律的规定,就有可能损害对方的合法权益。为了使保险活动当事人的合法权益得到保护,保险法规定投保人对保险标的应当具有保险利益;投保人的如实告知义务;保险人的说明义务;在保险合同发生歧义时作有利于被保险人和受益人的解释等。为了使当事人合法权益的保护得以落实,法律还规定了保险当事人不遵守法律,就要承担相应的法律责任。切实保护保险活动当事人的合法权益,是制定保险法所要实现的重要目的之一。

(3) 加强对保险业的监督管理

政府保险监督管理机构依法对保险人、保险市场进行监督管理,其目的是确保保险市场规范运作,保险经营单位依法经营,保证保险人的偿付能力,保障被保险人的合法权益,提高保险体系的效率,防范和化解保险风险,促进保险业健康有序发展。保险法将加强对保险业的监督管理作为立法目的,这是由保险业的特殊性决定的。首先,保险所具有的社会性,决定了保险业经营的好坏直接影响社会的安定。保险业务渗透到社会的每一个行业甚至每个人,保险公司的客户非常宽泛,保险公司经营的好坏不仅影响到保险公司自身,也影响到保险公司所涉及的每个行业、领域,每个家庭、个人,因此,政府必须对保险公司进行严格的监督管理。其次,保险所具有的专业性,决定了一般企业、公民对保险费率的计算等一些专业性很强的问题难以把握,处于弱势地位,保险公司承诺的兑现及保险赔付的主动权掌握在保险公司手中。实践证明,为了保护保险活动当事人的合法权益,维护保险活动的正常秩序,仅靠保险公司的自律没有任何外部监督管理是不可靠的,必须加强政府监管。保险监督管理的重要性和现实性决定了保险法将其作为重要的立法目的。

(4) 促进保险事业的健康发展

保险事业是国家经济建设和社会生活中重要的组成部分,保险事业发展的好坏、健康与否,直接关系到国家的经济建设、社会安定,规范保险活动,加强对保险活动的监管,其直接目的就是为了促进保险事业的健康发展。如果保险活动没规范,当事人权益无保障,保险所应具备的效应体现不出现,那么保险事业的发展就一定会受到制约,就不能促进国民经济的发展,也不可能起到稳定社会,造福人民的作用。因此,制定保险法,使保险活动规范化、法制化,一切行为都在法律的范围之内,减少保险活动的任意性或随意性,将保险活动中可能出现的问题在法律里规定清楚,规定当事人的行为规则,使当事人清楚地知道什么行为是法律允许的,什么行为是法律所禁止的,什么行为该做,什么行为不该做,这样就能使保险活动规范、明确,从而促进保险事业的健康发展。

2 保险法的定义

第二条 本法所称保险,是指投保人根据合同约定,向保险人支付保险费,保险人对于合同约定的可能发生的事故因其发生所造成的财产损失承担赔偿保险金责任,或者当被保险人死亡、伤残、疾病或者达到合同约定的年龄、期限等条件时承担给付保险金责任的商业保险行为。

[解说] 保险法有广义和狭义两种。广义保险法包括专门的保险立法和其他法律中有关保险的法律规定;狭义保险法指保险法典或在民法商法中专门的保险立法,通常包括保险企业法、保险合同法和保险特别法等内容。另外,国家将标准保险条款也视为保险法的一部分内容。我们通常说的保险法指狭义的定义,它一方面通过保险业法调整政府与保险人、保险中介人之间的关系;另一方面通过保险合同法调整各保险主体之间的关系。

在我国,保险法还有形式意义和实质意义之分。形式意义指以保险法命名的法律法规,即专指保险的法律和法规;实质意义指一切调整保险关系的法律法规。由于保险活动涉及的社会关系包括保险活动当事人之间的关系,保险当事人与保险中介人之间的关系,保险企业之间的关系,以及国家对保险业实施监督管理而形成的管理与被管理的关系。值得注意的是,保险法所规范的保险活动是有其明确的法律规定性的。

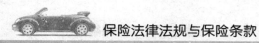

3 保险法适用范围

第三条 在中华人民共和国境内从事保险活动,适用本法。

[解说] 每一部法律都有其适用范围。保险法作为规范保险活动的重要法律,与其他法律一样有其确定的适用范围。法律的适用范围也就是指法律的效力范围,即法律在哪些地方、对哪些行为产生法律效力。法律的适用范围是由国家主权及其立法体制决定的,准确掌握法律的适用范围,对正确适用法律具有重要意义。

按照本条规定,保险法适用的地域范围是在中华人民共和国境内,也就是说这部法律从空间上是在全国范围内产生效力。因为保险法是由全国人大常委会制定的一部全国性法律,所以它应当在国家行使主权的领域内施行,这是由国家主权原则决定的。中华人民共和国境内即是我国行使国家主权的空间,包括陆地领土、领海、内水和领空四个部分。凡在上述主权管辖范围所及的全部领域发生的保险活动,都适用保险法。需要指出的是,香港和澳门虽然是我国领土,但由于历史的原因,根据宪法和香港特别行政区基本法、澳门特别行政区基本法的规定,这些地区的保险活动可适用本地区的特别法规定,因此保险法不适用于这些地区的保险活动。

虽然保险法没有明确其所适用的主体范围和客体范围,即哪些保险活动主体和哪类保险行为受本法调整,但是按照本条规定,在中华人民共和国境内从事保险活动,适用本法。这就是说无论是中国自然人、法人还是外国自然人、法人以及无国籍人,只要在中华人民共和国境内从事保险活动,包括处于保险人地位或处于投保人、被保险人、受益人地位的所有保险当事人,都必须遵守和执行本法;无论外国保险组织在中国境内设有机构或没有设立机构,只要从中国境内吸收投保,并依所订立的保险合同在中国境内履行保险责任,都受本法的约束。同时,由于本法第二条已明确规定保险法仅调整商业保险活动,因此,在中国境内从事的所有商业保险活动,包括保险人的业务经营、保险代理人、保险经纪人和保险公估人等的业务活动及其他与保险有关的行为,都适用本法。

4 我国的保险立法进程

新中国成立后,保险立法工作很曲折,十一届三中全会后,保险立法工作才有了很大进展,我国先后颁布了一些单项的保险法规。这些法规有些属于保险合同法的范畴,有些属于保险行为法的范畴,有些属于保险特别法的范畴。

1992年11月7日,第七届全国人民代表大会常务委员会第二十八次会议通过了《中华人民共和国海商法》,第一次以法律的形式对海上保险做了明确规定。

1995年6月30日,第八届全国人民代表大会常务委员会第十四次会议通过了《保险法》,这是我国的第一部保险基本法。采用了国际上一些国家和地区集保险业法和保险合同法为一体的立法体例,是一部较为完整、系统的保险法律。

2002年,根据我国加入世贸组织的承诺,根据2002年10月28日第九届全国人民代表大会常务委员会第三十次会议《关于修改〈中华人民共和国保险法〉的决定》,对《保险法》做了首次修改,并于2003年1月1日起施行。

最新的《保险法》是中华人民共和国第十一届全国人民代表大会常务委员会第七次会

议于 2009 年 2 月 28 日修订通过，于 2009 年 10 月 1 日起施行。

二、保险法基本原则

保险法的基本原则，是集中体现保险法本质和精神的基本原则，它既是保险立法的依据，又是保险活动中必须遵循的准则，对保险立法和司法都有指导意义。保险法的基本原则有：保险与防灾相结合原则、最大诚信原则、保险利益原则、损害赔偿原则、公平互利和自愿协商原则、近因原则、公平竞争原则等。

1 保险与防灾相结合原则

第五十一条 被保险人应当遵守国家有关消防、安全、生产操作、劳动保护等方面的规定，维护保险标的的安全。

保险人可以按照合同约定对保险标的的安全状况进行检查，及时向投保人、被保险人提出消除不安全因素和隐患的书面建议。

投保人、被保险人未按照约定履行其对保险标的的安全应尽责任的，保险人有权要求增加保险费或者解除合同。

保险人为维护保险标的的安全，经被保险人同意，可以采取安全预防措施。

从本质上说，保险是一种危险管理制度，目的是通过危险管理来防止和减少危险事故，把危险事故造成的损失减少到最低程度，由此产生此一原则。其主要有两个方面的内容：

第一是保险与防灾相结合，主要适用于保险事故发生前的事先防范，要求保险方对承保的危险责任进行管理，具体内容包括：

①调查分析承保的保险标的的危险情况，据此向投保人提出合理化建议，促使投保人采取防范措施，并进行检查监督。

②向投保人提供必要的技术指导和支援，共同完善防范措施和设备。

③与社会各方互相配合采取各种措施防止和减少危险事故的发生。

④必要时，经被保险人同意，由保险方采取安全预防措施。

⑤对不同的投保方采取差别费率制，以促使投保方加强对危险事故的管理。同时这一原则要求投保方遵守国家有关消防、安全生产操作、劳动保护等方面的规定，履行所有人、管理人应尽的义务；并履行危险增加通知义务，即当保险标的出现保险合同的约定以外的危险情况时，投保方要及时通知保险方。

第二是保险与减损相结合，适用于保险事故发生后的事后减损，据此原则，如发生保险事故，投保方应尽最大努力积极抢救，避免事故蔓延、损失扩大；而保险方则通过承担施救及其他合理费用，承担投保方因施救产生的损失。

2 最大诚信原则

第五条 保险活动当事人行使权利、履行义务应当遵循诚实信用原则。

第十六条 订立保险合同，保险人就保险标的的或者被保险人的有关情况提出询问的，投保人应当如实告知。

保险法律法规与保险条款

投保人故意或者因重大过失未履行前款规定的如实告知义务,足以影响保险人决定是否同意承保或者提高保险费率的,保险人有权解除合同。

前款规定的合同解除权,自保险人知道有解除事由之日起,超过三十日不行使而消灭。自合同成立之日起超过二年的,保险人不得解除合同;发生保险事故的,保险人应当承担赔偿或者给付保险金的责任。

投保人故意不履行如实告知义务的,保险人对于合同解除前发生的保险事故,不承担赔偿或者给付保险金的责任,并不退还保险费。

投保人因重大过失未履行如实告知义务,对保险事故的发生有严重影响的,保险人对于合同解除前发生的保险事故,不承担赔偿或者给付保险金的责任,但应当退还保险费。

保险人在合同订立时已经知道投保人未如实告知的情况的,保险人不得解除合同;发生保险事故的,保险人应当承担赔偿或者给付保险金的责任。

保险事故是指保险合同约定的保险责任范围内的事故。

诚信原则是民法的基本原则之一,由于保险合同具有符合性(格式化)和射幸性(一方履行义务的偶然性)等特点,要求合同双方当事人最大程度地遵守这一原则,即不互相隐瞒欺诈,以最大善意全面履行各自的义务。

对于投保人而言,遵循诚实信用原则,主要应承担两项义务:

①如实告知保险标的和被保险人的各种情况。其告知范围为:足以影响保险人决定是否承保和提高保险费率的重要情况。

②履行义务,即向保险方作出承诺,保证在保险期内遵守作为或者不作为的某些规则或担保某一事项的真实性。

对于保险人而言,遵循诚实信用原则,主要也应承担两项义务:

①履行说明义务。订立保险合同时,保险人应向投保人说明保险合同的条款内容,特别是有关责任免除的条款,应当明确说明,未明确说明的,免责条款不生效力。

②保险人应有足够的能力履行约定的支付保险金的责任。也有学者将这一条表述为"弃权和禁止抗辩",指一方当事人如果在合同中放弃了某项权利,将来就不得反悔而向对方再申请这项权利。这主要适用于保险人和保险代理人。如保险人或保险代理人明知不能承保或者因收取高额保险费而冒险签发保险单,就属于弃权行为。发生保险事故后,保险人不得以此为由拒绝赔偿或给付。

案例1-1:2010年4月1日,生病在家的李小姐与上门推销保险的业务员签订了保险合同。李小姐请业务员代填投保书。投保书健康询问栏的事项为:"0:健康。1:残疾。2:低能。3:癌症、肝硬化、癫痫病、严重脑震荡、精神病、心脏病、高血压"。业务员觉得这些事项与李小姐情况不符,就留了空白,没有填写。李小姐阅后,没有异议,签了字。保险公司在核对时,也没有注意这点,签发了保险单。

2011年3月15日,李小姐因病亡故。受益人向保险公司申请给付保险金。保险公司在审核时发现,李小姐在投保时就已经重病在家,而李小姐没有将真实情况告知保险公司。保险公司拒付。

受益人要求未果,起诉。法院审理后,判保险公司给付保险金。

【案例解析】

有两种意见：
①保险公司不应该给付保险金。

理由是：李小姐知道自己生病，没有在投保书中填写有关情况，违反告知义务，保险公司应该拒付。

②保险公司应当给付保险金。

理由是：投保书要求投保人告知的哪一项，都与李小姐情况不符，李小姐无法告知，如果有过错，错在保险公司。保险公司在核保后签发保险单，可以看作是保险公司放弃告知权利，于是丧失了解除合同的权利。所以保险公司应该给付保险金。

一般支持第二种观点。

3 保险利益原则

保险利益原则是指投保人对保险标的具有法律上承认的经济利益，投保人投保时必须对保险标的具有保险利益。保险利益在财产保险和人身保险中有不同的表现形式：

第一，人身保险的保险利益相关条款：

第三十一条 投保人对下列人员具有保险利益：

（一）本人；

（二）配偶、子女、父母；

（三）前项以外与投保人有抚养、赡养或者扶养关系的家庭其他成员、近亲属；

（四）与投保人有劳动关系的劳动者。

除前款规定外，被保险人同意投保人为其订立合同的，视为投保人对被保险人具有保险利益。

订立合同时，投保人对被保险人不具有保险利益的，合同无效。

第二，财产保险的保险利益。财产保险的保险标的是财产及相关利益，其保险利益是指投保人对保险标的的经济利益。应具备三个条件：①必须是法律承认的合法利益；②必须是具有经济价值的利益；③必须是能够确定的利益。其相关条款如下：

第四十八条 保险事故发生时，被保险人对保险标的不具有保险利益的，不得向保险人请求赔偿保险金。

4 损害赔偿原则

第二十三条 保险人收到被保险人或者受益人的赔偿或者给付保险金的请求后，应当及时作出核定；情形复杂的，应当在三十日内作出核定，但合同另有约定的除外。保险人应当将核定结果通知被保险人或者受益人；对属于保险责任的，在与被保险人或者受益人达成赔偿或者给付保险金的协议后十日内，履行赔偿或者给付保险金义务。保险合同对赔偿或者给付保险金的期限有约定的，保险人应当按照约定履行赔偿或者给付保险金义务。

保险人未及时履行前款规定义务的，除支付保险金外，应当赔偿被保险人或者受益人因此受到的损失。

任何单位和个人不得非法干预保险人履行赔偿或者给付保险金的义务，也不得限制被保险人或者受益人取得保险金的权利。

第二十四条 保险人依照本法第二十三条的规定作出核定后,对不属于保险责任的,应当自作出核定之日起三日内向被保险人或者受益人发出拒绝赔偿或者拒绝给付保险金通知书,并说明理由。

第二十五条 保险人自收到赔偿或者给付保险金的请求和有关证明、资料之日起六十日内,对其赔偿或者给付保险金的数额不能确定的,应当根据已有证明和资料可以确定的数额先予支付;保险人最终确定赔偿或者给付保险金的数额后,应当支付相应的差额。

第二十六条 人寿保险以外的其他保险的被保险人或者受益人,向保险人请求赔偿或者给付保险金的诉讼时效期间为二年,自其知道或者应当知道保险事故发生之日起计算。

人寿保险的被保险人或者受益人向保险人请求给付保险金的诉讼时效期间为五年,自其知道或者应当知道保险事故发生之日起计算。

[解说] 对于保险合同约定的保险事故所造成的损害,保险人应当及时、准确履行赔偿或给付保险金责任,用于弥补被保险财产或被保险人遭受的经济损失。损害赔偿原则主要体现在以下四个方面:

①被保险人只有在保险合同的约定期限内,遭受约定的保险事故所造成的损害时,才能得到赔付;

②赔付依据是被保险财产的实际损失或被保险人的实际损害,按照赔付和损失等量的原则进行;

③按照权利义务对等原则发生保险事故时,投保方有施救义务,而保险方承担施救及其他合理费用,数额以保险金额为限;

④索赔要求提出后,保险人应及时、准确地核定损失额,与索赔人达成赔付协议,履行赔偿或者给付义务。

5 公平互利、自愿协商原则

保险合同具有双务有偿的特点,必须最大限度地遵守这一原则。其主要内容为:合同订立必须基于双方当事人自愿和协商一致;合同内容应当公平,双方权利义务应当对等;保险价格应当合理。

6 近因原则

保险人承担赔付保险金责任的前提是损害结果必须与危险事故的发生具有直接的因果关系。损害结果可能由单因或多因造成。单因较简单,如果是保险事故保险人就应当赔偿给付;多因较复杂,主要有以下方面。

(1) 多因同时发生

如果同时发生的都是事故,则保险人承担保险责任;如其中既有保险事故,也有责任免除的事故,保险人只承担保险事故造成的损失,如果此时两种责任造成的损失无法计算,则双方协商决定赔付额。

(2) 多因连续发生

两个以上灾害事故连续发生造成损害,一般以最近的、最有效的原因为主因,若主因属于保险事故,则保险人承担赔付保险金责任。但若后因是前因直接、自然的结果,或合理的连续时,以前因为主因。

(3) 多因间断发生

造成损失的灾害事故先后发生,多因之间不关联,彼此独立。保险人视各个独立的危险事故是否属于保险事故,进而决定赔付与否。

案例 1-2:某城郊供电局在一家保险公司投保了供电责任险。某日早间,天降暴雨,并伴有暴风,该供电局辖区内的一电线杆被刮倒。次日晚,途经此处的徐某触电,送医院抢救无效死亡。徐某家属要求供电局赔偿医疗费、丧葬费、抚养费等费用共计 5 万元。供电局认为事故是由于自然灾害(暴风和暴雨)引起的,自己没有过错,不应当承担责任。徐某家属遂将供电局告上法院。

【案例解析】

本案是关于近因原则的典型案例。在保险法上,近因是指直接促成结果发生、效果上有支配力或有效的原因。从案件事实看,徐某死亡的原因有两个:第一,暴雨、暴风造成的电线杆倾倒、电线被拉断所导致的漏电;第二,供电局没有及时进行抢修或采取其他紧急措施的工作过失。

在这两个原因中,暴雨、暴风等自然灾害造成电线杆倾倒、漏电只是损害后果发生的一个间接原因,该原因并不必然导致徐某死亡的后果。供电局管理措施不完善,没有充分预料到暴雨、暴风造成电线杆倾倒后漏电的严重后果,在电线杆被暴风雨刮倒时,未及时履行其职责(派人检修或采取其他修复措施),这是徐某死亡的直接原因。根据本案情况,保险公司应给予赔付,符合保险合同的约定。

7 公平竞争原则

竞争是市场经济的最普遍的规律,保险公司在保险市场中也面临着与其他保险公司之间的公平竞争。

公平竞争是指在同等的市场条件下,市场主体通过采用符合法律和商业道德规范的措施和方法,以实现其产品价值的一种市场机制;而不正当竞争是指经营者违反自愿、公平、诚实信用的原则和公共道德,以损害其他经营者的合法权利为自己获得非法利益,扰乱社会经济秩序的行为。《中华人民共和国反不正当竞争法》规定了 8 类不正当竞争行为。

根据《保险公司管理规定》的规定,保险公司开展业务,应遵循公平竞争的原则,包括:

①投保人可以自愿选择保险公司投保,法律、法规另有规定的除外。

②保险公司不得委托未经中国保监会认可的保险代理人为其服务。

③保险公司不得以排挤竞争对手为目的,非正常降低保险费或扩大保险责任范围开展保险业务,进行恶性价格竞争。

④保险公司不得伪造、散布虚假事实,损害其他保险公司的信誉、声誉;保险公司不得利用中国保监会、其他政府部门或者法院的判决、处罚决定,攻击竞争对手,牟取商业利益。

⑤保险公司不得以强占市场为目的,劝诱投保人或被保险人解除与其他保险人的保险合同。

⑥保险公司不得利用政府部门、其他国家权力机关、垄断性行业、部门或企业,非法排

挤、阻碍其他保险公司开展保险业务活动。

⑦保险公司及其职员不得向投保人、被保险人、受益人提供保险费回扣或违法、违规的其他利益;也不得超范围、超标准向保险代理人支付佣金和手续费。

⑧保险公司的保险业务宣传资料应当全面、客观、完整、真实。保险公司不得利用广告宣传或其他方式,对其保险条款内容、服务质量等等作引人误解的虚假宣传。

保险活动中的不正当竞争行为,按照保险法及有关法律的规定,可以根据不同的情节予以处罚,并承担相应的法律责任。

三、有关保险合同的相关规定

1 保险合同的概念

第十条 保险合同是投保人与保险人约定保险权利义务关系的协议。

[解说] 保险合同既然是合同的一种,就具备合同的一般属性,如当事人的法律地位平等,应当遵循公平互利、协商一致、自愿订立的原则,合同的内容应当合法,当事人应当自觉履行合同等。但是保险合同除具有合同的一般属性之外,也还具有其自身的法律特征:

第一,保险合同是双务合同,这种合同的双方当事人相互享有权利,又相互负有义务。

第二,保险合同是射幸合同,这种合同的效果在订立时是不确定的,保险人赔偿义务的实际履行带有偶然性。

第三,保险合同是附合合同,这种合同在订立时,由保险人提出合同的内容,投保人只能作出同意或者不同意的选择,因此也称为格式合同或标准合同。

第四,保险合同是最大诚信合同,诚信是一般合同的基本要求,而保险合同所要求的不是一般的相对的诚实守信,而是最大限度的诚实守信。

第五,保险合同是要式合同,投保人与保险人订立保险合同,不能采取任意的方式,而必须采用法律规定的方式,记载法律规定的事项。

第六,财产和责任保险合同是补偿性合同,即只要是保险金额范围内的损失,损失多少,补偿多少,保险金的给付和保险费的交付之间没有严格的对比或等价关系;而人身保险合同是给付性合同,即根据投保人的实际需要和支付保险费的能力确定一个保险金额,当危险事故发生时,由保险人按照事先约定的保险金额承担给付保险金责任。

2 保险合同当事人及关系人的概念

投保人是指与保险人订立保险合同,并按照合同约定负有支付保险费义务的人。

保险人是指与投保人订立保险合同,并按照合同约定承担赔偿或者给付保险金责任的保险公司。

[解说] 投保人,又称要保人,是指与保险人订立保险合同,并按照保险合同负有支付保险费义务的人。投保人是任何保险合同不可或缺的当事人之一,它既可以是自然人,也可以是法人。投保人应当具备以下三个条件:第一,投保人必须具有相应的权利能力和行为能力,否则所订立的保险合同不发生法律效力;第二,投保人对保险标的必须具有保险利

益,即对保险标的具有法律上承认的利益,否则投保人不能与保险人订立保险合同,若保险人在不知情的情况下与不具有保险利益的投保人签订了保险合同,该保险合同无效;第三,投保人应承担支付保险费的义务,不论投保人为自己利益还是为他人利益订立保险合同,均应承担支付保险费的义务。

保险人,又称承保人,是指与投保人订立保险合同,并承担赔偿或者给付保险金责任的保险公司。如同投保人一样,保险人也是保险合同的一方当事人,它具有以下三个法律特征:第一,保险人是保险基金的组织、管理和使用人,它通过收取保险费而建立保险基金来经营保险业务,在保险事故发生时依保险合同履行赔偿或者给付保险金责任;第二,保险人是履行赔偿损失或者给付保险金义务的人,保险人的这种义务不是因侵权或者违约行为而产生,而是依据法律规定或者保险合同所确定的义务;第三,保险人应当是依法成立并允许经营保险业务的保险公司,由于保险事业涉及社会公众利益,因此设立保险公司经营保险业务必须符合法定条件,得到国家保险监督管理机构的批准,取得经营保险业务许可证,并向工商行政管理部门办理登记,领取营业执照。

3 保险合同的内容

第十八条 保险合同应当包括下列事项:

(一)保险人的名称和住所;

(二)投保人、被保险人的姓名或者名称、住所,以及人身保险的受益人的姓名或者名称、住所;

(三)保险标的;

(四)保险责任和责任免除;

(五)保险期间和保险责任开始时间;

(六)保险金额;

(七)保险费以及支付办法;

(八)保险金赔偿或者给付办法;

(九)违约责任和争议处理;

(十)订立合同的年、月、日。

投保人和保险人可以约定与保险有关的其他事项。

受益人是指人身保险合同中由被保险人或者投保人指定的享有保险金请求权的人。投保人、被保险人可以为受益人。

保险金额是指保险人承担赔偿或者给付保险金责任的最高限额。

[解说] 保险合同主体间的权利和义务关系作为保险合同的内容,是以保险合同条款的形式表现的。由于保险合同是要式合同,法律应当对其包括的条款作出明确的规定。按照本条的规定,保险合同应当包括下列事项:

①保险人名称和住所。保险人是保险合同当事人之一,保险合同对其名称和住所应当加以记载,以便于投保人、被保险人、受益人行使权利、履行义务。由于本法规定,保险人是保险公司,而保险公司又是法人,所以保险人的名称应当使用经过工商行政管理机关核准登记的名称,保险人的住所应以其主要办事机构所在地为住所。

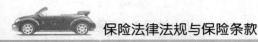

②投保人、被保险人名称和住所,以及人身保险的受益人的名称和住所。投保人、被保险人、受益人作为保险活动的当事人,对其名称和住所加以记载同样是履行保险合同的需要。投保人、被保险人、受益人为自然人的,应当使用身份证或者户口簿所记载的姓名,并以其户籍所在地为住所,经常居住地与住所不一致的,以其经常居住地为住所。

③保险标的。保险标的是指作为保险对象的财产及其有关利益或者人的寿命和身体,它既是确定危险程度和保险利益的重要依据,也是决定保险种类、确定保险金额和选定保险费率的依据。订立保险合同时,保险标的必须明确记载于保险合同中,这样一方面可以确定投保人是否具有保险利益,另一方面可以确定保险人对哪些承保对象承担保险责任。

④保险责任和责任免除。保险责任是指保险人按照合同约定,对于可能发生的事故因其发生所造成的财产损失,或者当被保险人死亡、伤残、疾病或者达到合同约定的年龄、期限时承担的赔偿或者给付保险金的责任。在保险合同中,保险责任条款具体规定了保险人所承担的风险范围,保险种类不同,保险责任也不相同。在规定风险范围的同时,保险合同还要规定责任免除条款,责任免除是指依法或者依据保险合同的约定,保险人不负赔偿或者给付保险金责任的情形。

⑤保险期间和保险责任开始时间。保险期间是指保险合同的有效期限,即保险合同从生效到终止的期间。保险期间是保险合同不可缺少的条款,在保险期间,投保人按照约定交付保险费,保险人则按照约定承担保险责任。大多数情况下,保险期间的起始时间与保险责任的开始时间是一致的,但有时也不一致,所以在保险合同中对保险责任开始时间应另行规定。

⑥保险价值。保险价值是财产保险合同的条款,即保险标的在投保或者出险时的实际价值。保险标的的保险价值,可以由投保人和保险人约定并在合同中载明,也可以按照保险事故发生时保险标的实际价值确定。保险价值的确定,对于确定保险金额与赔偿金额具有重要的作用。由于人的生命价值无法用金钱来衡量,因而人身保险合同中不存在保险价值。

⑦保险金额。保险金额是指保险人承担赔偿或者给付保险金责任的最高限额。保险金额是由投保人和保险人约定的,财产保险的保险金额不得超过保险价值,超过保险价值的,超过的部分无效;人身保险的保险金额,就是保险事故发生时,保险人实际所要给付的保险金。由于保险金额是计算保险费的基数,且对于保险合同当事人的给付责任与义务关系极为重要,所以必须在保险合同中明确规定。

⑧保险费以及支付办法。保险费是投保人向保险人支付的费用,是作为保险人按照合同约定承担赔偿或者给付保险金责任的对价。保险费是根据保险金额与保险费率计算出来的,是保险基金的来源,缴纳保险费是投保人应尽的义务,对此保险合同应当明确规定。保险费支付办法是指采用现金支付还是转账支付,使用人民币还是外币,一次付清还是分期付款以及具体支付的时间,这些也需要在合同中明确地加以规定。

⑨保险金赔偿或者给付办法。保险金赔偿或者给付办法是指保险人在保险事故发生造成保险标的损失时,向被保险人或受益人赔偿或者给付保险金的方式和时间等,应由投保人和保险人依法约定,并在保险合同中载明。

⑩违约责任和争议处理。违约责任是指合同当事人因其过错致使合同不履行或者不

完全履行时,基于法律规定或者合同约定应当承担的法律后果。在保险合同中规定违约责任条款,可以保证合同的顺利履行。争议处理是指保险合同当事人在合同履行过程中发生争议时的处理办法,投保人和保险人应当在保险合同中加以约定,以利于争议的解决。

⑪订立合同的年、月、日。保险合同应当记载订立合同的时间,这对于确定投保人是否具有保险利益、保险合同是否有效、保险责任的开始时间以及计算保险期间等都具有重要作用。

四、对保险公司的规定

第六十八条 设立保险公司应当具备下列条件:

(一)主要股东具有持续盈利能力,信誉良好,最近三年内无重大违法违规记录,净资产不低于人民币二亿元;

(二)有符合本法和《中华人民共和国公司法》规定的章程;

(三)有符合本法规定的注册资本;

(四)有具备任职专业知识和业务工作经验的董事、监事和高级管理人员;

(五)有健全的组织机构和管理制度;

(六)有符合要求的营业场所和与经营业务有关的其他设施。

[解说] 保险业务有一定的特殊性,保险公司的经营能力、偿付能力对社会经济的运行和社会生活的稳定都会产生直接影响。所以设立保险公司不仅要符合公司法的规定,还要符合本法对其的特定要求。为此本条规定设立保险公司应当具备下列条件:

①有符合本法和公司法规定的章程。公司章程是关于公司组织及行为的基本规则。根据保险法和公司法的规定,国有独资保险公司的章程由国家授权投资的机构或者国家授权的部门依法制定,或者由董事会制订,报国家授权投资的机构或者国家授权的部门批准。其章程应当载明下列事项:公司名称和住所;公司经营范围;公司注册资本;出资人名称;出资人转让出资的条件;公司的机构及其产生办法、职权、议事规则;公司的法定代表人;公司的解散事由与清算办法等。采取股份有限公司形式的保险公司,其公司章程由发起人制订,并经创立大会通过。公司章程应当载明下列事项:公司名称和住所;公司经营范围;公司设立方式;公司股份总数、每股金额和注册资本;发起人的姓名或者名称、认购的股份数;股东的权利和义务;董事会的组成、职权、任期和议事规则;公司法定代表人;监事会的组成、职权、任期和议事规则;公司利润分配办法;公司的解散事由与清算办法;公司的通知和公告办法等。

②有符合本法规定的注册资本的最低限额。本法规定,设立保险公司,其注册资本的最低限额为人民币二亿元。保险公司注册资本最低限额必须为实缴货币资本。保险监督管理机构根据保险公司范围、经营规模,可以调整其注册资本的最低限额。但是,不得低于法定最低限额,即人民币二亿元。

③有具备任职专业知识和业务工作经验的高级管理人员。保险公司的高级管理人员主要是指正副董事长、执行董事、正副总经理等人员。保险公司的业务具有专业性,需要有专业人员进行管理,以保证保险公司的业务正常运转,保护被保险人的利益。因此,本条对

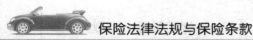

保险公司高级管理人员提出了资格要求,规定具备专业知识和业务工作经验的人员才能担任。

④有健全的组织机构和管理制度。健全的组织机构和管理制度是保险公司有序运转的前提之一,保险公司应当按照公司法的规定设立组织机构,制定科学、严格的管理制度。

⑤有符合要求的营业场所和与业务有关的其他设施。

同时,本条还对保险监督管理机构在审查保险公司的设立申请时应当遵循的原则作了规定,即保险监督管理机构审查设立申请时,应当考虑保险业的发展和公平竞争的需要。这就要求保险监督管理机构在审查保险公司的设立申请时,不仅要依照本法关于保险公司应当具备的条件进行审查,而且还要从宏观上保证我国保险市场的正常发展,使保险业的发展与我国经济的发展相适应。

五、保险经营规则

第九十五条 保险公司的业务范围:

(一)人身保险业务,包括人寿保险、健康保险、意外伤害保险等保险业务;

(二)财产保险业务,包括财产损失保险、责任保险、信用保险、保证保险等保险业务;

(三)国务院保险监督管理机构批准的与保险有关的其他业务。

保险人不得兼营人身保险业务和财产保险业务。但是,经营财产保险业务的保险公司经国务院保险监督管理机构批准,可以经营短期健康保险业务和意外伤害保险业务。

保险公司应当在国务院保险监督管理机构依法批准的业务范围内从事保险经营活动。

[解说] 对于保险业务范围核定,要求之一是保险公司的业务范围由保险监督管理机构核定,这要比一般公司确定经营范围严格,一般公司经营范围是由公司章程规定,依法登记;而保险公司则必须向保险监督管理机构申报,经过核定。要求之二是保险公司应依照保险法核定业务范围开展活动,不得兼营人身保险业务和非人身保险业务,不得超范围经营。

第一百零三条 保险公司对每一危险单位,即对一次保险事故可能造成的最大损失范围所承担的责任,不得超过其实有资本金加公积金总和的百分之十;超过的部分应当办理再保险。

保险公司对危险单位的划分应当符合国务院保险监督管理机构的规定。

[解说] 保险公司的经营风险来自不同方面,对每一危险单位所形成的风险加以管理是一个关键的环节。对于危险单位这个概念,在本条中是指一次保险事故可能造成的最大损失所承担的责任。

比如,汽车保险中,保险对象为车身损失,保险金额为四十万元。在一次保险事故中车身被全部毁损,保险公司所承担的赔偿责任为四十万元。假设这个保险公司的实有资本金加公积金之总和为二亿四千万元,则其对于这次保险事故造成的损失是有能力承受的,不会引起公司的不稳定。

另一种情况是,在船舶保险中,保险对象为内河航行的船舶,保险金额为四千万元。而在一次保险事故中,此船舶全部毁损,如果仍是前述保险公司承担赔偿责任,因为其所赔数额为四千万元,占公司实有资本金加公积金总和的百分之十六点六,这将使公司遭受到很大的风险。如果这个公司还承保了类似的几件业务,那公司承担的风险就更大了,当然也就会严重地危及公司的偿付能力。因此,对这种情况必须进行控制,强化管理。

第一百零六条 保险公司的资金运用必须稳健,遵循安全性原则。

保险公司的资金运用限于下列形式:

(一)银行存款;

(二)买卖债券、股票、证券投资基金份额等有价证券;

(三)投资不动产;

(四)国务院规定的其他资金运用形式。

保险公司资金运用的具体管理办法,由国务院保险监督管理机构依照前两款的规定制定。

[解说] 本条款对保险公司资金运用形式作了比较明确的规定,同时又有一定的灵活性,不仅规定了保险资金可以运用的形式,还规定了禁止投资的领域。根据本条的规定,保险公司的资金有以下几种运用形式:

①用于在银行存款。保险公司的资金用于在银行存款,风险较小,安全性好,可以获得较为固定的收入,可以及时提取并用于支付保险金,是保险公司资金最常用的运用形式。

②用于买卖政府债券、金融债券。政府债券又称国债,是政府根据财政需要,以发行债券的形式举借债务,债务人是国家。与其他债券相比,政府债券由国家信用担保,风险较低,且我国政府债券的收益率也较高,因此是保险公司较为理想的投资对象。金融债券是由银行或者其他金融机构为筹措资金而向债权人发行的债券。在我国,金融债券的信用可靠,有较好的安全性和流动性,较适宜于保险资金的投资。

③国务院规定的其他资金运用形式。从国外立法来看,一般允许的保险资金的运用形式较为广泛,除用于银行存款,买卖政府债券、金融债券外,还允许用于买卖公司股票、债券及其他有价证券,购买不动产,贷款等投资领域。由于我国的社会主义市场体制正处于发展完善阶段,保险业及相关投资市场还很不成熟,保险公司从事投资的经验还较少,风险控制能力较弱。根据以上考虑,在制定保险法时对保险资金的运用限制得较为严格。同时,又授权国务院根据我国经济社会及保险市场的发展状况,在时机成熟时决定保险资金运用的其他形式。近些年,国务院根据保险业发展的需要,已决定允许一定比例的保险资金用于购买证券投资基金、同业短期拆借、购买指定的中央企业债券等资金运用形式。

此外,本条款还规定,保险公司的资金不得用于设立证券经营机构,不得用于设立保险业以外的企业。这表明,国务院在规定保险资金的其他运用形式时,也不得允许保险公司的资金直接投资设立一般企业。这是由于直接投资设立证券经营机构和工业、农业、交通运输、房地产、服务及其他类型的企业,与保险公司的保险业务联系性不强,不属于保险公司擅长的投资领域,通常也不易及时变现,缺乏必要的流动性,需要予以禁止。而保险公司以其资金再投资于保险业,以拓展相关保险业务,是法律所允许的。

六、有关保险中介的管理规定

第一百一十七条 保险代理人是根据保险人的委托,向保险人收取佣金,并在保险人授权的范围内代为办理保险业务的机构或者个人。

保险代理机构包括专门从事保险代理业务的保险专业代理机构和兼营保险代理业务的保险兼业代理机构。

第一百一十八条 保险经纪人是基于投保人的利益,为投保人与保险人订立保险合同提供中介服务,并依法收取佣金的机构。

第一百一十九条 保险代理机构、保险经纪人应当具备国务院保险监督管理机构规定的条件,取得保险监督管理机构颁发的经营保险代理业务许可证、保险经纪业务许可证。

保险专业代理机构、保险经纪人凭保险监督管理机构颁发的许可证向工商行政管理机关办理登记,领取营业执照。

保险兼业代理机构凭保险监督管理机构颁发的许可证,向工商行政管理机关办理变更登记。

[解说] 保险中介,指介于保险经营机构之间或保险经营机构与投保人之间,专门从事保险业务咨询与销售、风险管理与安排、价值衡量与评估、损失鉴定与理算等中介服务活动,并从中依法获取佣金或手续费的单位或个人。保险中介是保险市场精细分工的结果。保险中介的出现推动了保险业的发展,使保险供需双方更加合理、迅速地结合,减少了供需双方的辗转劳动,既满足了被保险人的需求,方便了投保人投保,又降低了保险企业的经营成本。保险中介的出现,解决了投保人或被保险人保险专业知识缺乏的问题,最大限度地帮助客户获得最适合自身需要的保险商品。此外,保险中介的出现和发展也使保险经营者从繁重的展业、检验等工作中解脱出来,集中精力致力于市场调研、险种开发、偿付能力管理、保险资金运用以及住处传递迅速、系统运转高效的管理制度建设等方面。

保险中介人的主体形式多样,主要包括保险代理人、保险经纪人和保险公估人等。其他一些专业领域的单位或个人也可以从事某些特定的保险中介服务,如保险精算师事务所、事故调查机构和律师等。

1. 《保险法》规定,投保人对保险标的应当具有保险利益,现有一项财产,假设是某种原材料。请判断哪些人对它具有保险利益,财产的所有人甲为了融资将该财产抵押给乙,同时以有偿形式委托丙进行保管,而后,丁对该财产进行加工承揽。请问上述四人,哪些人对这项财产具有保险利益?

2. 有一承租人向房东租借房屋,租期10个月。租房合同中写明,承租人在租借期内应对房屋损坏负责,承租人为此而以所租借房屋投保火灾保险一年。租期满后,承租人按时退房。退房后半个月,房屋毁于火灾。于是承租人以被保险人身份向保险公司索赔。保险人是否承担赔偿责任?为什么?如果承租人在退房时,将保单直接交给房东,房东是否能以被保险人身份向保险公司索赔?为什么?

  3. 甲将二批价值6万元的财产就同一保险事故分别与保险人A以电子邮件的形式达成保额为6万元的协议,与保险人B签订了保额为4万元的保险合同,并将上述情况分别通知各保险人。如果保险财产发生保险事故损失4万元,两份协议中均未约定分摊方法,按《保险法》的规定,两家保险公司应分别赔付多少?

学习单元2　交通事故责任强制保险

学习目标

1. 描述交强险的条款内容,根据条款分析保险案例;
2. 描述交强险的承保过程,了解交强险的费率浮动;
3. 描述交强险的理赔过程,能够灵活处理理赔实务;
4. 描述交强险的标准规范,能熟练计算各项赔款规定。

学习时间

6学时

一、总　　则

案例2-1:小张非常喜欢开车,拿到驾驶证后用全部积蓄购买了一辆五菱扬光。某日,一行人突然横穿马路,因是新手,小张手忙脚乱没来得及制动,结果将行人撞成植物人。交警判定小张负主要责任。面对30多万的赔偿费用,小张不得不将该车变卖,而剩余的赔偿小张真的不知道该如何筹措。

第一条　根据《中华人民共和国道路交通安全法》、《中华人民共和国保险法》、《机动车交通事故责任强制保险条例》等法律、行政法规,制定本条款。

[解说]　本条款是对《机动车交通事故责任强制保险条款》(下称"交强险条款")的法律出处作出阐释。

随着我国经济的发展,汽车越来越多了,行人、非机动车等都在道路上,使道路越来越拥挤,交通事故也越来越多。汽车撞人了,有的肇事者赔不起(如案例2-1中的小张),有的逃逸了……为了使受害人获得及时有效的经济保障和医疗救治,同时减轻交通事故肇事方的经济负担,研究制定一种可以通过经济层面"奖优罚劣"来促进道路交通安全的机制,以维护社会稳定的任务,已经迫在眉睫。《中华人民共和国道路交通安全法》第十七条规定,国家实行机动车第三者责任强制保险制度,设立道路交通事故社会救助基金。于是,机动车交通事故责任强制保险(以下称"交强险")呼之欲出。2006年3月1日,国务院常务会议审议通过了《机动车交通事故责任强制保险条例》,并于2006年7月1日起正式实施。当然,交强险的出台,不仅仅是促进道路交通安全的机制完善,更是建立健全法制体系、促进社会责任意识的需要,是建立法制社会的有力保障,也是构建和谐社会的重要手段。

其实在国外早就有强制保险的制度。1925年,马萨诸塞州通过了汽车强制保险法,并于1927年正式生效,成为美国第一个颁布汽车强制保险法的州。该法律要求本州所有的车主都应持有汽车责任保险单或者拥有付款保证书。一旦发生交通事故,可以保证受害者及时得到经济补偿,并以此作为汽车注册的先决条件。以后,美国其他州也相继通过了这一法令。

而在英国,《1930年公路交通法令》中纳入强制保险条款。强制保险的实施使在车祸中死亡或受到伤害的第三方可以得到一笔数额不定的赔偿金。1945年,英国成立了汽车保险局。汽车保险局依协议运作,其基金由各保险人按年度汽车保费收入的比例分担。当肇事者没有依法投保强制汽车责任保险或保单失效,受害者无法获得赔偿时,由汽车保险局承担保险责任,该局支付赔偿后,可依法向肇事者追偿。

第二条 机动车交通事故责任强制保险(以下简称交强险)合同由本条款与投保单、保险单、批单和特别约定共同组成。凡与交强险合同有关的约定,都应当采用书面形式。

[解说] 交强险用书面合同的形式规定其内容,体现了与众不同的强制性。具体表现为:

对投保方:对未参加机动车交通事故责任强制保险的机动车,机动车管理部门不得予以登记,机动车安全技术检验机构不得予以检验;未投保交强险的,由公安机关交通管理部门扣留机动车,通知机动车所有人、管理人依照规定投保,处依照规定投保最低责任限额应缴纳的保险费的2倍罚款;上道路行驶的机动车未放置保险标志的,公安机关交通管理部门应当扣留机动车,通知当事人提供保险标志或者补办相应手续,可以处警告或者20元以上200元以下罚款;伪造、变造或者使用伪造、变造的保险标志,或者使用其他机动车的保险标志,由公安机关交通管理部门予以收缴,扣留该机动车,处200元以上2000元以下罚款;构成犯罪的,依法追究刑事责任。

对保险公司:投保人在投保时应当选择具备从事机动车交通事故责任强制保险业务资格的保险公司,被选择的保险公司不得拒绝或者拖延承保。

第三条 交强险费率实行与被保险机动车道路交通安全违法行为、交通事故记录相联系的浮动机制。签订交强险合同时,投保人应当一次支付全部保险费。保险费按照中国保险监督管理委员会(以下简称保监会)批准的交强险费率计算。

[解说] 因为交强险是强制保险,要求境内的机动车都要投保,涉及面相当广泛,所以要求其是一种公益性险种,故交强险实行统一的保险条款和基础保险费率。保监会按照交强险业务总体上不盈利、不亏损的原则审批保险费率,每年对保险公司的交强险业务情况进行核查,并向社会公布;根据保险公司交强险业务的总体盈利或者亏损情况,要求或者允许保险公司相应调整保险费率。

交强险费率实行与被保险机动车道路交通安全违法行为、交通事故记录相联系的浮动机制,目的是可以"奖优罚劣"。但实际操作中,因为道路交通安全违法行为因素较为繁琐复杂,故目前交强险的费率浮动暂时只跟交通事故记录相联系。交强险费率浮动因素及比率如表2-1所示:

交强险费率浮动因素及比率 表 2-1

浮动因素	浮动比率	浮动因素	浮动比率
上一年度未发生有责任道路交通事故	-10%	上一个年度发生一次有责任不涉及死亡的道路交通事故	0%
上两年度未发生有责任道路交通事故	-20%	上一个年度发生两次及两次以上有责任道路交通事故	10%
上三年度未发生有责任道路交通事故	-30%	上一年度发生有责任道路交通死亡事故	30%

交强险最终保险费计算方法是：交强险最终保险费 = 交强险基础保险费 × (1 + 与道路交通事故相联系的浮动比率 A)。

为了进一步加大对酒后驾驶违法行为的惩处力度，促进机动车驾驶人增强交通安全意识和法制意识，根据《机动车交通事故责任强制保险条例》有关规定，公安部、中国保险监督管理委员会联合下发通知，决定自 2010 年 3 月 1 日起，逐步实行酒后驾驶违法行为与机动车交通事故责任强制保险费率联系浮动制度。浮动具体标准由各地结合实际确定。《通知》要求各地在公安部和保监会确定的交强险费率浮动幅度内，明确饮酒后驾驶、醉酒后驾驶违法行为上浮费率的标准。其中，饮酒后驾驶违法行为一次上浮的交强险费率控制在 10%~15% 之间，醉酒后驾驶违法行为一次上浮的交强险费率控制在 20%~30% 之间，累计上浮的费率不得超过 60%。《通知》还要求各保险公司必须严格执行交强险费率方案、交强险费率浮动办法，不得擅自加收或减收交强险保费。

二、基 本 定 义

案例 2-2：某日，吴江同里发生一幕惨剧，29 岁的沈女士和往常一样，准备驾车去厂里，就在从自家院内倒车出东院门时，把不知什么时候站到车后的儿子碰倒，孩子还没来得及喊出声来就被后轮轧了过去，倒在血泊之中，邻居们立即拨打了"110"、"120"，但是赶到的急救医生也回天无术，不幸身亡的孩子才刚刚过了 3 周岁生日。请问，沈女士所购买的交强险能赔付自己一定的金钱以慰藉丧儿之痛吗？

第四条 交强险合同中的被保险人是指投保人及其允许的合法驾驶人。投保人是指与保险人订立交强险合同，并按照合同负有支付保险费义务的机动车的所有人、管理人。

第五条 交强险合同中的受害人是指因被保险机动车发生交通事故遭受人身伤亡或者财产损失的人，但不包括被保险机动车本车车上人员、被保险人。

[解说] 如案例 2-2，沈女士是被保险人，她儿子虽然是被保险人的家人，但符合交强险中受害人的条件，显然交强险该赔偿。

第六条 交强险合同中的责任限额是指被保险机动车发生交通事故，保险人对每次保险事故所有受害人的人身伤亡和财产损失所承担的最高赔偿金额。责任限额分为死亡伤残赔偿限额、医疗费用赔偿限额、财产损失赔偿限额以及被保险人在道路交通事故中无责任的赔偿限额。其中无责任的赔偿限额分为无责任死亡伤残赔偿限额、无责任医疗费用赔偿限额以及无责任财产损失赔偿限额。

[解说] 本条通俗解释为：交强险各项赔款只能"专款专用"，不能"挪用"。如某人开车将一行人撞伤，行人花费1.5万元的医疗费用。若车辆有责，交强险则仅在医疗费用赔偿限额内最高赔偿1万元，而死亡伤残赔偿限额（11万元）和财产损失赔偿限额（2000元）均不能挪过来赔偿。

第七条 交强险合同中的抢救费用是指被保险机动车发生交通事故导致受害人受伤时，医疗机构对生命体征不平稳和虽然生命体征平稳但如果不采取处理措施会产生生命危险，或者导致残疾、器官功能障碍，或者导致病程明显延长的受害人，参照国务院卫生主管部门组织制定的交通事故人员创伤临床诊疗指南和国家基本医疗保险标准，采取必要的处理措施所发生的医疗费用。

三、保险责任

案例 2-3：刘一、关二、张三这三个人在大学里一直是铁哥们，毕业后各自回家乡创业，现在都是名响一方的能人。事业有成，三人都约着买了丰田凯美瑞，今年都约着回母校聚聚。铁哥们几年不见，大家都兴高采烈，饭桌上当然免不了喝了点酒，只有刘一稍微舔舔酒杯。一切尽兴后，刘一、关二、张三的三辆车依次跟着跑在路上，突然，前面的刘一遇到有流浪狗突然窜出而紧急制动，后面的关二制动不及，一头撞向刘一的车，而最后面的张三也同样重重地撞向了关二的车，于是三辆车撞成了一堆。三人严重受伤，救护车呼啸而来。后交警判定：刘一未喝酒，无责；关二，酒后驾驶，负次要责任；张三，醉酒驾驶，负主要责任，并在责任认定后对酒后驾车和醉酒驾车之人分别依法作出相应处罚措施。三人分别在三家保险公司购买了交强险、车损险和三者险。保险公司来现场查勘后作出初步决定：刘一无责，他的交强险可以在无责限额内赔付；关二酒后驾驶，交强险可以赔偿，商业险不赔；张三醉酒驾驶，交强险可以在1万元的医疗项下垫付刘一和关二的抢救费，但是过后可以向张三追偿，商业车险不赔。三人都纳闷了，同样的车，同样的饭局，怎么保险赔付就不同了？其实，我们关键是要弄明白交强险的三种责任：赔偿责任、垫付与追偿抢救费、免除责任。

第八条 在中华人民共和国境内（不含港、澳、台地区），被保险人在使用被保险机动车过程中发生交通事故，致使受害人遭受人身伤亡或者财产损失，依法应当由被保险人承担的损害赔偿责任，保险人按照交强险合同的约定对每次事故在下列赔偿限额内负责赔偿：

（一）死亡伤残赔偿限额为110000元；

（二）医疗费用赔偿限额为10000元；

（三）财产损失赔偿限额为2000元；

（四）被保险人无责任时，无责任死亡伤残赔偿限额为11000元；无责任医疗费用赔偿限额为1000元；无责任财产损失赔偿限额为100元。

死亡伤残赔偿限额和无责任死亡伤残赔偿限额项下负责赔偿丧葬费、死亡补偿费、受害人亲属办理丧葬事宜支出的交通费用、残疾赔偿金、残疾辅助器具费、护理费、康复费、交通费、被扶养人生活费、住宿费、误工费，被保险人依照法院判决或者调解承担的精神损害抚慰金。

医疗费用赔偿限额和无责任医疗费用赔偿限额项下负责赔偿医药费、诊疗费、住院费、住院伙食补助费、必要的、合理的后续治疗费、整容费、营养费。

[解说] 各种费用的赔偿标准以《最高人民法院〈关于审理人身损害赔偿案件适用法律若干问题的解释〉》为依据。案例2-3中,刘一无责,他的交强险可以在无责限额内赔付;关二酒后驾驶并且有责,交强险可以在有责的各个限额内予以赔偿。

四、垫付与追偿

第九条 被保险机动车在本条(一)至(四)之一的情形下发生交通事故,造成受害人受伤需要抢救的,保险人在接到公安机关交通管理部门的书面通知和医疗机构出具的抢救费用清单后,按照国务院卫生主管部门组织制定的交通事故人员创伤临床诊疗指南和国家基本医疗保险标准进行核实。对于符合规定的抢救费用,保险人在医疗费用赔偿限额内垫付。被保险人在交通事故中无责任的,保险人在无责任医疗费用赔偿限额内垫付。对于其他损失和费用,保险人不负责垫付和赔偿。

(一)驾驶人未取得驾驶资格的;

(二)驾驶人醉酒的;

(三)被保险机动车被盗抢期间肇事的;

(四)被保险人故意制造交通事故的。

对于垫付的抢救费用,保险人有权向致害人追偿。

[解说] 从以上条款可知,交强险最为特殊的是,除了有赔偿责任和免除责任两种情况以外,还有一种非常特殊的情况,就是"为受害第三者垫付抢救费后再向致害人追偿"。出于人道主义,交强险对部分交通事故导致受害人需要抢救的抢救费用予以先行垫付后向致害人追偿,但对于其他的损失和费用概不负责。所以它既不是完全的保险赔偿责任,也不是完全的除外责任。案例2-3中,张三醉酒驾驶,交强险可以在1万元的医疗项下垫付刘一和关二的抢救费,但是过后可以向张三追偿。这样既达到了救人的目的,又符合"谁犯过错谁负责赔偿"的惩罚原则。下列四类事项属于机动车交通事故责任强制保险非常特殊的责任:

1 驾驶人未取得驾驶资格

"未取得驾驶资格"是指:①无驾驶证。驾驶证是指机动车驾驶人具有驾驶某一车型资格的技术证明,是上道路行驶车辆的法定证件。驾驶人无驾驶证情况包括:一是驾驶人身体、年龄等方面不符合驾驶条件或者驾驶技术达不到规定要求,未取得驾驶证;二是驾驶人未通过正常的学习、考核或者通过其他非法渠道获得驾驶证;三是驾驶人伪造、变造驾驶证;四是驾驶证被依法吊销。②驾驶车辆与准驾车型不符。准驾车型是指申领驾驶证人员经考试合格后,车辆管理部门在其驾驶证上签注,准予其驾驶机动车的类型。驾驶人需要驾驶某种类型的机动车,必须取得相应的准驾车型资格,驾驶车辆与准驾车型不符等同于无驾驶资格。③公安交管部门规定的其他属于非有效驾驶的情况。

2　驾驶人醉酒驾驶肇事的

我国相关规定,若酒精含量大于或者等于20mg/100mL,小于80mg/100mL属于饮酒后驾车;醉酒驾车是指血液中的酒精含量大于或者等于80mg/100mL的。

3　被保险机动车被盗抢期间肇事的

被盗窃指被保险机动车在停放时全车被他人秘密盗取;被抢劫指被保险机动车在使用过程中被他人以暴力胁迫或其他方法使驾驶人不能抗拒强行被抢走;被抢夺指被保险机动车被他人趁被保险人或驾驶人不备公开夺取的行为。被保险机动车发生被盗抢的,机动车所有人或驾驶人应当向公安刑侦部门报案,并通知保险公司。

4　被保险人故意制造道路交通事故的

即如果被保险人对交通事故后果的发生在主观心理方面存在故意,在主观心理上是希望或者放任结果的发生,那么保险公司在对受害人的人身伤亡垫付抢救费用后,就垫付金额获得向被保险人追偿的权利。

设立"垫付与追偿"责任的目的是为了督促被保险人遵纪守法,维护社会公共秩序,更好地体现以人为本的精神。具体表现在:一是加强了对肇事方的惩罚力度,达到保护受害人、促进道路安全的目的。二是避免道德风险,将被保险的故意行为等列为强制保险的特殊责任,可以避免出现为牟取保险金而故意造成交通事故,危害他人安全的事件。三是体现公平公正性原则,醉酒驾车、无证驾驶等是造成交通事故的重要因素,假如将此类行为列入保险范围,势必会增加保险赔付率,提高保险费,守法者将为违法者的行为支付费用,不利于体现公平性原则,同时会造成社会负面影响;但从保护受害人的利益出发,保险公司对于抢救费用先予垫付而后向责任方做追偿。

五、责任免除

第十条　下列损失和费用,交强险不负责赔偿和垫付:
(一)因受害人故意造成的交通事故的损失;
(二)被保险人所有的财产及被保险机动车上的财产遭受的损失;
(三)被保险机动车发生交通事故,致使受害人停业、停驶、停电、停水、停气、停产、通讯或者网络中断、数据丢失、电压变化等造成的损失以及受害人财产因市场价格变动造成的贬值、修理后因价值降低造成的损失等其他各种间接损失;
(四)因交通事故产生的仲裁或者诉讼费用以及其他相关费用。

[解说]　在本条中,第一项责任免除所指的故意行为是受害人对交通事故的后果发生存在主观上心理方面的故意,在主观心理上希望或者放任交通事故结果的发生,对此种情况,保险公司可将其作为责任免除,需要区分的是受害人有故意违反交通规则的行为(例如:驾车逆向行驶),但受害人不希望或者放任交通事故的发生,此种情况保险公司不能将其作为责任免除,应当垫付相应的抢救费用然后再进行追偿。

第二项责任免除明确排除被保险人所有和管理的财产,以及本车上的财产,强调交强险责任保险的对象在物理上应位于被保险机动车之外。

第三项责任免除的内容均为间接性财产损失,交强险是为道路交通事故受害人提供基本保障,而间接性损失则不属于基本保障之列。

第四项责任免除是强制保险制度的一个创设目的,倾向于减少交通事故当事人之间的法律纠纷,不鼓励事故当事人在强制保险项上的损害赔偿问题形成诉讼。

六、保险期间

第十一条 除国家法律、行政法规另有规定外,交强险合同的保险期间为一年,以保险单载明的起止时间为准。

[解说] 当一次事故的各项赔偿金额均达到或超过赔偿限额后,此保险赔付的金额等于各项限额之和,但交强险继续有效,直至保险期限结束。但有下列情形之一的,投保人可以投保短期保险:①境外机动车临时入境的;②机动车距报废期限不足一年的;③机动车临时上道路行驶的(例如:领取临时牌照的机动车,临时提车,到异地办理注册登记的新购机动车等);④保监会规定的其他情形。

七、投保人、保险人义务

第十二条 投保人投保时,应当如实填写投保单,向保险人如实告知重要事项,并提供被保险机动车的行驶证和驾驶证复印件。重要事项包括机动车的种类、厂牌型号、识别代码、号牌号码、使用性质和机动车所有人或者管理人的姓名(名称)、性别、年龄、住所、身份证或者驾驶证号码(组织机构代码)、续保前该机动车发生事故的情况以及保监会规定的其他事项。

投保人未如实告知重要事项,对保险费计算有影响的,保险人按照保单年度重新核定保险费计收。

第十三条 签订交强险合同时,投保人不得在保险条款和保险费率之外,向保险人提出附加其他条件的要求。

第十四条 投保人续保的,应当提供被保险机动车上一年度交强险的保险单。

第十五条 在保险合同有效期内,被保险机动车因改装、加装、使用性质改变等导致危险程度增加的,被保险人应当及时通知保险人,并办理批改手续。否则,保险人按照保单年度重新核定保险费计收。

第十六条 被保险机动车发生交通事故,被保险人应当及时采取合理、必要的施救和保护措施,并在事故发生后及时通知保险人。

第十七条 发生保险事故后,被保险人应当积极协助保险人进行现场查勘和事故调查。发生与保险赔偿有关的仲裁或者诉讼时,被保险人应当及时书面通知保险人。

[解说] 本段条款概括了《交强险承保实务规程(2009版)》的四个方面内容:

1 告知与说明

(1) 投保人应履行告知义务

①投保人提供以下告知资料：a. 提示首次投保交强险的投保人提供行驶证复印件。新车尚未取得行驶证的，提供新车购置发票复印件或出厂合格证复印件，待车辆获得牌照号码办理批改手续时，再提供行驶证复印件；b. 在原承保公司续保交强险的业务，投保人不需再提供资料；c. 对于从其他保险公司转保的业务，提示投保人应提供行驶证复印件、上期交强险保险单原件或其他能证明上年已投保交强险的书面文件。②投保人对以下重要事项如实告知：a. 机动车种类、厂牌型号、识别代码、发动机号、牌照号码（临时移动证编码或临时号牌）、使用性质；b. 机动车所有人或者管理人的姓名（名称）、性别、年龄、住址、身份证或驾驶证号码（组织机构代码）；c. 机动车交通事故记录（仅无车险信息平台地区的转保业务须提供）；d. 保监会规定的其他告知事项。③投保人准确提供联系电话、通信地址、邮政编码等联系方式，便于保险人提供保险服务。④解除合同时应将保险单等交还保险人进行核销。

(2) 保险人须履行的说明义务

①向投保人提供投保单并附《机动车交通事故责任强制保险条款》（以下简称交强险），向投保人介绍交强险条款，主要包括：保险责任、各项赔偿限额、责任免除、投保人义务、被保险人义务、赔偿处理等内容。其中：关于免除保险人责任的条款内容必须在投保单上作出足以引起投保人注意的提示，并对该条款的内容以《机动车交通事故责任强制保险投保提示书》等形式向投保人作出明确说明。②向投保人明确说明，保险公司按照《交强险费率浮动暂行办法》的有关规定实行交强险的费率浮动。③向投保人明确说明，保险人按照国务院卫生主管部门组织制定交通事故人员创伤临床诊疗指南和国家基本医疗保险标准审核医疗费用。④告知投保人不要重复投保交强险，即使多份投保也只能获得一份保险保障。⑤告知有风窗玻璃的车辆投保人应将保险标志贴在车内风窗玻璃右上角；告知无风窗玻璃的车辆驾驶人应将保险标志随车携带。⑥有条件地区，可告知投保人如何查询交通安全违法行为、交通事故记录。⑦告知投保人应按《中华人民共和国车船税暂行条例法》规定在投保交强险同时缴纳车船税，法定免税或有完税、免税证明的除外。

2 投保单填写与录入

①保险人应指导投保人真实、准确地填写投保单的各项信息，并在投保单上签字或签章。投保时还未上牌的新车，若当地交管部门对号牌号码的录入规则有特殊要求的，可按交管部门的要求进行录入；没有要求的，不作统一规定，核发正式号牌后投保人应书面通知保险人办理批改手续。

②投保人可与保险人约定交强险保险期间的起止时点。

3 保险费计算

保险人须按照保监会审批的《交强险费率方案》和《交强险费率浮动暂行办法》计算并收取保险费。机动车临时上道路行驶或境外机动车临时入境投保短期交强险的，交强险费率不浮动。机动车距报废期限不足一年的,根据交强险短期基准保险费并按照《交强险费率浮动暂行办法》浮动。短期险保险期限内未发生道路交通事故的,投保下一完整年度交强险时,交强险费率不下浮。保险费必须一次全部收取,不得分期收费。

4　出具保险单、保险标志

交强险执行见费出单管理制度:交强险保险单必须在系统根据全额保费入账收费信息实时确认并自动生成唯一有效指令后,方可出具正式保险单、保险标志;交强险定额保险单应在收取全额保险费后方可出具保险单、保险标志。

交强险标志分为内置型交强险标志和便携型交强险标志两种。具有前风窗玻璃的投保车辆应签发内置型保险标志;不具有前风窗玻璃的投保车辆应签发便携型保险标志。如:无风窗玻璃的摩托车、拖拉机、挂车可签发便携式保险标志。内置型保险标志可不加盖业务章,便携式保险标志必须加盖保险公司业务专用章。

八、赔偿处理

第十八条　被保险机动车发生交通事故的,由被保险人向保险人申请赔偿保险金。被保险人索赔时,应当向保险人提供以下材料:

(一)交强险的保险单;

(二)被保险人出具的索赔申请书;

(三)被保险人和受害人的有效身份证明、被保险机动车行驶证和驾驶人的驾驶证;

(四)公安机关交通管理部门出具的事故证明,或者人民法院等机构出具的有关法律文书及其他证明;

(五)被保险人根据有关法律法规规定选择自行协商方式处理交通事故的,应当提供依照《交通事故处理程序规定》规定的记录交通事故情况的协议书;

(六)受害人财产损失程度证明、人身伤残程度证明、相关医疗证明以及有关损失清单和费用单据;

(七)其他与确认保险事故的性质、原因、损失程度等有关的证明和资料。

第十九条　保险事故发生后,保险人按照国家有关法律法规规定的赔偿范围、项目和标准以及交强险合同的约定,并根据国务院卫生主管部门组织制定的交通事故人员创伤临床诊疗指南和国家基本医疗保险标准,在交强险的责任限额内核定人身伤亡的赔偿金额。

第二十条　因保险事故造成受害人人身伤亡的,未经保险人书面同意,被保险人自行承诺或支付的赔偿金额,保险人在交强险责任限额内有权重新核定。

因保险事故损坏的受害人财产需要修理的,被保险人应当在修理前会同保险人检验,协商确定修理或者更换项目、方式和费用。否则,保险人在交强险责任限额内有权重新核定。

第二十一条　被保险机动车发生涉及受害人受伤的交通事故,因抢救受害人需要保险人支付抢救费用的,保险人在接到公安机关交通管理部门的书面通知和医疗机构出具的抢救费用清单后,按照国务院卫生主管部门组织制定的交通事故人员创伤临床诊疗指南和国家基本医疗保险标准进行核实。对于符合规定的抢救费用,保险人在医疗费用赔偿限额内支付。被保险人在交通事故中无责任的,保险人在无责任医疗费用赔偿限额内支付。

[解说] 本段条款概括了《交强险理赔实务规程(2009版)》八个方面内容:

1 接报案和理赔受理

①接到被保险人或者受害人报案后,应询问有关情况,并立即告知被保险人或者受害人具体的赔偿程序等有关事项。涉及人员伤亡或事故一方没有投保交强险的,应提醒事故当事人立即向当地公安机关交通管理部门报案。

②保险人应对报案情况进行详细记录,并录入业务系统统一管理。

③被保险机动车发生交通事故的,应由被保险人向保险人申请赔偿保险金。根据被保险人的请求,保险人应当直接向该第三者(受害人)赔偿保险金。被保险人怠于请求的,第三者(受害人)有权就其应获赔偿部分直接向保险人请求赔偿保险金。

保险人应增加专门单证,或在《索赔申请书》中设置项目,要求被保险人确认是否需要保险人直接向第三者(受害人)赔偿保险金。被保险人与第三者(受害人)协商一致后,由被保险人现场亲笔签字确认。

④书面一次性告知索赔单证。保险人应当在收到赔偿申请时立即以索赔须知的方式,一次性书面告知被保险人需要向保险人提供的与赔偿有关的证明和资料。索赔须知必须通俗、易懂,并根据《交强险索赔单证规范》勾选与赔偿有关的证明和资料。各公司可以减少交强险索赔单证,不得以任何理由增加索赔单证种类和要求。

2 查勘和定损

①事故各方机动车的保险人在接到客户报案后,有责方车辆的保险公司应进行查勘,对受害人的损失进行核定。无责方车辆涉及人员伤亡赔偿的,无责方保险公司也应进行查勘定损。

②事故任何一方的估计损失超过交强险各分项赔偿限额的,应提醒事故各方当事人依法进行责任划分。

③事故涉及多方保险人,但存在一方或多方保险人未能进行查勘定损的案件,未能进行查勘定损的保险人,可委托其他保险人代为查勘定损;受委托方保险人可与委托方保险人协商收取一定费用。接受委托的保险人,应向委托方的被保险人提供查勘报告、事故/损失照片和由事故各方签字确认的损失情况确认书。

3 垫付和追偿

(1)抢救费用垫付条件

①符合《机动车交通事故责任强制保险条例》第二十二条规定的四种"垫付与追偿"情形;

②接到公安机关交通管理部门要求垫付的通知书;

③受害人必须抢救,且抢救费用已经发生,抢救医院提供了抢救费用单据和明细项目;

④不属于应由道路交通事故社会救助基金垫付的抢救费用。

（2）垫付标准

①按照交通事故人员创伤临床诊疗指南和抢救地的国家基本医疗保险的标准，在交强险医疗费用赔偿限额或无责任医疗费用赔偿限额内垫付抢救费用。

②被抢救人数多于一人且在不同医院救治的，在医疗费用赔偿限额或无责任医疗费用赔偿限额内按人数进行均摊；也可以根据医院和交警的意见，在限额内酌情调整。

（3）垫付方式

自收到交警部门出具的书面垫付通知、伤者病历/诊断证明、抢救费用单据和明细之日起，及时向抢救受害人的医院出具《承诺垫付抢救费用担保函》，或将垫付款项划转至抢救医院在银行开立的专门账户，不进行现金垫付。

（4）追偿

对于所有垫付的案件，保险人垫付后有权向致害人追偿。追偿收入在扣减相关法律费用（诉讼费、律师费、执行费等）、追偿费用后，全额冲减垫付款。

（5）不予支付抢救费用的情况

①事故不构成保险责任，如受害人的故意行为等；

②应由道路交通事故社会救助基金垫付的抢救费用：a. 抢救费用超过交强险医疗费用赔偿限额的；b. 肇事机动车未参加机动车交通事故责任强制保险的；c. 机动车肇事后逃逸的；

③非抢救费用或抢救费用不符合国务院卫生主管部门组织制定的有关临床诊疗指南和国家基本医疗保险标准的费用；

④非本次事故交强险受害人的抢救费用。

4 赔偿处理

（1）赔偿原则

①保险人在交强险责任范围内负责赔偿被保险机动车因交通事故造成的对受害人的损害赔偿责任，赔偿金额以交强险条款规定的分项责任限额为限。在上述损害赔偿责任中，被保险人未向受害人赔偿的部分，不得向保险人提出索赔。

②被保险人书面请求保险人直接向第三者（受害人）赔偿保险金的，保险人应向第三者（受害人）就其应获赔偿部分直接赔偿保险金。被保险人未书面请求保险人向第三者（受害人）赔偿保险金，且接保险人通知后，无故不履行赔偿义务超过15日的，保险人有权就第三者（受害人）应获赔偿部分直接向第三者（受害人）赔偿保险金。

③交强险的案件应与其他保险业务分开立案、分开记录、分开结案。

④道路交通事故肇事方（被保险人）、受害人等对交强险赔偿以上部分存在争议的，不影响其及时获得交强险的赔偿。道路交通事故肇事方（被保险人）、受害人等对交强险某分项责任赔偿存在争议的，不影响其及时获得交强险其他分项责任的赔偿。

（2）赔偿时限

①保险责任核定时限。对涉及财产损失的，保险公司应当自收到被保险人提供的证明和资料之日起1日内，对是否属于保险责任作出核定，并将结果通知被保险人。对涉及人身伤亡的，保险公司应当自收到被保险人提供的证明和资料之日起3日内，对是否属于保险责

任作出核定,并将结果通知被保险人。

②拒赔通知时限。对不属于保险责任的,保险公司应当自作出核定之日起3日内向被保险人或者受益人发出拒绝或拒绝给付保险金通知书,并书面说明理由。

③赔偿保险金时限:a. 对属于保险责任在2000元以下的仅涉及财产损失赔偿案件,被保险人索赔单证齐全的,保险公司应在当日给付保险金;b. 对属于保险责任在10000元以下的人身伤亡赔偿案件,被保险人索赔单证齐全的,保险公司应当在3日内给付保险金;c. 对属于保险责任在50000元以下的人身伤亡赔偿案件,被保险人索赔单证齐全的,保险公司应当5日内给付保险金;d. 对属于保险责任的交强险赔偿案件,被保险人索赔单证齐全的,保险公司应当在被保险人提出索赔申请不超过7日内给付保险金。

④先予支付保险金承诺。保险人自收到赔偿或者给付保险金的请求和有关证明、资料之日起20日内,对其赔偿或者给付保险金的数额不能确定的,应当根据已有证明和资料可以确定的数额先予支付;保险人最终确定赔偿或者给付保险金的数额后,应当支付相应的差额。

(3)赔款计算

保险人在交强险各分项赔偿限额内,对受害人死亡伤残费用、医疗费用、财产损失分别计算赔偿:总赔款=∑各分项损失赔款=死亡伤残费用赔款+医疗费用赔款+财产损失赔款各分项损失赔款=各分项核定损失承担金额,即:死亡伤残费用赔款=死亡伤残费用核定承担金额;医疗费用赔款=医疗费用核定承担金额;财产损失赔款=财产损失核定承担金额。

案例2-4:A、B两机动车发生交通事故,两车均有责任。A、B两车车损分别为2000元、5000元,B车车上人员医疗费用7000元,死亡伤残费用6万元,另造成路产损失1000元。设两车适用的交强险财产损失赔偿限额为2000元,医疗费用赔偿限额为1万元,死亡伤残赔偿限额为11万元,则:

(1)A车交强险赔偿计算

A车交强险赔偿金额=受害人死亡伤残费用赔款+受害人医疗费用赔款+受害人财产损失赔款=B车车上人员死亡伤残费用核定承担金额+B车车上人员医疗费用核定承担金额+财产损失核定承担金额

①B车车上人员死亡伤残费用核定承担金额=60000÷(2-1)=60000(元)

②B车车上人员医疗费用核定承担金额=7000÷(2-1)=7000(元)

③财产损失核定承担金额=路产损失核定承担金额+B车损核定承担金额=1000÷2+5000÷(2-1)=5500(元),超过财产损失赔偿限额,按限额赔偿,赔偿金额为2000元。

其中,A车交强险对B车损的赔款=财产损失赔偿限额×B车损核定承担金额÷(路产损失核定承担金额+B车损核定承担金额)=2000×[5000÷(1000÷2+5000)]=1818.18(元)

其中,A车交强险对路产损失的赔款=财产损失赔偿限额×路产损失核定承担金额÷(路产损失核定承担金额+B车损核定承担金额)=2000×[(1000÷2)÷(1000÷2+5000)]=181.82(元)

④A车交强险赔偿金额=60000+7000+2000=69000(元)

(2)B车交强险赔偿计算

B车交强险赔偿金额=路产损失核定承担金额+A车损核定承担金额

=1000÷2+2000÷(2-1)=2500(元),超过财产损失赔偿限额,按限额赔偿,赔偿金额为2000元。

案例2-5:A、B两机动车发生交通事故,A车全责,B车无责,A、B两车车损分别为2000元、5000元,另造成路产损失1000元。设A车适用的交强险财产损失赔偿限额为2000元,B车适用的交强险无责任财产损失限额为100元,则:

(1)A车交强险赔偿计算

A车交强险赔偿金额=B车损失核定承担金额+路产损失核定承担金额=5000+1000=6000(元),超过财产损失赔偿限额,按限额赔偿,赔偿金额为2000元。

(2)B车交强险赔偿计算

B车交强险赔偿金额=A车损核定承担金额=2000元,超过无责任财产损失赔偿限额,按限额赔偿,赔偿金额为100元。

B车对A车损失应承担的100元赔偿金额,由A车保险人在交强险无责财产损失赔偿限额项下代赔。

5 特殊案件处理

(1)满限额提前结案处理机制

①适用条件。同时满足以下条件,属于交强险赔偿责任的事故:a.涉及人员伤亡,医疗费用支出已超过交强险医疗费用赔偿限额或估计死亡伤残费用明显超过交强险死亡伤残赔偿限额;b.被保险人申请并提供必要的单据。

②基本原则:对于涉及人员伤亡的事故,损失金额明显超过保险车辆适用的交强险医疗费用赔偿限额或死亡伤残赔偿限额的,保险公司可以根据被保险人的申请及相关证明材料,在交强险限额内先予赔偿结案,待事故处理完毕、损失金额确定后,再对剩余部分在商业险项下赔偿。

(2)交通事故责任未确定案件的抢救费用支付

保险公司收到受害人抢救费用支付申请时,被保险人在交通事故中是否有责任尚未明确的,在无责任医疗费用赔偿限额内支付抢救费用。在道路交通管理部门能够确认被保险人在交通事故中负有责任后,保险公司应及时在交强险医疗费用赔偿限额内补充应垫付的抢救费用。

(3)交通事故中死者为无名氏的交强险赔偿

交通事故死亡人员身份无法确认的,其交强险赔偿金由道路交通事故社会救助基金管理机构提存保管。无法由道路交通事故社会救助基金管理机构提存的,保险公司可以对已产生的费用如医疗费、丧葬费按照交强险赔偿标准凭票据赔偿,其他项目原则上不应向无赔偿请求权的个人或机构赔偿,可以根据法律文书另行处理。

6 支付赔款

(1) 支付赔款

有关赔付情况应按规定及时上传至机动车事故责任交强险信息平台。

(2) 单证分割

如果交强险和商业三者险在不同的保险公司投保,如损失金额超过交强险责任限额,由交强险承保公司留存已赔偿部分发票或费用凭据原件,将需要商业保险赔付的项目原始发票或发票复印件,加盖保险人赔款专用章,交被保险人办理商业险索赔事宜。

7 直接向受害人支付赔款的赔偿处理

发生受害人人身伤亡或财产损失,且符合下列条件之一的,保险人可以受理受害人的索赔:

①被保险人出具书面授权书;
②人民法院签发的判决书或执行书;
③被保险人死亡、失踪、逃逸、丧失索赔能力或书面放弃索赔权利;
④被保险人拒绝向受害人履行赔偿义务;
⑤法律规定的其他情形。

8 结案和归档

保险人向被保险人或受害人支付赔款后,将赔案所有单证按赔案号进行归档。

九、合同变更与终止

第二十二条 在交强险合同有效期内,被保险机动车所有权发生转移的,投保人应当及时通知保险人,并办理交强险合同变更手续。

[解说] (1) 合同变更的定义

合同变更指有效成立的合同在尚未履行或未履行完毕之前,由于一定法律事实的出现而使合同内容发生改变。

(2) 合同发生以下变更事项时,保险人应对保险单进行批改,并根据变更事项增加或减少保险费:

①被保险机动车转卖、转让、赠送他人(指本地过户);
②被保险机动车变更使用性质;
③变更其他事项。上述批改按照日费率增加或减少保险费。

发生下列情形时,保险人应对保险单进行批改,并按照保单年度重新核定保险费计收:

①投保人未如实告知重要事项,对保险费计算有影响的,并造成按照保单年度重新核定保险费上升的;
②在保险合同有效期限内,被保险机动车因改装、加装、使用性质改变等导致危险程度增加,未及时通知保险人,且未办理批改手续的。

第二十三条 在下列六种情况下,投保人可以要求解除交强险合同:

(一)被保险机动车被依法注销登记的;

(二)被保险机动车办理停驶的;

(三)被保险机动车经公安机关证实丢失的。

(四)投保人重复投保交强险的;

(五)被保险机动车被转卖、转让、赠送至车籍所在地以外的地方(车籍所在地按地市级行政区划划分);

(六)新车因质量问题被销售商收回或因相关技术参数不符合国家规定交管部门不予上户的。

交强险合同解除后,投保人应当及时将保险单、保险标志交还保险人;无法交回保险标志的,应当向保险人说明情况,征得保险人同意。

[解说] (1)合同解除的定义

合同的解除,是合同有效成立后,因当事人一方或双方的意思表示,使合同关系归于消灭的行为。合同解除是终止的事由之一,它也是一种法律制度。

(2)投保人解除及相关规定

投保人故意或者因重大过失对重要事项未履行如实告知义务,保险人行使解除合同的权利前,应当书面通知投保人,投保人应当自收到通知之日起5日内履行如实告知义务;投保人在上述期限内履行如实告知义务的,保险人不得解除合同。保险人的合同解除权自保险人知道有解除事由之日起,超过30日不行使而消灭。

(3)保险人解除及相关规定

保险人解除合同的,保险人应收回交强险保险单等,并可以书面通知机动车管理部门。对于投保人无法提供保险单和交强险标志的,投保人应向保险人书面说明情况并签字(章)确认,保险人同意后可办理退保手续。

第二十四条 发生《机动车交通事故责任强制保险条例》所列明的投保人、保险人解除交强险合同的情况时,保险人按照日费率收取自保险责任开始之日起至合同解除之日止期间的保险费。

十、附则及代缴车船税规定

第二十五条 因履行交强险合同发生争议的,由合同当事人协商解决。

协商不成的,提交保险单载明的仲裁委员会仲裁。保险单未载明仲裁机构或者争议发生后未达成仲裁协议的,可以向人民法院起诉。

第二十六条 交强险合同争议处理适用中华人民共和国法律。

第二十七条 本条款未尽事宜,按照《机动车交通事故责任强制保险条例》执行。

另外,《中华人民共和国车船税法》规定,在中华人民共和国境内,车辆、船舶(以下简称车船)的所有人或者管理人为车船税的纳税人,应当依照法律的规定缴纳车船税。另外,该法第六条规定,从事机动车第三者责任强制保险业务的保险机构为机动车车船税的扣缴义务人,应当依法代收车船税。

十一、交强险财产损失互碰自赔

案例 2-6：小张给自家轿车在 A 公司购买了交强险，小李在 B 公司购买了交强险。2009 年 2 月 5 日两辆车相撞，双方都协商好为同等责任，彼此估计损失为 1000 元左右。小张以前处理过类似事故，便约定一起到对方保险公司定损中心定损修车，找对方的公司赔偿。小李表示有急事暂时没时间处理此事，小张非常生气。小李突然想起最近颁布了一个规定，可以自行向自己所在的保险公司索赔，于是向保险公司做了咨询，保险公司的工作人员证实了这种说法。这是怎么回事呢？这就是"互碰自赔"制度。

交强险"互碰自赔"，是建立在交通事故快速处理基础上的一种交强险快速理赔机制，即对于事故各方均有责任，各方车辆损失均在交强险财产损失赔偿限额以内，不涉及人员伤亡和车外财产损失的两车或多车互碰事故，由各保险公司在本方机动车交强险财产损失限额内对本车损失进行赔付，如图 2-1 所示。

图 2-1 交强险"互碰自赔"流程图

1 适用条件

同时满足以下条件，适用"互碰自赔"方式处理：

①两车或多车互碰，各方均投保交强险；

②仅涉及车辆损失（包括车上财产和车上货物）、不涉及人员伤亡和车外财产损失，各方损失金额均在 2000 元以内；

③由交警认定或当事人根据出险地关于交通事故快速处理的法律法规自行协商确定各方均有责任（包括同等责任、主次责任）；

④当事人各方对损失确定没有争议，并同意采用"互碰自赔"方式处理。

单方肇事事故、涉及人员伤亡的事故、涉及车外财产损失的事故，以及任何一方损失金额超过交强险财产损失赔偿限额的事故，都不适用"互碰自赔"方式处理。

2 处理原则

①满足"互碰自赔"条件的，由各保险公司分别对本方车辆进行查勘定损，并在交强险财产损失赔偿限额内，对本方车辆损失进行赔偿。

a. 事故经交警处理的,被保险人可凭交警事故责任认定书、调解书,直接到各自的保险公司索赔。

b. 双方根据法律法规规定自行协商处理交通事故的,经保险公司查勘现场,核对碰撞痕迹。

c. 出险地建有行业交通事故集中定损中心的,由各方当事人共同到就近的定损中心进行查勘、定损。

②原则上,任何一方车辆损失金额超过2000元的,不适用"互碰自赔"方式,按一般赔案处理。即对三者车辆损失2000元以内部分,在交强险限额内赔偿;其他损失在商业险项下按事故责任比例计算赔偿。

特殊情况下(如当地行业对损失金额限定标准有其他规定的,或事后发现损失金额超过限定标准、已无法勘验第三方损失等),可参照《机动车交强险互碰赔偿处理规则(2009版)》中,"交警调解各方机动车承担本方车辆损失"的相关规定处理。即对被保险机动车的车辆损失在本方机动车交强险赔偿限额内计算赔偿,超过限额部分在本方机动车商业车险项下按条款规定计算赔偿。

③各保险公司对"互碰自赔"机制下支付的赔款,不进行清算追偿。

3 基本流程

(1)接报案

出险后,各方当事人均应向各自的承保公司报案。

①接报案时应详细记录出险时间、出险地点、事故双方当事人、损失情况、责任划分等内容,并根据客户提供的事故原因、事故性质等基本信息初步判断是否满足"互碰自赔"条件。

②初步判断可能满足"互碰自赔"条件的,应主动告知客户"互碰自赔"的适用条件、处理程序和注意事项。请客户在事故现场等待或到指定地点进行查勘、定损。

③接报案时不能够确定是否满足"互碰自赔"条件的,可引导客户查勘后确定。

④提示双方当事人按照出险地有关交通事故快速处理的相关规定,通知交警处理或依据有关法律法规规定自行协商处理。

(2)查勘定损

查勘人员要注意核实事故的真实性,填写查勘记录,并拍摄事故现场照片或损失照片。查勘时初步估计满足"互碰自赔"条件的,应告知客户"互碰自赔"的适用条件、处理程序和注意事项。发现不满足"互碰自赔"条件的,应协助各方当事人通知本方保险公司参与处理。

①交警参与事故处理并出具《交通事故认定书》,或当事人依据有关法律法规规定自行协商处理交通事故的,如果各方损失明显低于2000元,满足"互碰自赔"条件,可由各事故方保险公司直接对本方保险车辆进行查勘、定损。查勘人员事后发现痕迹不符或存在疑问的,应向对方保险公司调查取证,必要时对各方车辆进行复勘。

②当事人自行协商处理交通事故时不能确定是否满足"互碰自赔"条件的,可共同到一方保险公司进行查勘估损。满足"互碰自赔"条件的,由各方保险公司分别对本方车辆进行

定损。进行查勘的公司应向对方保险公司提供事故现场照片或车辆损失照片。

③出险地建有行业交通事故集中定损中心的,由各方当事人共同到就近的定损中心进行查勘、定损。由各方保险公司分别对本方车辆进行查勘、定损。

④对于当事人自行协商处理,但未及时报案,也未经保险公司同意撤离事故现场的交通事故,应勘验双方车辆,核实事故情况。

(3)赔偿处理:满足"互碰自赔"条件的,事故各方分别凭交警《交通事故认定书》,或《机动车交通事故快速处理协议书》等单证,直接到本方保险公司进行索赔。承保公司在交强险财产损失限额内赔偿本方车辆损失。

需要提交的索赔材料:
①索赔申请书;
②交通事故认定书、调解书或自行协商处理协议书;
③查勘记录、事故照片、损失情况确认书(定损单);
④车辆修理费发票;
⑤驾驶证和行驶证(复印件或照片)。

4 注意事项

①各保险公司应加强对事故真实性的勘查。事故双方自行协商处理交通事故的,应尽可能对双方车辆进行查勘、比对碰撞痕迹;有条件的地区要利用交强险信息平台进行监控,以防范道德风险。

②保险车辆在异地发生互碰事故,适用出险地保险行业协会、交管部门出台的相关规定。应由当地交警处理,并出具《交通事故认定书》,或由保险公司查勘第一现场,方可按"互碰自赔"方式赔偿。

③保险人需明确双方车号。事故对方车辆不明确的,应按找不到第三方处理。

④建立交强险信息平台的地区,应及时将相关出险、赔付数据上传至交强险信息平台。

思考与练习

在已经建立了机动车交通事故责任强制保险的国家和地区中,根据强制保险的保障范围,可以分为两类:

一类仅对人身伤亡给予保障,对财产损害则不予赔偿,主要有日本、韩国、新加坡、澳大利亚等国家及我国香港和台湾地区。如我国台湾地区《强制汽车责任保险法》第五条规定:"因汽车交通事故致受害人体伤、残废或死亡者,加害人不论有无过失,在相当于本法规定之保险金额范围内,受害人均得请求保险赔偿给付。"

另一类则对人身伤亡和财产损失均予以保障,主要包括英国、美国、意大利等欧美国家。如英国《道路交通法》第一百四十五条即规定,对保单中列明的投保人因在大不列颠道路上使用机动车辆而产生的人身伤亡责任和财产损失应予以承保。

　　2010年8月20日,中国保监会公布了2009年交强险经营业绩,2009年交强险经营亏损29亿元,其中承保亏损53亿元,投资收益24亿元。交强险开办3年半以来,累计经营亏损8.5亿元。我国交强险的费率在2006年至2008年的经营中获利甚丰,故在2008年降低了保险费率,提高了保险金额。而今,交强险出现亏损,根据不盈不亏的经营原则,采取的措施同样可以提高费率、降低保额。但一些专家指出,增加保费目前可能遭受较大的反对意见,降低保额特别是赔付人身有关的保险金额也是不符合国情的,最可取的方法是学习日本的做法,只赔付人身不赔偿财产的损失。

　　请查阅相关资料,针对专家的意见谈谈你的看法。分析两种不同类别交强险的优劣,并对我国交强险未来的发展提出自己的意见。

学习单元3 机动车辆商业保险条款

 学习目标

1. 描述车辆损失保险的条款内容,运用保险条款分析保险案例,会结合保险案例应用相关的保险条款;
2. 描述第三者责任保险的条款内容,运用保险条款分析保险案例;
3. 描述各种附加保险的条款内容,运用保险条款分析保险案例。

 学习时间

14 学时

一、机动车辆商业保险概述

机动车辆商业保险是相对机动车辆强制保险而言的。目前,我国各家财产保险公司经营的汽车保险业务还是以汽车商业保险为主。汽车商业保险按保障的责任范围可分为基本险和附加险。1980 年,我国全面恢复国内财产保险业务,汽车保险业务也随之恢复,随着汽车保险业的迅速发展,国家对汽车保险的条款和费率的管理也日益完善。2000 年,中国保险监督管理委员会统一制定了《机动车辆保险条款》,汽车保险在此条款的指导下,全国汽车保险实行统一的条款和刚性的费率。但是刚性费率由政府定价一刀切,没有考虑到不同地区市场、不同类型的保险消费者的特点,同时也影响了保险市场的竞争环境,导致保险公司缺乏效率。

2003 年开始在全国范围内推行车险制度的改革,核心是实现车险产品的费率市场化并建立起以偿付能力为核心的新型车险监管体制,各家保险公司结合自身特点推出了具有自己特色的汽车保险产品。2006 年 7 月 1 日,我国出台了机动车辆交通事故责任强制保险(简称交强险)。伴随着交强险的实施,车损险和商业第三者责任险发生重大变局。由中国保险行业协会提出,各保险公司经营的商业车险使用新的条款和费率,于 2006 年 7 月 1 日起正式施行。2006 年版的商业车险有 A、B、C 三款"套餐",分别根据人保财险、平安财险和太平洋财险三大公司的车险条款设计。"套餐"中包括两种基本险:车损险和商业第三者责任险。

对于其他险种,仍允许各家公司进行差异化经营。2007 年末,我国金融行业首个全国性听证会——交强险费率听证会在北京举行。随后保监会对交强险的责任限额、费率水平进行"双调整"。据此各保险公司经营的商业车险条款和费率也有了新的变化。保险行业协会出台了2007年条款,2007版机动车商业保险基本条款在2006版车险行业基本条款基础上扩大了覆盖范围,除原有的机动车损失保险、机动车第三者责任保险外,又将机动车车上人员责任险、机动车全车盗抢险、玻璃单独破碎险、车身划痕损失险、车损免赔额险、不计免赔率险六个险种纳入车险行业基本条款的范围,共计八个险种。

这八个险种是投保率最高的八个险种,涵盖了车辆所面临的主要风险,因此制订并使用行业车险基本条款改变了以往客户面对纷繁冗长的保险条款、复杂的费率计算方法无所适从的情况,减少了少数销售机构和人员利用片面宣传产品差异误导消费者的行为,使消费者明明白白买车险,保护了广大消费者的利益,经过本次修订后,行业三套车险基本条款的这八种险种在保障范围、费率水平、赔偿处理等各方面均基本相同,有效地提高了国内车险产品的标准化程度。但在使用车险行业基本条款的基础上,各家保险公司可以进行产品创新,针对细分客户群的个性化需求开发了多个个性化产品。比如,选用A款的人保财险公司开发的租车人人车失踪责任险,覆盖了租赁车辆与承租人同时失踪,致使机动车出租公司遭受经济损失的风险;又如,选用C款的太平洋保险公司开发的零部件、附属设备被盗窃险,则填补了A、B、C三套产品的机动车全车盗抢险的保障空白。伴随着2007年12月中国保监会交强险费率调整听证会的召开,新版交强险于2008年2月1日起实施,全国的商业车险A、B、C款费率也普遍下调。A、B、C三类条款差异不大,各保险公司可以任意选一款使用。但目前大部分公司采用的是人保的A类条款,一些公司采用的是平安的B类条款,只有太平洋一家用的是自己的C类条款。

表3-1～表3-9分别是A、B、C三款行业产品的特点对比。

车辆损失险——保险责任与超载处理　　　　　　　　　　　　　表3-1

公司 项目	太　保	人　保	平　安
保险责任	受车上人员、货物意外撞击营业用车火灾、爆炸; 台风、热带风暴等自然灾害	特种车自燃	营业用车火灾、爆炸
超载处理	超载是事故的直接原因时为责任免除,否则承担全部赔偿责任,不增扣免除	营业车超载是事故的直接原因时为责任免除,否则加扣10%免赔	超载是事故的直接原因时为责任免除,否则加扣10%免赔

车辆损失——责任免除与保费计算　　　　　　　　　　　　　表3-2

公司 项目	太　保	人　保	平　安
责任免除	—	被保险机动车所载货物撞击造成的损失	本车所载货物的撞击
保费计算	按日费率计算短期保费	按短期费率表计算短期保费,保险责任开始前,投保人要求解除合同的,退保手续费为保费的5%	按短期费率表计算短期保费,保险责任开始前,投保人要求解除合同的,退保手续费为保费的3%

车辆损失险——免赔率　　　　　　　　　　　　　　　　　　　　　　　　　表 3-3

公司 项目	太保	人保	平安
免赔率	事故责任免赔率(全责15%,主责10%,同责8%,次责5%); 应由第三方赔偿而无法找到第三方,实行30%绝对免赔率; 约定行驶区域外出险增加10%的绝对免赔率; 非指定驾驶人出险增加10%的绝对免赔率	—	
	—	自行协商处理事故不能提供证明,增加20%的绝对免赔率; 营业车出险时超载但并非事故直接原因的,增加10%的绝对免赔率	营业车出险时超载当并非事故直接原因的,增加10%的绝对免赔率; 指定驾驶人信息不真实增加10%的绝对免赔率

第三者责任——第三者定义与责任免除　　　　　　　　　　　　　　　　　表 3-4

公司 项目	太保	人保	平安
第三者定义	包括在车下的驾驶人、被保险人的家庭成员	—	
责任免除	—	包括在车下的驾驶人、被保险人的家庭成员	包括在车下的驾驶人、被保险人的家庭成员 车载货物掉落

第三者责任险——免赔率　　　　　　　　　　　　　　　　　　　　　　　表 3-5

公司 项目	太保	人保	平安
免赔率	事故责任免赔率(全责20%,主责15%,同责10%,次责5%); 约定行驶区域外出险增加10%的绝对免赔率; 非指定驾驶人出险增加10%的绝对免赔率; 出险时超载,不论是否事故直接原因,增加10%的绝对免赔率	—	
		—	指定驾驶人信息不真实增加10%的绝对免赔率

车上人员责任险　　　　　　　　　　　　　　　　　　　　　　　　　　　表 3-6

公司 项目	太保	人保	平安
车上人员定义	包括正在上下车的人员		
责任免除	事故责任免赔率(全责15%,主责10%,同责8%,次责5%); 约定行驶区域外出险增加10%的绝对免赔率; 非指定驾驶人出险增加10%的绝对免赔率; 指定驾驶人信息不真实增加10%的绝对免赔率		

全车盗抢险——免赔率 表3-7

公司 项目	太保	人保	平安
免赔率	全车被盗抢免除20%； 约定行驶区域外出险增加10%的绝对免赔率； 非指定驾驶人出险增加5%的绝对免赔率		
	全车被盗抢，索赔时未能提供行驶证、购车发票、完税证明（或免税证明），每缺少一项，增加0.5%的绝对免赔率； 全车被盗窃，原车钥匙不全，增加3%的绝对免赔率	全车损失，未能提供行驶证、登记证书、来历凭证、车辆购置税完税证明（车辆购置附加费缴费证明）或免税证明的，每少一项，增加免赔率1%	指定驾驶人信息不真实增加5%的绝对免赔率； 全车被盗抢，不能提供登记证书、行驶证、购车发票等来历证明、完税证明或免税凭证的，每缺少一项，增加0.5%的绝对免赔率； 全车被盗窃，原配全套车钥匙缺失的，增加5%的绝对免赔率

全车盗抢险——责任免除 表3-8

公司 项目	太保	人保	平安
责任免除	—	驾驶人饮酒、吸食或注射毒品、被药物麻醉后使用被保险机动车	驾驶人饮酒或服用国家管制的精神药品或麻醉药品的

附加险免赔率 表3-9

公司 项目	太保	人保	平安
自燃损失险	15%	20%	20%
车身油漆	15%		
涉水损失险	15%	20%	未明确
玻璃单独破碎险	无免赔	无免赔	无免赔

中国保险行业协会制定的机动车商业保险行业基本条款（A款）是依据中国人保财险的条款完成的。目前多数保险公司选择A款车险，其中包括中国人保财险公司、中国大地保险、华泰财险、大众保险、阳光财险、永安财险、中华联合财险、天安保险、安邦财险、中国人寿财险、日本东京海上日动火灾保险公司上海分公司等财产保险公司。本学习单元以A款为例介绍汽车商业保险条款（如表3-10所示）。

A款商业车险产品一览表 表3-10

类　型	主　险	附加险
机动车辆第三者责任险	机动车商业保险行业基本条款（A款） 机动车辆第三者责任保险	无过失责任险 车上货物责任险 不计免赔特约条款

续上表

类　型	主　险	附　加　险
家庭自用车	机动车商业保险行业 基本条款（A款） 家庭自用汽车损失保险条款	盗抢险 自燃险 车身划痕损失险 车辆停驶损失险 不计免赔特约条款 救助特约条款 异地出险住宿险 油污污染险 发动机特别损失险
非营业用车	机动车商业保险行业 基本条款（A款） 非营业用汽车损失保险条款	盗抢险 自燃险 玻璃单独破碎险 车身划痕损失险 车辆停驶损失险 不计免赔特约条款 救助特约条款 异地出险住宿险 油污污染险 发动机特别损失险

二、机动车辆损失保险条款

汽车损失保险简称车损险，是指保险车辆遭受保险责任范围内的自然灾害或意外事故，造成保险车辆本身损失，保险人依照保险合同的规定给予赔偿车损险为不定值保险，在汽车损失险保险合同中不确定保险标的的保险价值，只列明保险金额，将保险金额作为最高限额。本节主要从保险责任、责任免除、保险金额、保险期间和赔偿处理等方面，对汽车损失险 A 款条款进行详细介绍。汽车损失险 A 款条款分为家庭自用汽车损失保险条款、非营用汽车损失保险条款、营用汽车损失保险条款。这三个条款的内容大致相同，但也有不同之处，主要表现为保险标的、保险责任和免除责任及保险费等方面的细微差别。

机动车商业保险行业基本条款（A 款）

（中保协条款[2007]1号）
中国保险行业协会制定　2007年

条款设计说明

一、车上人员责任保险和机动车盗抢保险分别提供了主险和附加险两套条款，保险责任和费率完全相同，供各公司自主选择。

二、不计免赔率特约条款的投保条件在条款中未作明确规定，其适用范围由各公司自主确定。

家庭自用汽车损失保险条款

总　则

第一条　家庭自用汽车损失保险合同(以下简称本保险合同)由本条款、投保单、保险单、批单和特别约定共同组成。凡涉及本保险合同的约定,均应采用书面形式。

第二条　本保险合同中的家庭自用汽车是指在中华人民共和国境内(不含港、澳、台地区)行驶的家庭或个人所有,且用途为非营业性运输的客车(以下简称被保险机动车)。

第三条　本保险合同为不定值保险合同。保险人按照承保险别承担保险责任,附加险不能单独承保。

保险责任

第四条　保险期间内,被保险人或其允许的合法驾驶人在使用被保险机动车过程中,因下列原因造成被保险机动车的损失,保险人依照本保险合同的约定负责赔偿:

(一)碰撞、倾覆、坠落;

(二)火灾、爆炸;

(三)外界物体坠落、倒塌;

(四)暴风、龙卷风;

(五)雷击、雹灾、暴雨、洪水、海啸;

(六)地陷、冰陷、崖崩、雪崩、泥石流、滑坡;

(七)载运被保险机动车的渡船遭受自然灾害(只限于驾驶人随船的情形)。

第五条　发生保险事故时,被保险人为防止或者减少被保险机动车的损失所支付的必要的、合理的施救费用,由保险人承担,最高不超过保险金额的数额。

案例3-1:某日早晨,安先生开着自己的轿车上班,因当时天降暴雨,汽车掉进水坑里。汽车熄火了,有着多年驾驶经验的安先生没有再启动发动机,立即向保险公司报案。在随后的检修中,汽车发动机内还是有一些小部件发现被损坏。保险公司的理赔人员表示,这辆车的损失由保险公司赔偿。

[案例解析]　目前在各保险公司的车损险条款中,对暴雨、洪水造成的车辆损失都负责赔偿。但是否暴雨天气,需要气象部门的证明——24小时内降水超过50毫米为暴雨。

提示:开车最好不要轻易通过水坑,否则造成车辆浸水损失,很可能得不到保险公司的赔偿,因为汽车必须在暴雨中受损才能得到赔偿。

责任免除

第六条　下列情况下,不论任何原因造成被保险机动车损失,保险人均不负责赔偿:

(一)地震;

(二)战争、军事冲突、恐怖活动、暴乱、扣押、收缴、没收、政府征用;

(三)竞赛、测试,在营业性维修、养护场所修理、养护期间;

(四)利用被保险机动车从事违法活动;

(五)驾驶人饮酒、吸食或注射毒品、被药物麻醉后使用被保险机动车;

(六)事故发生后,被保险人或其允许的驾驶人在未依法采取措施的情况下驾驶被保险

机动车或者遗弃被保险机动车逃离事故现场,或故意破坏、伪造现场、毁灭证据;

(七)驾驶人有下列情形之一者:

1. 无驾驶证或驾驶证有效期已届满;

2. 驾驶的被保险机动车与驾驶证载明的准驾车型不符;

3. 持未按规定审验的驾驶证,以及在暂扣、扣留、吊销、注销驾驶证期间驾驶被保险机动车;

4. 依照法律法规或公安机关交通管理部门有关规定不允许驾驶被保险机动车的其他情况下驾车。

(八)非被保险人允许的驾驶人使用被保险机动车;

(九)被保险机动车转让他人,未向保险人办理批改手续;

(十)除另有约定外,发生保险事故时被保险机动车无公安机关交通管理部门核发的行驶证或号牌,或未按规定检验或检验不合格。

第七条 被保险机动车的下列损失和费用,保险人不负责赔偿:

(一)自然磨损、朽蚀、腐蚀、故障;

(二)玻璃单独破碎,车轮单独损坏;

(三)无明显碰撞痕迹的车身划痕;

(四)人工直接供油、高温烘烤造成的损失;

(五)自燃以及不明原因火灾造成的损失;

(六)遭受保险责任范围内的损失后,未经必要修理继续使用被保险机动车,致使损失扩大的部分;

(七)因污染(含放射性污染)造成的损失;

(八)市场价格变动造成的贬值、修理后价值降低引起的损失;

(九)标准配置以外新增设备的损失;

(十)发动机进水后导致的发动机损坏;

(十一)被保险机动车所载货物坠落、倒塌、撞击、泄漏造成的损失;

(十二)被盗窃、抢劫、抢夺,以及因被盗窃、抢劫、抢夺受到损坏或车上零部件、附属设备丢失;

(十三)被保险人或驾驶人的故意行为造成的损失;

(十四)应当由机动车交通事故责任强制保险赔偿的金额。

第八条 保险人在依据本保险合同约定计算赔款的基础上,按照下列免赔率免赔:

(一)负次要事故责任的免赔率为5%,负同等事故责任的免赔率为8%,负主要事故责任的免赔率为10%,负全部事故责任或单方肇事事故的免赔率为15%;

(二)被保险机动车的损失应当由第三方负责赔偿的,无法找到第三方时,免赔率为30%;

(三)被保险人根据有关法律法规规定选择自行协商方式处理交通事故,不能证明事故原因的,免赔率为20%;

(四)投保时指定驾驶人,保险事故发生时为非指定驾驶人使用被保险机动车的,增加免赔率10%;

(五)投保时约定行驶区域,保险事故发生在约定行驶区域以外的,增加免赔率10%。

第九条 其他不属于保险责任范围内的损失和费用。

案例3-2: 李先生的爱车该维护了,周日,李先生开着爱车来到某修理厂。修理厂的小张师傅非常热情,帮助李先生办好相关的进厂修理手续。李先生将车钥匙交给小张,踏踏实实地到休息室休息去了。没过多会儿,小张怯生生地对李先生说:"实在对不起,我倒车时一不小心将您的车撞在铁柱子上了,真对不起!"李先生夺门而出,看着凹瘪的后杠,有心向小张发怒,但是看到他稚气、委屈、怯生生的表情,李先生心软了。还好,刚给爱车上了保险,赶紧报险,向保险公司索赔。保险公司接到报案以后,立即派理赔人员赶到修理厂。一切查勘工作完成了,保险公司的理赔人员将李先生叫到一边,说:"李先生您先别着急,我们刚刚听了您讲述的事故经过,并对受损车辆进行了鉴定。根据保险条款的规定,非常抱歉地告诉您,您爱车遭受的这种损失,保险公司将不负责赔偿。"李先生一听就急了,"为什么?我上了保险了,我的车撞坏了,应该属于你们条款中的什么'碰撞'责任呀!你们为什么不赔?"

[案例解析] 李先生爱车的这种损失是由于碰撞造成的,属于保险条款中"碰撞"这一保险责任。但是,不是属于保险责任,保险公司就可以赔付了,还要看一下保险条款中规定的责任免除条款中是否规定了不予赔付的情形。在机动车辆保险条款责任免除条款中,有这样一条规定:"在营业性维修场所修理、养护期间"造成的保险车辆的损失,保险公司不负责赔偿。李先生的车是在修理厂维护期间,由修理厂的员工驾驶过程中发生的碰撞事故,因此根据这一责任免除条款的规定,保险公司将无法赔付李先生爱车的损失。

提示: 根据《中华人民共和国合同法》对"承揽合同"的定义,修理合同应该属于"承揽合同"的一种,《中华人民共和国合同法》规定:"承揽人应当妥善保管定作人提供的材料以及完成的工作成果,因保管不善造成毁损、灭失的,应当承担损害赔偿责任。"因此,李先生可以根据这一法律规定,向修理厂进行索赔。

案例3-3: 夏季某日,车主陈先生开车到市郊过周末,由于轮胎气压太高,轮胎在太阳暴晒后爆胎(图3-1)。因为该车买了全险,所以他想轮胎爆胎后应该可以让保险公司给予赔偿。没想到保险公司的查勘人员告诉他,轮胎是除外责任,不能赔。

[案例解析] 车辆损失保险条款中明确规定,车轮单独损坏不属于保险责任范围,保险公司不能给予赔偿。车轮单独损坏包括轮胎和轮毂损坏,在日常车辆出险中,凡是轮胎和轮毂受损都不属于保险责任范围。所以陈先生的爱车爆胎不属于保险责任范围,出现这种情况只好由陈先生自己掏钱进行修复。

图3-1 轮胎爆胎

保险金额

第十条 保险金额由投保人和保险人从下列三种方式中选择确定,保险人根据确定保险金额的不同方式承担相应的赔偿责任:

(一)按投保时被保险机动车的新车购置价确定。

本保险合同中的新车购置价是指在保险合同签订地购置与被保险机动车同类型新车的价格(含车辆购置税)。

投保时的新车购置价根据投保时保险合同签订地同类型新车的市场销售价格(含车辆购置税)确定,并在保险单中载明;无同类型新车市场销售价格的,由投保人与保险人协商确定。

(二)按投保时被保险机动车的实际价值确定。

本保险合同中的实际价值是指新车购置价减去折旧金额后的价格。

投保时被保险机动车的实际价值根据投保时的新车购置价减去折旧金额后的价格确定。被保险机动车的折旧按月计算,不足一个月的部分,不计折旧。9座以下客车月折旧率为0.6%,10座以上客车月折旧率为0.9%,最高折旧金额不超过投保时被保险机动车新车购置价的80%。

折旧金额=投保时的新车购置价×被保险机动车已使用月数×月折旧率

(三)在投保时被保险机动车的新车购置价内协商确定。

保险期间

第十一条 除另有约定外,保险期间为一年,以保险单载明的起讫时间为准。

保险人义务

第十二条 保险人在订立保险合同时,应向投保人说明投保险种的保险责任、责任免除、保险期间、保险费及支付办法、投保人和被保险人义务等内容。

第十三条 保险人应及时受理被保险人的事故报案,并尽快进行查勘。保险人接到报案后48小时内未进行查勘且未给予受理意见,造成财产损失无法确定的,以被保险人提供的财产损毁照片、损失清单、事故证明和修理发票作为赔付理算依据。

第十四条 保险人收到被保险人的索赔请求后,应当及时作出核定。

(一)保险人应根据事故性质、损失情况,及时向被保险人提供索赔须知。审核索赔材料后认为有关的证明和资料不完整的,应当及时通知被保险人补充提供有关的证明和资料;

(二)在被保险人提供了各种必要单证后,保险人应当迅速审查核定,并将核定结果及时通知被保险人;

(三)对属于保险责任的,保险人应在与被保险人达成赔偿协议后10日内支付赔款。

第十五条 保险人对在办理保险业务中知道的投保人、被保险人的业务和财产情况及个人隐私,负有保密的义务。

投保人、被保险人义务

第十六条 投保人应如实填写投保单并回答保险人提出的询问,履行如实告知义务,并提供被保险机动车行驶证复印件、机动车登记证书复印件,如指定驾驶人的,应当同时提供被指定驾驶人的驾驶证复印件。

在保险期间内,被保险机动车改装、加装或从事营业运输等,导致被保险机动车危险程度增加的,应当及时书面通知保险人。否则,因被保险机动车危险程度增加而发生的保险事故,保险人不承担赔偿责任。

第十七条 投保人应当在本保险合同成立时交清保险费;保险费交清前发生的保险事故,保险人不承担赔偿责任。

第十八条 发生保险事故时,被保险人应当及时采取合理的、必要的施救和保护措施,防止或者减少损失,并在保险事故发生后48小时内通知保险人。否则,造成损失无法确定或扩大的部分,保险人不承担赔偿责任。

第十九条 发生保险事故后,被保险人应当积极协助保险人进行现场查勘。被保险人在索赔时应当提供有关证明和资料。发生与保险赔偿有关的仲裁或者诉讼时,被保险人应当及时书面通知保险人。

第二十条 因第三方对被保险机动车的损害而造成保险事故的,保险人自向被保险人赔偿保险金之日起,在赔偿金额范围内代位行使被保险人对第三方请求赔偿的权利,但被保险人必须协助保险人向第三方追偿。由于被保险人放弃对第三方的请求赔偿的权利或过错致使保险人不能行使代位追偿权利的,保险人不承担赔偿责任或相应扣减保险赔偿金。

赔偿处理

第二十一条 被保险人索赔时,应当向保险人提供与确认保险事故的性质、原因、损失程度等有关的证明和资料。

被保险人应当提供保险单、损失清单、有关费用单据、被保险机动车行驶证和发生事故时驾驶人的驾驶证。

属于道路交通事故的,被保险人应当提供公安机关交通管理部门或法院等机构出具的事故证明、有关的法律文书(判决书、调解书、裁定书、裁决书等)和通过机动车交通事故责任强制保险获得赔偿金额的证明材料。属于非道路交通事故的,应提供相关的事故证明。

第二十二条 被保险人或被保险机动车驾驶人根据有关法律法规规定选择自行协商方式处理交通事故的,应当立即通知保险人,协助保险人勘验事故各方车辆、核实事故责任,并依照《交通事故处理程序规定》签订记录交通事故情况的协议书。

第二十三条 因保险事故损坏的被保险机动车,应当尽量修复。修理前被保险人应当会同保险人检验,协商确定修理项目、方式和费用。否则,保险人有权重新核定;无法重新核定的,保险人有权拒绝赔偿。

第二十四条 被保险机动车遭受损失后的残余部分由保险人、被保险人协商处理。

第二十五条 保险人依据被保险机动车驾驶人在事故中所负的事故责任比例,承担相应的赔偿责任。

被保险人或被保险机动车驾驶人根据有关法律法规规定选择自行协商或由公安机关交通管理部门处理事故未确定事故责任比例的,按照下列规定确定事故责任比例:

被保险机动车方负主要事故责任的,事故责任比例为70%;

被保险机动车方负同等事故责任的,事故责任比例为50%;

被保险机动车方负次要事故责任的,事故责任比例为30%。

第二十六条 保险人按下列方式赔偿:

(一)按投保时被保险机动车的新车购置价确定保险金额的:

1. 发生全部损失时，在保险金额内计算赔偿，保险金额高于保险事故发生时被保险机动车实际价值的，按保险事故发生时被保险机动车的实际价值计算赔偿。保险事故发生时被保险机动车的实际价值根据保险事故发生时的新车购置价减去折旧金额后的价格确定。

　　保险事故发生时的新车购置价根据保险事故发生时保险合同签订地同类型新车的市场销售价格（含车辆购置税）确定，无同类型新车市场销售价格的，由被保险人与保险人协商确定。

　　折旧金额＝保险事故发生时的新车购置价×被保险机动车已使用月数×月折旧率

　　2. 发生部分损失时，按核定修理费用计算赔偿，但不得超过保险事故发生时被保险机动车的实际价值。

　　（二）按投保时被保险机动车的实际价值确定保险金额或协商确定保险金额的：

　　1. 发生全部损失时，保险金额高于保险事故发生时被保险机动车实际价值的，以保险事故发生时被保险机动车的实际价值计算赔偿；保险金额等于或低于保险事故发生时被保险机动车实际价值的，按保险金额计算赔偿。

　　2. 发生部分损失时，按保险金额与投保时被保险机动车的新车购置价的比例计算赔偿，但不得超过保险事故发生时被保险机动车的实际价值。

　　（三）施救费用赔偿的计算方式同本条（一）、（二），在被保险机动车损失赔偿金额以外另行计算，最高不超过保险金额的数额。被施救的财产中，含有本保险合同未承保财产的，按被保险机动车与被施救财产价值的比例分摊施救费用。

　　第二十七条　被保险机动车重复保险的，保险人按照本保险合同的保险金额与各保险合同保险金额的总和的比例承担赔偿责任。其他保险人应承担的赔偿金额，保险人不负责赔偿和垫付。

　　第二十八条　保险人受理报案、现场查勘、参与诉讼、进行抗辩、要求被保险人提供证明和资料、向被保险人提供专业建议等行为，均不构成保险人对赔偿责任的承诺。

　　第二十九条　下列情况下，保险人支付赔款后，本保险合同终止，保险人不退还家庭自用汽车损失保险及其附加险的保险费：

　　（一）被保险机动车发生全部损失；

　　（二）按投保时被保险机动车的实际价值确定保险金额的，一次赔款金额与免赔金额之和（不含施救费）达到保险事故发生时被保险机动车的实际价值；

　　（三）保险金额低于投保时被保险机动车的实际价值的，一次赔款金额与免赔金额之和（不含施救费）达到保险金额。

　　案例3-4：金女士为其所有的皇冠轿车投保了车辆损失险，保险金额按照新车购置价400000元确定，保险期限为一年。保险期限内的某日，金女士驾驶该车行驶至高速公路时发生单方事故，撞上了高速公路中间的护栏，造成被保险车辆损坏的后果。承保公司接到金女士报案电话后，立即赶赴现场进行查勘定损，并出具了机动车辆定损报告，报告确认该保险车辆的实际修复费用为92800元，同时载明：经保险公司、修理厂、金女士三方协商，完全同意按以上核定价格修理。金女士于是根据该确认单中所确定的金额在该修理厂修了车，并支付了全部修理费用92800元。其后，金女士携带修理厂出具的修车费明细和发票向保险公司申请索赔。

理赔焦点：保险理赔人员审核后发现，本案投保车辆的保险金额虽为400000元，但其注册登记日期为12年前，根据折旧率计算，现投保车辆的实际价值仅为8200元，而投保车辆现在的修理费用92800元显然已经远远超过了出险时被保险车辆的实际价值，因此根据保险合同约定本案应推定车辆全损，按照被保险车辆的实际价值进行赔偿。但考虑到本案保险公司的出险人员已经对投保车辆的修理费金额与金女士及修理厂协商确认，并已出具了书面的定损报告交付给了金女士，且保险公司在承保时，未对被保险车辆的实际价值进行核定，便为该车办理了以车辆原购置价为保险金额的家庭自用车辆损失险，并已按照该保险金额400000元收取了相应的保险费用。

理赔结论：保险公司最终决定按照书面定损报告中的金额向金女士理赔92800元。

[案例解析]　根据金女士投保的家庭自用汽车损失保险条款的约定，保险公司应当在保险金额内按照被保险车辆的损失金额对被保险人进行赔付。本案金女士投保的车辆损失险保险金额为400000元，而车辆修理费金额为92800元，故依据合同保险公司应当对其车辆修理费的全部金额进行理赔。但同时根据该保险条款约定，当保险车辆的修复费用达到或超过出险时的实际价值的，保险人将推定全损。而保险车辆发生全部损失后，如果保险金额高于出险时的实际价值的，保险公司按当时的实际价值进行赔偿。对此我国保险法亦规定，保险金额不得超过保险价值，超过保险价值的部分无效。故正常理赔时，保险公司应当按照实际价值即8200元向金女士理赔。然而本案保险公司在承保时，并未对被保险车辆的实际价值情况进行核查，便按照投保人金女士提供的车辆购置价格承保并收取了相应的保险费，事故发生后，保险公司又向金女士出具了定损报告，金女士本着对保险公司及该定损金额的信赖，对车辆进行了修理并已支付了全部修理费用。如此时保险公司依据车辆的实际价值理赔，显然有违保险法原理中的弃权与禁止反言原则，同时亦不利于对被保险人利益的保护。综合考虑以上因素，保险公司最终按照定损的修理费金额履行赔付义务，金女士获得了满意的赔偿。

保险费调整

第三十条　保险费调整的比例和方式以保险监管部门批准的机动车保险费率方案的规定为准。

本保险及其附加险根据上一保险期间发生保险赔偿的次数，在续保时实行保险费浮动。

合同变更和终止

第三十一条　本保险合同的内容如需变更，须经保险人与投保人书面协商一致。

第三十二条　在保险期间内，被保险机动车转让他人的，投保人应当书面通知保险人并办理批改手续。

第三十三条　保险责任开始前，投保人要求解除本保险合同的，应当向保险人支付应交保险费5%的退保手续费，保险人应当退还保险费。

保险责任开始后，投保人要求解除本保险合同的，自通知保险人之日起，本保险合同解除。保险人按短期月费率收取自保险责任开始之日起至合同解除之日止期间的保险费，并退还剩余部分保险费。

短期月费率表

保险期间(月)	1	2	3	4	5	6	7	8	9	10	11	12
短期月费率(年保险费的百分比%)	10	20	30	40	50	60	70	80	85	90	95	100

注：保险期间不足一个月的部分，按一个月计算。

争议处理

第三十四条 因履行本保险合同发生的争议，由当事人协商解决。

协商不成的，提交保险单载明的仲裁机构仲裁。保险单未载明仲裁机构或者争议发生后未达成仲裁协议的，可向人民法院起诉。

第三十五条 本保险合同争议处理适用中华人民共和国法律。

附 则

第三十六条 本保险合同(含附加险)中下列术语的含义：

不定值保险合同：指双方当事人在订立保险合同时不预先确定保险标的的保险价值，而是按照保险事故发生时保险标的的实际价值确定保险价值的保险合同。

碰撞：指被保险机动车与外界物体直接接触并发生意外撞击、产生撞击痕迹的现象。包括被保险机动车按规定载运货物时，所载货物与外界物体的意外撞击。

倾覆：指意外事故导致被保险机动车翻倒(两轮以上离地、车体触地)，处于失去正常状态和行驶能力、不经施救不能恢复行驶的状态。

坠落：指被保险机动车在行驶中发生意外事故，整车腾空后下落，造成本车损失的情况。非整车腾空，仅由于颠簸造成被保险机动车损失的，不属坠落责任。

火灾：指被保险机动车本身以外的火源引起的、在时间或空间上失去控制的燃烧(即有热、有光、有火焰的剧烈的氧化反应)所造成的灾害。

暴风：指风速在28.5米/秒(相当于11级大风)以上的大风。风速以气象部门公布的数据为准。

地陷：指地壳因为自然变异、地层收缩而发生突然塌陷以及海潮、河流、大雨侵蚀时，地下有孔穴、矿穴，以致地面突然塌陷。

玻璃单独破碎：指未发生被保险机动车其他部位的损坏，仅发生被保险机动车前后风窗玻璃和左右车窗玻璃的损坏。

车轮单独损坏：指未发生被保险机动车其他部位的损坏，仅发生轮胎、轮辋、轮毂罩的分别单独损坏，或上述三者之中任意二者的共同损坏，或三者的共同损坏。

竞赛：指被保险机动车作为赛车参加车辆比赛活动，包括以参加比赛为目的进行的训练活动。

测试：指对被保险机动车的性能和技术参数进行测量或试验。

自燃：指在没有外界火源的情况下，由于本车电器、线路、供油系统、供气系统等被保险机动车自身原因发生故障或所载货物自身原因起火燃烧。

污染：指被保险机动车正常使用过程中或发生事故时，由于油料、尾气、货物或其他污染物的泄漏、飞溅、排放、散落等造成被保险机动车污损或状况恶化。

营业运输：指经由交通运输管理部门核发营运证书，被保险人或其允许的驾驶人利用被保险机动车从事旅客运输、货物运输的行为。未经交通运输管理部门核发营运证书，被保险人或其允许的驾驶人以牟利为目的，利用被保险机动车从事旅客运输、货物运输的，视为营业运输。

单方肇事事故：指不涉及与第三方有关的损害赔偿的事故，但不包括因自然灾害引起的事故。

转让：指以转移所有权为目的，处分被保险机动车的行为。被保险人以转移所有权为目的，将被保险机动车交付他人，但未按规定办理转移（过户）登记的，视为转让。

第三十七条 保险人按照保险监管部门批准的机动车保险费率方案计算保险费。

第三十八条 在投保家庭自用汽车损失保险的基础上，投保人可投保附加险。

附加险条款未尽事宜，以本条款为准。

非营业用汽车损失保险条款

总　则

第一条 非营业用汽车损失保险合同（以下简称本保险合同）由本条款、投保单、保险单、批单和特别约定共同组成。凡涉及本保险合同的约定，均应采用书面形式。

第二条 本保险合同中的非营业用汽车是指在中华人民共和国境内（不含港、澳、台地区）行驶的党政机关、企事业单位、社会团体、使领馆等机构从事公务或在生产经营活动中不以直接或间接方式收取运费或租金的自用汽车，包括客车、货车、客货两用车（以下简称被保险机动车）。

第三条 本保险合同为不定值保险合同。保险人按照承保险别承担保险责任，附加险不能单独承保。

保险责任

第四条 保险期间内，被保险人或其允许的合法驾驶人在使用被保险机动车过程中，因下列原因造成被保险机动车的损失，保险人依照本保险合同的约定负责赔偿：

（一）碰撞、倾覆、坠落；

（二）火灾、爆炸、自燃；

（三）外界物体坠落、倒塌；

（四）暴风、龙卷风；

（五）雷击、雹灾、暴雨、洪水、海啸；

（六）地陷、冰陷、崖崩、雪崩、泥石流、滑坡；

（七）载运被保险机动车的渡船遭受自然灾害（只限于驾驶人随船的情形）。

第五条 发生保险事故时，被保险人为防止或者减少被保险机动车的损失所支付的必要的、合理的施救费用，由保险人承担，最高不超过保险金额的数额。

责任免除

第六条 下列情况下，不论任何原因造成被保险机动车损失，保险人均不负责赔偿：

（一）地震；

（二）战争、军事冲突、恐怖活动、暴乱、扣押、收缴、没收、政府征用；

（三）竞赛、测试、教练，在营业性维修、养护场所修理、养护期间；

(四)利用被保险机动车从事违法活动;

(五)驾驶人饮酒、吸食或注射毒品、被药物麻醉后使用被保险机动车;

(六)事故发生后,被保险人或其允许的驾驶人在未依法采取措施的情况下驾驶被保险机动车或者遗弃被保险机动车逃离事故现场,或故意破坏、伪造现场、毁灭证据;

(七)驾驶人有下列情形之一者:

1. 无驾驶证或驾驶证有效期已届满;

2. 驾驶的被保险机动车与驾驶证载明的准驾车型不符;

3. 实习期内驾驶执行任务的警车、消防车、救护车、工程救险车以及载有爆炸物品、易燃易爆化学物品、剧毒或者放射性等危险物品的被保险机动车,实习期内驾驶的被保险机动车牵引挂车;

4. 持未按规定审验的驾驶证,以及在暂扣、扣留、吊销、注销驾驶证期间驾驶被保险机动车;

5. 使用各种专用机械车、特种车的人员无国家有关部门核发的有效操作证;

6. 依照法律法规或公安机关交通管理部门有关规定不允许驾驶被保险机动车的其他情况下驾车。

(八)非被保险人允许的驾驶人使用被保险机动车;

(九)被保险机动车转让他人,未向保险人办理批改手续;

(十)另有约定外,发生保险事故时被保险机动车无公安机关交通管理部门核发的行驶证或号牌,或未按规定检验或检验不合格。

第七条 保险机动车的下列损失和费用,保险人不负责赔偿:

(一)自然磨损、朽蚀、腐蚀、故障;

(二)玻璃单独破碎,车轮单独损坏;

(三)无明显碰撞痕迹的车身划痕;

(四)人工直接供油、高温烘烤造成的损失;

(五)自燃仅造成电器、线路、供油系统、供气系统的损失;

(六)遭受保险责任范围内的损失后,未经必要修理继续使用被保险机动车,致使损失扩大的部分;

(七)因污染(含放射性污染)造成的损失;

(八)市场价格变动造成的贬值、修理后价值降低引起的损失;

(九)标准配置以外新增设备的损失;

(十)发动机进水后导致的发动机损坏;

(十一)被保险机动车所载货物坠落、倒塌、撞击、泄漏造成的损失;

(十二)被盗窃、抢劫、抢夺,以及因被盗窃、抢劫、抢夺受到损坏或车上零部件、附属设备丢失;

(十三)被保险人或驾驶人的故意行为造成的损失;

(十四)应当由机动车交通事故责任强制保险赔偿的金额。

第八条 保险人在依据本保险合同约定计算赔款的基础上,按照下列免赔率免赔:

(一)负次要事故责任的免赔率为5%,负同等事故责任的免赔率为8%,负主要事故责

任的免赔率为10%,负全部事故责任或单方肇事事故的免赔率为15%;

(二)被保险机动车的损失应当由第三方负责赔偿的,无法找到第三方时,免赔率为30%;

(三)被保险人根据有关法律法规规定选择自行协商方式处理交通事故,不能证明事故原因的,免赔率为20%;

(四)投保时约定行驶区域,保险事故发生在约定行驶区域以外的,增加免赔率10%。

案例3-5: 某学校的长安微型客车放在小区的免费停车场,取车时发现前保险杠被大面积剐蹭,肇事者已无法追查。某学校要求小区物业开具车辆剐蹭证明,并立即向保险公司报案。保险公司理赔人员告知,可以赔偿损失,但是需免赔30%。

[案例解析] 这种情况属于第三者逃逸,车主需小区物业出具车辆被剐蹭证明,携带机动车驾驶证、行驶证、保险卡向保险公司理赔,免赔率为30%。

第九条 其他不属于保险责任范围内的损失和费用。

保 险 金 额

第十条 保险金额由投保人和保险人从下列三种方式中选择确定,保险人根据确定保险金额的不同方式承担相应的赔偿责任:

(一)按投保时被保险机动车的新车购置价确定。

本保险合同中的新车购置价是指在保险合同签订地购置与被保险机动车同类型新车的价格(含车辆购置税)。

投保时的新车购置价根据投保时保险合同签订地同类型新车的市场销售价格(含车辆购置税)确定,并在保险单中载明,无同类型新车市场销售价格的,由投保人与保险人协商确定。

(二)按投保时被保险机动车的实际价值确定。

本保险合同中的实际价值是指新车购置价减去折旧金额后的价格。

投保时被保险机动车的实际价值根据投保时的新车购置价减去折旧金额后的价格确定。

折 旧 率 表

车辆种类	月折旧率	车辆种类	月折旧率
9座以下客车	0.60%	其他车辆	0.90%
低速货车和三轮汽车	1.10%	—	—

折旧按月计算,不足一个月的部分,不计折旧。最高折旧金额不超过投保时被保险机动车新车购置价的80%。

折旧金额=投保时的新车购置价×被保险机动车已使用月数×月折旧率

(三)在投保时被保险机动车的新车购置价内协商确定。

保 险 期 间

第十一条 除另有约定外,保险期间为一年,以保险单载明的起讫时间为准。

保险人义务

第十二条 保险人在订立保险合同时,应向投保人说明投保险种的保险责任、责任免除、保险期间、保险费及支付办法、投保人和被保险人义务等内容。

第十三条 保险人应及时受理被保险人的事故报案,并尽快进行查勘。

保险人接到报案后48小时内未进行查勘且未给予受理意见,造成财产损失无法确定的,以被保险人提供的财产损毁照片、损失清单、事故证明和修理发票作为赔付理算依据。

第十四条 保险人收到被保险人的索赔请求后,应当及时作出核定。

(一)保险人应根据事故性质、损失情况,及时向被保险人提供索赔须知。审核索赔材料后认为有关的证明和资料不完整的,应当及时通知被保险人补充提供有关的证明和资料;

(二)在被保险人提供了各种必要单证后,保险人应当迅速审查核定,并将核定结果及时通知被保险人;

(三)对属于保险责任的,保险人应在与被保险人达成赔偿协议后10日内支付赔款。

第十五条 保险人对在办理保险业务中知道的投保人、被保险人的业务和财产情况及个人隐私,负有保密的义务。

投保人、被保险人义务

第十六条 投保人应如实填写投保单并回答保险人提出的询问,履行如实告知义务,并提供被保险机动车行驶证复印件、机动车登记证书复印件。

在保险期间内,被保险机动车改装、加装或从事营业运输等,导致被保险机动车危险程度增加的,应当及时书面通知保险人。否则,因被保险机动车危险程度增加而发生的保险事故,保险人不承担赔偿责任。

第十七条 除另有约定外,投保人应当在本保险合同成立时交清保险费;保险费交清前发生的保险事故,保险人不承担赔偿责任。

第十八条 发生保险事故时,被保险人应当及时采取合理的、必要的施救和保护措施,防止或者减少损失,并在保险事故发生后48小时内通知保险人。否则,造成损失无法确定或扩大的部分,保险人不承担赔偿责任。

第十九条 发生保险事故后,被保险人应当积极协助保险人进行现场查勘。

被保险人在索赔时应当提供有关证明和资料。

发生与保险赔偿有关的仲裁或者诉讼时,被保险人应当及时书面通知保险人。

第二十条 因第三方对被保险机动车的损害而造成保险事故的,保险人自向被保险人赔偿保险金之日起,在赔偿金额范围内代位行使被保险人对第三方请求赔偿的权利,但被保险人必须协助保险人向第三方追偿。

由于被保险人放弃对第三方的请求赔偿的权利或过错致使保险人不能行使代位追偿权利的,保险人不承担赔偿责任或相应扣减保险赔偿金。

赔偿处理

第二十一条 被保险人索赔时,应当向保险人提供与确认保险事故的性质、原因、损失程度等有关的证明和资料。

被保险人应当提供保险单、损失清单、有关费用单据、被保险机动车行驶证和发生事故时驾驶人的驾驶证。

属于道路交通事故的,被保险人应当提供公安机关交通管理部门或法院等机构出具的事故证明、有关的法律文书(判决书、调解书、裁定书、裁决书等)和通过机动车交通事故责任强制保险获得赔偿金额的证明材料。

属于非道路交通事故的,应提供相关的事故证明。

第二十二条 被保险人或被保险机动车驾驶人根据有关法律法规规定选择自行协商方式处理交通事故的,应当立即通知保险人,协助保险人勘验事故各方车辆、核实事故责任,并依照《交通事故处理程序规定》签订记录交通事故情况的协议书。

第二十三条 因保险事故损坏的被保险机动车,应当尽量修复。修理前被保险人应当会同保险人检验,协商确定修理项目、方式和费用。否则,保险人有权重新核定;无法重新核定的,保险人有权拒绝赔偿。

第二十四条 被保险机动车遭受损失后的残余部分由保险人、被保险人协商处理。

第二十五条 保险人依据被保险机动车驾驶人在事故中所负的事故责任比例,承担相应的赔偿责任。

被保险人或被保险机动车驾驶人根据有关法律法规规定选择自行协商或由公安机关交通管理部门处理事故未确定事故责任比例的,按照下列规定确定事故责任比例:

被保险机动车方负主要事故责任的,事故责任比例为70%;

被保险机动车方负同等事故责任的,事故责任比例为50%;

被保险机动车方负次要事故责任的,事故责任比例为30%。

第二十六条 保险人按下列方式赔偿:

(一)按投保时被保险机动车的新车购置价确定保险金额的:

1.发生全部损失时,在保险金额内计算赔偿,保险金额高于保险事故发生时被保险机动车实际价值的,按保险事故发生时被保险机动车的实际价值计算赔偿。

保险事故发生时被保险机动车的实际价值根据保险事故发生时的新车购置价减去折旧金额后的价格确定。

保险事故发生时的新车购置价根据保险事故发生时保险合同签订地同类型新车的市场销售价格(含车辆购置税)确定,无同类型新车市场销售价格的,由被保险人与保险人协商确定。

折旧金额=保险事故发生时的新车购置价×被保险机动车已使用月数×月折旧率

2.发生部分损失时,按核定修理费用计算赔偿,但不得超过保险事故发生时被保险机动车的实际价值。

(二)按投保时被保险机动车的实际价值确定保险金额或协商确定保险金额的:

1.发生全部损失时,保险金额高于保险事故发生时被保险机动车实际价值的,以保险事故发生时被保险机动车的实际价值计算赔偿;保险金额等于或低于保险事故发生时被保险机动车实际价值的,按保险金额计算赔偿。

2.发生部分损失时,按保险金额与投保时被保险机动车的新车购置价的比例计算赔偿,但不得超过保险事故发生时被保险机动车的实际价值。

(三)施救费用赔偿的计算方式同本条(一)、(二),在被保险机动车损失赔偿金额以外另行计算,最高不超过保险金额的数额。

被施救的财产中,含有本保险合同未承保财产的,按被保险机动车与被施救财产价值的比例分摊施救费用。

第二十七条 被保险机动车重复保险的,保险人按照本保险合同的保险金额与各保险合同保险金额的总和的比例承担赔偿责任。

其他保险人应承担的赔偿金额,保险人不负责赔偿和垫付。

第二十八条 保险人受理报案、现场查勘、参与诉讼、进行抗辩、要求被保险人提供证明和资料、向被保险人提供专业建议等行为,均不构成保险人对赔偿责任的承诺。

第二十九条 下列情况下,保险人支付赔款后,本保险合同终止,保险人不退还非营业用汽车损失保险及其附加险的保险费:

(一)被保险机动车发生全部损失;

(二)按投保时被保险机动车的实际价值确定保险金额的,一次赔款金额与免赔金额之和(不含施救费)达到保险事故发生时被保险机动车的实际价值;

(三)保险金额低于投保时被保险机动车的实际价值的,一次赔款金额与免赔金额之和(不含施救费)达到保险金额。

保险费调整

第三十条 保险费调整的比例和方式以保险监管部门批准的机动车保险费率方案的规定为准。

本保险及其附加险根据上一保险期间发生保险赔偿的次数,在续保时实行保险费浮动。

合同变更和终止

第三十一条 本保险合同的内容如需变更,须经保险人与投保人书面协商一致。

第三十二条 在保险期间内,被保险机动车转让他人的,投保人应当书面通知保险人并办理批改手续。

第三十三条 保险责任开始前,投保人要求解除本保险合同的,应当向保险人支付应交保险费5%的退保手续费,保险人应当退还保险费。

保险责任开始后,投保人要求解除本保险合同的,自通知保险人之日起,本保险合同解除。保险人按短期月费率收取自保险责任开始之日起至合同解除之日止期间的保险费,并退还剩余部分保险费。

短期月费率表

保险期间(月)	1	2	3	4	5	6	7	8	9	10	11	12
短期月费率(年保险费的百分比%)	10	20	30	40	50	60	70	80	85	90	95	100

注:保险期间不足一个月的部分,按一个月计算。

争议处理

第三十四条 因履行本保险合同发生的争议,由当事人协商解决。

协商不成的,提交保险单载明的仲裁机构仲裁。保险单未载明仲裁机构或者争议发生后未达成仲裁协议的,可向人民法院起诉。

第三十五条 本保险合同争议处理适用中华人民共和国法律。

附　则

第三十六条 本保险合同(含附加险)中下列术语的含义：

不定值保险合同：指双方当事人在订立保险合同时不预先确定保险标的的保险价值，而是按照保险事故发生时保险标的的实际价值确定保险价值的保险合同。

碰撞：指被保险机动车与外界物体直接接触并发生意外撞击、产生撞击痕迹的现象。包括被保险机动车按规定载运货物时，所载货物与外界物体的意外撞击。

倾覆：指意外事故导致被保险机动车翻倒(两轮以上离地、车体触地)，处于失去正常状态和行驶能力、不经施救不能恢复行驶的状态。

坠落：指被保险机动车在行驶中发生意外事故，整车腾空后下落，造成本车损失的情况。非整车腾空，仅由于颠簸造成被保险机动车损失的，不属坠落责任。

火灾：指被保险机动车本身以外的火源引起的、在时间或空间上失去控制的燃烧(即有热、有光、有火焰的剧烈的氧化反应)所造成的灾害。

暴风：指风速在28.5米/秒(相当于11级大风)以上的大风。风速以气象部门公布的数据为准。

地陷：指地壳因为自然变异、地层收缩而发生突然塌陷以及海潮、河流、大雨侵蚀时，地下有孔穴、矿穴，以致地面突然塌陷。

玻璃单独破碎：指未发生被保险机动车其他部位的损坏，仅发生被保险机动车前后风窗玻璃和左右车窗玻璃的损坏。

车轮单独损坏：指未发生被保险机动车其他部位的损坏，仅发生轮胎、轮辋、轮毂罩的分别单独损坏，或上述三者之中任意二者的共同损坏，或三者的共同损坏。

竞赛：指被保险机动车作为赛车参加车辆比赛活动，包括以参加比赛为目的进行的训练活动。

测试：指对被保险机动车的性能和技术参数进行测量或试验。

教练：指尚未取得合法机动车驾驶证，但已通过合法教练机构办理正式学车手续的学员，在固定练习场所或指定路线，并有合格教练随车指导的情况下驾驶被保险机动车。

自燃：指在没有外界火源的情况下，由于本车电器、线路、供油系统、供气系统等被保险机动车自身原因发生故障或所载货物自身原因起火燃烧。

污染：指被保险机动车正常使用过程中或发生事故时，由于油料、尾气、货物或其他污染物的泄漏、飞溅、排放、散落等造成被保险机动车污损或状况恶化。

营业运输：指经由交通运输管理部门核发营运证书，被保险人或其允许的驾驶人利用被保险机动车从事旅客运输、货物运输的行为。未经交通运输管理部门核发营运证书，被保险人或其允许的驾驶人以牟利为目的，利用被保险机动车从事旅客运输、货物运输的，视为营业运输。

单方肇事事故：指不涉及与第三方有关的损害赔偿的事故，但不包括因自然灾害引起的事故。

转让：指以转移所有权为目的，处分被保险机动车的行为。被保险人以转移所有权为目的，将被保险机动车交付他人，但未按规定办理转移(过户)登记的，视为转让。

第三十七条　保险人按照保险监管部门批准的机动车保险费率方案计算保险费。

第三十八条　在投保非营业用汽车损失保险的基础上,投保人可投保附加险。

附加险条款未尽事宜,以本条款为准。

营业用汽车损失保险条款

总　　则

第一条　营业用汽车损失保险合同(以下简称本保险合同)由本条款、投保单、保险单、批单和特别约定共同组成。凡涉及本保险合同的约定,均应采用书面形式。

第二条　本保险合同中的营业用汽车是指在中华人民共和国境内(不含港、澳、台地区)行驶的,用于客、货运输或租赁,并以直接或间接方式收取运费或租金的汽车(以下简称被保险机动车)。

第三条　本保险合同为不定值保险合同。保险人按照承保险别承担保险责任,附加险不能单独承保。

保险责任

第四条　保险期间内,被保险人或其允许的合法驾驶人在使用被保险机动车过程中,因下列原因造成被保险机动车的损失,保险人依照本保险合同的约定负责赔偿:

(一)碰撞、倾覆、坠落;

(二)外界物体坠落、倒塌;

(三)暴风、龙卷风;

(四)雷击、雹灾、暴雨、洪水、海啸;

(五)地陷、冰陷、崖崩、雪崩、泥石流、滑坡;

(六)载运被保险机动车的渡船遭受自然灾害(只限于驾驶人随船的情形)。

第五条　发生保险事故时,被保险人为防止或者减少被保险机动车的损失所支付的必要的、合理的施救费用,由保险人承担,最高不超过保险金额的数额。

责任免除

第六条　下列情况下,不论任何原因造成被保险机动车损失,保险人均不负责赔偿:

(一)地震;

(二)战争、军事冲突、恐怖活动、暴乱、扣押、收缴、没收、政府征用;

(三)竞赛、测试、教练,在营业性维修、养护场所修理、养护期间;

(四)利用被保险机动车从事违法活动;

(五)驾驶人饮酒、吸食或注射毒品、被药物麻醉后使用被保险机动车;

(六)事故发生后,被保险人或其允许的驾驶人在未依法采取措施的情况下驾驶被保险机动车或者遗弃被保险机动车逃离事故现场,或故意破坏、伪造现场、毁灭证据;

(七)驾驶人有下列情形之一者:

1. 无驾驶证或驾驶证有效期已届满;

2. 驾驶的被保险机动车与驾驶证载明的准驾车型不符;

3. 实习期内驾驶公共汽车、营运客车或者载有爆炸物品、易燃易爆化学物品、剧毒或者放射性等危险物品的被保险机动车,实习期内驾驶的被保险机动车牵引挂车;

4. 持未按规定审验的驾驶证,以及在暂扣、扣留、吊销、注销驾驶证期间驾驶被保险机动车;

5.使用各种专用机械车、特种车的人员无国家有关部门核发的有效操作证,驾驶营运客车的驾驶人无国家有关部门核发的有效资格证书;

6.依照法律法规或公安机关交通管理部门有关规定不允许驾驶被保险机动车的其他情况下驾车。

(八)非被保险人允许的驾驶人使用被保险机动车;

(九)被保险机动车转让他人,未向保险人办理批改手续;

(十)除另有约定外,发生保险事故时被保险机动车无公安机关交通管理部门核发的行驶证或号牌,或未按规定检验或检验不合格。

案例3-6:某日,某公交有限公司以其所有的黄海牌公交大客车,投保车辆损失险。保险期间内某日,尚在实习期的驾驶员吴某驾驶黄海公交车,在市区道路上与轿车发生交通事故,交警认定吴某负事故的全部责任。驾驶员随即向保险公司报案。被保险人在向保险公司索赔时,又提交了一份交警队的证明材料,证明发生事故时,吴某驾驶的公交车上没有载客。但保险公司拒绝被保险人的索赔申请。

[案例解析] 保险公司经过案情分析后认为,《道路交通安全法》的规定,对于实习期的驾驶员来说是一个禁止性规定,不得违反。《道路交通安全法实施条例》的规定更明确了实习期驾驶员不得驾驶的车型。国家交通部规定,要求驾驶营运性车辆必须获取准驾资格证书,同时也是对驾驶员的限制性规定。保险条款中的责任免除条款是对于被保险人的一个免责的规定。实习期内驾驶公交车辆,不论车内是否载有乘客,都是不允许的操作行为,因此,对于被保险人的索赔,保险公司做了拒赔处理。

第七条 被保险机动车的下列损失和费用,保险人不负责赔偿:

(一)自然磨损、朽蚀、腐蚀、故障;

(二)玻璃单独破碎,车轮单独损坏;

(三)无明显碰撞痕迹的车身划痕;

(四)人工直接供油、高温烘烤造成的损失;

(五)火灾、爆炸、自燃造成的损失;

(六)遭受保险责任范围内的损失后,未经必要修理继续使用被保险机动车,致使损失扩大的部分;

(七)因污染(含放射性污染)造成的损失;

(八)市场价格变动造成的贬值、修理后价值降低引起的损失;

(九)标准配置以外新增设备的损失;

(十)发动机进水后导致的发动机损坏;

(十一)被保险机动车所载货物坠落、倒塌、撞击、泄漏造成的损失;

(十二)被盗窃、抢劫、抢夺,以及因被盗窃、抢劫、抢夺受到损坏或车上零部件、附属设备丢失;

(十三)被保险人或驾驶人的故意行为造成的损失;

(十四)应当由机动车交通事故责任强制保险赔偿的金额。

第八条 保险人在依据本保险合同约定计算赔款的基础上,按照下列方式免赔:

(一)负次要事故责任的免赔率为5%,负同等事故责任的免赔率为8%,负主要事故责

任的免赔率为10%,负全部事故责任或单方肇事事故的免赔率为15%;

(二)被保险机动车的损失应当由第三方负责赔偿的,无法找到第三方时,免赔率为30%;

(三)被保险人根据有关法律法规规定选择自行协商方式处理交通事故,不能证明事故原因的,免赔率为20%;

(四)违反安全装载规定的,增加免赔率5%;因违反安全装载规定导致保险事故发生的,保险人不承担赔偿责任;

(五)投保时约定行驶区域,保险事故发生在约定行驶区域以外的,增加免赔率10%;

(六)保险期间内发生多次保险事故的(自然灾害引起的事故除外),免赔率从第三次开始每次增加5%。

案例3-7:某运输公司的解放货车运送块煤,该车额定载重为5吨,一次运煤中实际载重7吨,路过一限重5t的拱桥时,货车压断该桥,导致本车也严重受损。当时,驾驶员立即向保险公司报案。保险公司理赔人员到场调查后,告知不能赔偿本车损失。

[案例解析] 这种情况属因违反安全装载规定导致保险事故发生的,保险人不承担赔偿责任。

第九条 其他不属于保险责任范围内的损失和费用。

保险金额

第十条 保险金额由投保人和保险人从下列三种方式中选择确定,保险人根据确定保险金额的不同方式承担相应的赔偿责任:

(一)按投保时被保险机动车的新车购置价确定。

本保险合同中的新车购置价是指在保险合同签订地购置与被保险机动车同类型新车的价格(含车辆购置税)。

投保时的新车购置价根据投保时保险合同签订地同类型新车的市场销售价格(含车辆购置税)确定,并在保险单中载明,无同类型新车市场销售价格的,由投保人与保险人协商确定。

(二)按投保时被保险机动车的实际价值确定。

本保险合同中的实际价值是指新车购置价减去折旧金额后的价格。

投保时被保险机动车的实际价值根据投保时的新车购置价减去折旧金额后的价格确定。

折旧率表

车辆种类	月折旧率(%)	
	出租	其他
客车	1.10	0.90
微型载货汽车	1.10	1.10
带拖挂的载货汽车	1.10	1.10
低速货车和三轮汽车	1.40	1.40
其他车辆	1.10	0.90

折旧按月计算,不足一个月的部分,不计折旧。最高折旧金额不超过投保时被保险机

动车新车购置价的80%。

折旧金额＝投保时的新车购置价×被保险机动车已使用月数×月折旧率

(三)在投保时被保险机动车的新车购置价内协商确定。

保险期间

第十一条 除另有约定外,保险期间为一年,以保险单载明的起讫时间为准。

保险人义务

第十二条 保险人在订立保险合同时,应向投保人说明投保险种的保险责任、责任免除、保险期间、保险费及支付办法、投保人和被保险人义务等内容。

第十三条 保险人应及时受理被保险人的事故报案,并尽快进行查勘。

保险人接到报案后48小时内未进行查勘且未给予受理意见,造成财产损失无法确定的,以被保险人提供的财产损毁照片、损失清单、事故证明和修理发票作为赔付理算依据。

第十四条 保险人收到被保险人的索赔请求后,应当及时作出核定。

(一)保险人应根据事故性质、损失情况,及时向被保险人提供索赔须知。审核索赔材料后认为有关的证明和资料不完整的,应当及时通知被保险人补充提供有关的证明和资料;

(二)在被保险人提供了各种必要单证后,保险人应当迅速审查核定,并将核定结果及时通知被保险人;

(三)对属于保险责任的,保险人应在与被保险人达成赔偿协议后10日内支付赔款。

第十五条 保险人对在办理保险业务中知道的投保人、被保险人的业务和财产情况及个人隐私,负有保密的义务。

投保人、被保险人义务

第十六条 投保人应如实填写投保单并回答保险人提出的询问,履行如实告知义务,并提供被保险机动车行驶证复印件、机动车登记证书复印件。

在保险期间内,被保险机动车改装、加装等,导致被保险机动车危险程度增加的,应当及时书面通知保险人。否则,因被保险机动车危险程度增加而发生的保险事故,保险人不承担赔偿责任。

第十七条 除另有约定外,投保人应当在本保险合同成立时交清保险费;保险费交清前发生的保险事故,保险人不承担赔偿责任。

第十八条 发生保险事故时,被保险人应当及时采取合理的、必要的施救和保护措施,防止或者减少损失,并在保险事故发生后48小时内通知保险人。否则,造成损失无法确定或扩大的部分,保险人不承担赔偿责任。

第十九条 发生保险事故后,被保险人应当积极协助保险人进行现场查勘。

被保险人在索赔时应当提供有关证明和资料。

发生与保险赔偿有关的仲裁或者诉讼时,被保险人应当及时书面通知保险人。

第二十条 因第三方对被保险机动车的损害而造成保险事故的,保险人自向被保险人赔偿保险金之日起,在赔偿金额范围内代位行使被保险人对第三方请求赔偿的权利,但被保险人必须协助保险人向第三方追偿。

由于被保险人放弃对第三方的请求赔偿的权利或过错致使保险人不能行使代位追偿

权利的,保险人不承担赔偿责任或相应扣减保险赔偿金。

案例3-8:某年8月19日07时25分,郭某的投保车辆(营运小客车)在某市郊区发生交通事故,不小心撞到隔离墩,车主郭某负事故全责。为了投入营运,车主便将受损部位进行修复。该车主于8月20日18时才拨打投保的保险公司的报案电话。保险公司以报案受理超出规定的48小时拒绝给郭某理赔。

[案例解析] 发生保险事故时,被保险人应当及时采取合理的、必要的施救和保护措施,防止或者减少损失,并在保险事故发生后48小时内通知保险人。否则,造成损失无法确定或扩大的部分,保险人不承担赔偿责任。

赔偿处理

第二十一条 被保险人索赔时,应当向保险人提供与确认保险事故的性质、原因、损失程度等有关的证明和资料。

被保险人应当提供保险单、损失清单、有关费用单据、被保险机动车行驶证和发生事故时驾驶人的驾驶证。

属于道路交通事故的,被保险人应当提供公安机关交通管理部门或法院等机构出具的事故证明、有关的法律文书(判决书、调解书、裁定书、裁决书等)和通过机动车交通事故责任强制保险获得赔偿金额的证明材料。

属于非道路交通事故的,应提供相关的事故证明。

第二十二条 被保险人或被保险机动车驾驶人根据有关法律法规规定选择自行协商方式处理交通事故的,应当立即通知保险人,协助保险人勘验事故各方车辆、核实事故责任,并依照《交通事故处理程序规定》签订记录交通事故情况的协议书。

第二十三条 因保险事故损坏的被保险机动车,应当尽量修复。修理前被保险人应当会同保险人检验,协商确定修理项目、方式和费用。否则,保险人有权重新核定;无法重新核定的,保险人有权拒绝赔偿。

第二十四条 被保险机动车遭受损失后的残余部分由保险人、被保险人协商处理。

第二十五条 保险人依据被保险机动车驾驶人在事故中所负的事故责任比例,承担相应的赔偿责任。

被保险人或被保险机动车驾驶人根据有关法律法规规定选择自行协商或由公安机关交通管理部门处理事故未确定事故责任比例的,按照下列规定确定事故责任比例:

被保险机动车方负主要事故责任的,事故责任比例为70%;

被保险机动车方负同等事故责任的,事故责任比例为50%;

被保险机动车方负次要事故责任的,事故责任比例为30%。

第二十六条 保险人按下列方式赔偿:

(一)按投保时被保险机动车的新车购置价确定保险金额的:

1.发生全部损失时,在保险金额内计算赔偿,保险金额高于保险事故发生时被保险机动车实际价值的,按保险事故发生时被保险机动车的实际价值计算赔偿。

保险事故发生时被保险机动车的实际价值根据保险事故发生时的新车购置价减去折旧金额后的价格确定。

保险事故发生时的新车购置价根据保险事故发生时保险合同签订地同类型新车的市

场销售价格(含车辆购置税)确定,无同类型新车市场销售价格的,由被保险人与保险人协商确定。

折旧金额＝保险事故发生时的新车购置价×被保险机动车已使用月数×月折旧率

2.发生部分损失时,按核定修理费用计算赔偿,但不得超过保险事故发生时被保险机动车的实际价值。

(二)按投保时被保险机动车的实际价值确定保险金额或协商确定保险金额的:

1.发生全部损失时,保险金额高于保险事故发生时被保险机动车实际价值的,以保险事故发生时被保险机动车的实际价值计算赔偿;保险金额等于或低于保险事故发生时被保险机动车实际价值的,按保险金额计算赔偿。

2.发生部分损失时,按保险金额与投保时被保险机动车的新车购置价的比例计算赔偿,但不得超过保险事故发生时被保险机动车的实际价值。

(三)施救费用赔偿的计算方式同本条(一)、(二),在被保险机动车损失赔偿金额以外另行计算,最高不超过保险金额的数额。

被施救的财产中,含有本保险合同未承保财产的,按被保险机动车与被施救财产价值的比例分摊施救费用。

第二十七条 被保险机动车重复保险的,保险人按照本保险合同的保险金额与各保险合同保险金额的总和的比例承担赔偿责任。

其他保险人应承担的赔偿金额,保险人不负责赔偿和垫付。

第二十八条 保险人受理报案、现场查勘、参与诉讼、进行抗辩、要求被保险人提供证明和资料、向被保险人提供专业建议等行为,均不构成保险人对赔偿责任的承诺。

第二十九条 下列情况下,保险人支付赔款后,本保险合同终止,保险人不退还营业用汽车损失保险及其附加险的保险费:

(一)被保险机动车发生全部损失;

(二)按投保时被保险机动车的实际价值确定保险金额的,一次赔款金额与免赔金额之和(不含施救费)达到保险事故发生时被保险机动车的实际价值;

(三)保险金额低于投保时被保险机动车的实际价值的,一次赔款金额与免赔金额之和(不含施救费)达到保险金额。

保险费调整

第三十条 保险费调整的比例和方式以保险监管部门批准的机动车保险费率方案的规定为准。

本保险及其附加险根据上一保险期间发生保险赔偿的次数,在续保时实行保险费浮动。

合同变更和终止

第三十一条 本保险合同的内容如需变更,须经保险人与投保人书面协商一致。

第三十二条 在保险期间内,被保险机动车转让他人的,投保人应当书面通知保险人并办理批改手续。

第三十三条 保险责任开始前,投保人要求解除本保险合同的,应当向保险人支付应交保险费5%的退保手续费,保险人应当退还保险费。

保险责任开始后,投保人要求解除本保险合同的,自通知保险人之日起,本保险合同解除。保险人按短期月费率收取自保险责任开始之日起至合同解除之日止期间的保险费,并退还剩余部分保险费。

短期月费率表

保险期间(月)	1	2	3	4	5	6	7	8	9	10	11	12
短期月费率(年保险费的百分比%)	10	20	30	40	50	60	70	80	85	90	95	100

注:保险期间不足一个月的部分,按一个月计算。

争议处理

第三十四条 因履行本保险合同发生的争议,由当事人协商解决。

协商不成的,提交保险单载明的仲裁机构仲裁。保险单未载明仲裁机构或者争议发生后未达成仲裁协议的,可向人民法院起诉。

第三十五条 本保险合同争议处理适用中华人民共和国法律。

附 则

第三十六条 本保险合同(含附加险)中下列术语的含义:

不定值保险合同:指双方当事人在订立保险合同时不预先确定保险标的的保险价值,而是按照保险事故发生时保险标的的实际价值确定保险价值的保险合同。

碰撞:指被保险机动车与外界物体直接接触并发生意外撞击、产生撞击痕迹的现象。包括被保险机动车按规定载运货物时,所载货物与外界物体的意外撞击。

倾覆:指意外事故导致被保险机动车翻倒(两轮以上离地、车体触地),处于失去正常状态和行驶能力、不经施救不能恢复行驶的状态。

坠落:指被保险机动车在行驶中发生意外事故,整车腾空后下落,造成本车损失的情况。非整车腾空,仅由于颠簸造成被保险机动车损失的,不属坠落责任。

火灾:指被保险机动车本身以外的火源引起的、在时间或空间上失去控制的燃烧(即有热、有光、有火焰的剧烈的氧化反应)所造成的灾害。

暴风:指风速在28.5米/秒(相当于11级大风)以上的大风。风速以气象部门公布的数据为准。

地陷:指地壳因为自然变异、地层收缩而发生突然塌陷以及海潮、河流、大雨侵蚀时,地下有孔穴、矿穴,以致地面突然塌陷。

玻璃单独破碎:指未发生被保险机动车其他部位的损坏,仅发生被保险机动车前后风窗玻璃和左右车窗玻璃的损坏。

车轮单独损坏:指未发生被保险机动车其他部位的损坏,仅发生轮胎、轮辋、轮毂罩的分别单独损坏,或上述三者之中任意二者的共同损坏,或三者的共同损坏。

竞赛:指被保险机动车作为赛车参加车辆比赛活动,包括以参加比赛为目的进行的训练活动。

测试:指对被保险机动车的性能和技术参数进行测量或试验。

教练：指尚未取得合法机动车驾驶证，但已通过合法教练机构办理正式学车手续的学员，在固定练习场所或指定路线，并有合格教练随车指导的情况下驾驶被保险机动车。

自燃：指在没有外界火源的情况下，由于本车电器、线路、供油系统、供气系统等被保险机动车自身原因发生故障或所载货物自身原因起火燃烧。

污染：指被保险机动车正常使用过程中或发生事故时，由于油料、尾气、货物或其他污染物的泄漏、飞溅、排放、散落等造成被保险机动车污损或状况恶化。

单方肇事事故：指不涉及与第三方有关的损害赔偿的事故，但不包括因自然灾害引起的事故。

转让：指以转移所有权为目的，处分被保险机动车的行为。被保险人以转移所有权为目的，将被保险机动车交付他人，但未按规定办理转移（过户）登记的，视为转让。

第三十七条 保险人按照保险监管部门批准的机动车保险费率方案计算保险费。

第三十八条 在投保营业用汽车损失保险的基础上，投保人可投保附加险。

附加险条款未尽事宜，以本条款为准。

三、机动车辆第三者责任保险条款

汽车第三者责任保险是保险车辆因意外事故，致使他人遭受人身伤亡或财产的直接损失，保险人依照保险合同的规定给予赔偿。

此节所讲汽车第三者责任保险是商业性的责任保险，其与2006年7月1日开始实施的机动车辆交通强制保险不同。

机动车商业保险行业基本条款（A款）

（中保协条款[2007]1号）
中国保险行业协会制定　2007年

条款设计说明

一、车上人员责任保险和机动车盗抢保险分别提供了主险和附加险两套条款，保险责任和费率完全相同，供各公司自主选择。

二、不计免赔率特约条款的投保条件在条款中未作明确规定，其适用范围由各公司自主确定。

机动车第三者责任保险条款

总　则

第一条 机动车第三者责任保险合同（以下简称本保险合同）由本条款、投保单、保险单、批单和特别约定共同组成。凡涉及本保险合同的约定，均应采用书面形式。

第二条 本保险合同中的机动车是指在中华人民共和国境内（不含港、澳、台地区）行驶，以动力装置驱动或者牵引，上道路行驶的供人员乘用或者用于运送物品以及进行专项作业的轮式车辆（含挂车）、履带式车辆和其他运载工具（以下简称被保险机动车），但不包括摩托车、拖拉机和特种车。

第三条 本保险合同中的第三者是指因被保险机动车发生意外事故遭受人身伤亡或者财产损失的人,但不包括被保险机动车本车上人员、投保人、被保险人和保险人。

保险责任

第四条 保险期间内,被保险人或其允许的合法驾驶人在使用被保险机动车过程中发生意外事故,致使第三者遭受人身伤亡或财产直接损毁,依法应当由被保险人承担的损害赔偿责任,保险人依照本保险合同的约定,对于超过机动车交通事故责任强制保险各分项赔偿限额以上的部分负责赔偿。

责任免除

第五条 被保险机动车造成下列人身伤亡或财产损失,不论在法律上是否应当由被保险人承担赔偿责任,保险人均不负责赔偿:

(一)被保险人及其家庭成员的人身伤亡、所有或代管的财产的损失;

(二)被保险机动车本车驾驶人及其家庭成员的人身伤亡、所有或代管的财产的损失;

(三)被保险机动车本车上其他人员的人身伤亡或财产损失。

案例3-9:某日,林先生在将车从车库倒车时,没留意到先行下车的妻子正好从车后面穿过,林先生刹车不及将自己的妻子撞倒。林先生之前已向保险公司投保了保额为10万元的第三者责任险,在将妻子送往医院后,就向保险公司报了案。没想到,林先生的索赔申请却遭到了保险公司的拒绝,理由是林先生开车误撞的是自己的家人,不在第三者险责任范围内。

[案例解析] 第三者险的部分除外责任:

(1)驾驶员开车撞了自己家人,不赔;

(2)驾驶员开车撞了自家财产,不赔;

(3)同一个财务账户下的车辆(如同一单位的车辆)发生碰撞,不赔;

(4)车上的一切人员受伤和财产发生损失;

(5)车辆所载货物掉落、泄漏、腐蚀造成的损失;

(6)保险事故引起的任何有关精神损害赔偿。

第三者责任险的承保范围并不包括车主的家人,这一项也是在第三者责任险的条款中写明的。目前所有的保险公司的保险条款都会将这一项列为除外责任。各保险公司的机动车第三者责任险条款,在"责任免除"一栏中,明确注明"保险车辆造成下列人身伤亡和财产损毁,不论在法律上是否应当由被保险人承担赔偿责任,保险人均不负责赔偿",所列出的第一条便是"被保险人或其允许的驾驶员及他们的家庭成员,以及他们所有或代管的财产"。

第三者责任险保障的是第三方的利益,保险赔款的受益人是第三方,不能自己赔自己,如果是驾驶员驾车撞了自己的家人,那么保险赔款的受益人就是和驾驶员有关的,并不是真正意义上的第三方。

第六条 下列情况下,不论任何原因造成的对第三者的损害赔偿责任,保险人均不负责赔偿:

(一)地震;

(二)战争、军事冲突、恐怖活动、暴乱、扣押、收缴、没收、政府征用;

（三）竞赛、测试、教练，在营业性维修、养护场所修理、养护期间；

（四）利用被保险机动车从事违法活动；

（五）驾驶人饮酒、吸食或注射毒品、被药物麻醉后使用被保险机动车；

（六）事故发生后，被保险人或其允许的驾驶人在未依法采取措施的情况下驾驶被保险机动车或者遗弃被保险机动车逃离事故现场，或故意破坏、伪造现场、毁灭证据；

（七）驾驶人有下列情形之一者：

1．无驾驶证或驾驶证有效期已届满；

2．驾驶的被保险机动车与驾驶证载明的准驾车型不符；

3．实习期内驾驶公共汽车、营运客车或者载有爆炸物品、易燃易爆化学物品、剧毒或者放射性等危险物品的被保险机动车，实习期内驾驶的被保险机动车牵引挂车；

4．持未按规定审验的驾驶证，以及在暂扣、扣留、吊销、注销驾驶证期间驾驶被保险机动车；

5．使用各种专用机械车、特种车的人员无国家有关部门核发的有效操作证，驾驶营运客车的驾驶人无国家有关部门核发的有效资格证书；

6．依照法律法规或公安机关交通管理部门有关规定不允许驾驶被保险机动车的其他情况下驾车。

（八）非被保险人允许的驾驶人使用被保险机动车；

（九）被保险机动车转让他人，未向保险人办理批改手续；

（十）除另有约定外，发生保险事故时被保险机动车无公安机关交通管理部门核发的行驶证或号牌，或未按规定检验或检验不合格；

（十一）被保险机动车拖带未投保机动车交通事故责任强制保险的机动车（含挂车）或被未投保机动车交通事故责任强制保险的其他机动车拖带。

第七条 下列损失和费用，保险人不负责赔偿：

（一）被保险机动车发生意外事故，致使第三者停业、停驶、停电、停水、停气、停产、通讯或者网络中断、数据丢失、电压变化等造成的损失以及其他各种间接损失；

（二）精神损害赔偿；

（三）因污染（含放射性污染）造成的损失；

（四）第三者财产因市场价格变动造成的贬值、修理后价值降低引起的损失；

（五）被保险机动车被盗窃、抢劫、抢夺期间造成第三者人身伤亡或财产损失；

（六）被保险人或驾驶人的故意行为造成的损失；

（七）仲裁或者诉讼费用以及其他相关费用。

第八条 应当由机动车交通事故责任强制保险赔偿的损失和费用，保险人不负责赔偿。

保险事故发生时，被保险机动车未投保机动车交通事故责任强制保险或机动车交通事故责任强制保险合同已经失效的，对于机动车交通事故责任强制保险各分项赔偿限额以内的损失和费用，保险人不负责赔偿。

第九条 保险人在依据本保险合同约定计算赔款的基础上，在保险单载明的责任限额内，按下列免赔率免赔：

（一）负次要事故责任的免赔率为5%，负同等事故责任的免赔率为10%，负主要事故责任的免赔率为15%，负全部事故责任的免赔率为20%；

（二）违反安全装载规定的，增加免赔率10%；

（三）投保时指定驾驶人，保险事故发生时为非指定驾驶人使用被保险机动车的，增加免赔率10%；

（四）投保时约定行驶区域，保险事故发生在约定行驶区域以外的，增加免赔率10%。

第十条　其他不属于保险责任范围内的损失和费用。

责任限额

第十一条　每次事故的责任限额，由投保人和保险人在签订本保险合同时按保险监管部门批准的限额档次协商确定。

第十二条　主车和挂车连接使用时视为一体，发生保险事故时，由主车保险人和挂车保险人按照保险单上载明的机动车第三者责任保险责任限额的比例，在各自的责任限额内承担赔偿责任，但赔偿金额总和以主车的责任限额为限。

保险期间

第十三条　除另有约定外，保险期间为一年，以保险单载明的起讫时间为准。

保险人义务

第十四条　保险人在订立保险合同时，应向投保人说明投保险种的保险责任、责任免除、保险期间、保险费及支付办法、投保人和被保险人义务等内容。

第十五条　保险人应及时受理被保险人的事故报案，并尽快进行查勘。

保险人接到报案后48小时内未进行查勘且未给予受理意见，造成财产损失无法确定的，以被保险人提供的财产损毁照片、损失清单、事故证明和修理发票作为赔付理算依据。

第十六条　保险人收到被保险人的索赔请求后，应当及时作出核定。

（一）保险人应根据事故性质、损失情况，及时向被保险人提供索赔须知。审核索赔材料后认为有关的证明和资料不完整的，应当及时通知被保险人补充提供有关的证明和资料；

（二）在被保险人提供了各种必要单证后，保险人应当迅速审查核定，并将核定结果及时通知被保险人；

（三）对属于保险责任的，保险人应在与被保险人达成赔偿协议后10日内支付赔款。

第十七条　保险人对在办理保险业务中知道的投保人、被保险人的业务和财产情况及个人隐私，负有保密的义务。

投保人、被保险人义务

第十八条　投保人应如实填写投保单并回答保险人提出的询问，履行如实告知义务，并提供被保险机动车行驶证复印件、机动车登记证书复印件，如指定驾驶人的，应当同时提供被指定驾驶人的驾驶证复印件。

在保险期间内，被保险机动车改装、加装或被保险家庭自用汽车、非营业用汽车从事营业运输等，导致被保险机动车危险程度增加的，应当及时书面通知保险人。否则，因被保险机动车危险程度增加而发生的保险事故，保险人不承担赔偿责任。

第十九条 除另有约定外,投保人应当在本保险合同成立时交清保险费;保险费交清前发生的保险事故,保险人不承担赔偿责任。

第二十条 发生保险事故时,被保险人应当及时采取合理的、必要的施救和保护措施,防止或者减少损失,并在保险事故发生后48小时内通知保险人。否则,造成损失无法确定或扩大的部分,保险人不承担赔偿责任。

第二十一条 发生保险事故后,被保险人应当积极协助保险人进行现场查勘。

被保险人在索赔时应当提供有关证明和资料。

引起与保险赔偿有关的仲裁或者诉讼时,被保险人应当及时书面通知保险人。

赔偿处理

第二十二条 被保险人索赔时,应当向保险人提供与确认保险事故的性质、原因、损失程度等有关的证明和资料。

被保险人应当提供保险单、损失清单、有关费用单据、被保险机动车行驶证和发生事故时驾驶人的驾驶证。

属于道路交通事故的,被保险人应当提供公安机关交通管理部门或法院等机构出具的事故证明、有关的法律文书(判决书、调解书、裁定书、裁决书等)及其他证明。

属于非道路交通事故的,应提供相关的事故证明。

第二十三条 因保险事故损坏的第三者财产,应当尽量修复。修理前被保险人应当会同保险人检验,协商确定修理项目、方式和费用。否则,保险人有权重新核定;无法重新核定的,保险人有权拒绝赔偿。

第二十四条 保险人依据被保险机动车驾驶人在事故中所负的事故责任比例,承担相应的赔偿责任。

被保险人或被保险机动车驾驶人根据有关法律法规规定选择自行协商或由公安机关交通管理部门处理事故未确定事故责任比例的,按照下列规定确定事故责任比例:

被保险机动车方负主要事故责任的,事故责任比例为70%;

被保险机动车方负同等事故责任的,事故责任比例为50%;

被保险机动车方负次要事故责任的,事故责任比例为30%。

第二十五条 保险事故发生后,保险人按照国家有关法律、法规规定的赔偿范围、项目和标准以及本保险合同的约定,在保险单载明的责任限额内核定赔偿金额。

保险人按照国家基本医疗保险的标准核定医疗费用的赔偿金额。

未经保险人书面同意,被保险人自行承诺或支付的赔偿金额,保险人有权重新核定。不属于保险人赔偿范围或超出保险人应赔偿金额的,保险人不承担赔偿责任。

第二十六条 被保险机动车重复保险的,保险人按照本保险合同的责任限额与各保险合同责任限额的总和的比例承担赔偿责任。

其他保险人应承担的赔偿金额,保险人不负责赔偿和垫付。

第二十七条 保险人受理报案、现场查勘、参与诉讼、进行抗辩、要求被保险人提供证明和资料、向被保险人提供专业建议等行为,均不构成保险人对赔偿责任的承诺。

第二十八条 保险人支付赔款后,对被保险人追加的索赔请求,保险人不承担赔偿责任。

第二十九条 被保险人获得赔偿后,本保险合同继续有效,直至保险期间届满。

保险费调整

第三十条 保险费调整的比例和方式以保险监管部门批准的机动车保险费率方案的规定为准。

本保险及其附加险根据上一保险期间发生保险赔偿的次数,在续保时实行保险费浮动。

合同变更和终止

第三十一条 本保险合同的内容如需变更,须经保险人与投保人书面协商一致。

第三十二条 在保险期间内,被保险机动车转让他人的,投保人应当书面通知保险人并办理批改手续。

第三十三条 保险责任开始前,投保人要求解除本保险合同的,应当向保险人支付应交保险费5%的退保手续费,保险人应当退还保险费。

保险责任开始后,投保人要求解除本保险合同的,自通知保险人之日起,本保险合同解除。保险人按短期月费率收取自保险责任开始之日起至合同解除之日止期间的保险费,并退还剩余部分保险费。

短期月费率表

保险期间(月)	1	2	3	4	5	6	7	8	9	10	11	12
短期月费率(年保险费的百分比%)	10	20	30	40	50	60	70	80	85	90	95	100

注:保险期间不足一个月的部分,按一个月计算。

争议处理

第三十四条 因履行本保险合同发生的争议,由当事人协商解决。

协商不成的,提交保险单载明的仲裁机构仲裁。保险单未载明仲裁机构或者争议发生后未达成仲裁协议的,可向人民法院起诉。

第三十五条 本保险合同争议处理适用中华人民共和国法律。

附 则

第三十六条 本保险合同(含附加险)中下列术语的含义:

竞赛:指被保险机动车作为赛车参加车辆比赛活动,包括以参加比赛为目的进行的训练活动。

测试:指对被保险机动车的性能和技术参数进行测量或试验。

教练:指尚未取得合法机动车驾驶证,但已通过合法教练机构办理正式学车手续的学员,在固定练习场所或指定路线,并有合格教练随车指导的情况下驾驶被保险机动车。

污染:指被保险机动车正常使用过程中或发生事故时,由于油料、尾气、货物或其他污染物的泄漏、飞溅、排放、散落等造成的污损、状况恶化或人身伤亡。

被盗窃、抢劫、抢夺期间:指被保险机动车被盗窃、抢劫、抢夺过程中及全车被盗窃、抢劫、抢夺后至全车被追回。

家庭自用汽车:指在中华人民共和国境内(不含港、澳、台地区)行驶的家庭或个人所有,且用途为非营业性运输的客车。

非营业用汽车:指在中华人民共和国境内(不含港、澳、台地区)行驶的党政机关、企事业单位、社会团体、使领馆等机构从事公务或在生产经营活动中不以直接或间接方式收取运费或租金的自用汽车,包括客车、货车、客货两用车。

营业运输:指经由交通运输管理部门核发营运证书,被保险人或其允许的驾驶人利用被保险机动车从事旅客运输、货物运输的行为。未经交通运输管理部门核发营运证书,被保险人或其允许的驾驶人以牟利为目的,利用被保险机动车从事旅客运输、货物运输的,视为营业运输。

转让:指以转移所有权为目的,处分被保险机动车的行为。被保险人以转移所有权为目的,将被保险机动车交付他人,但未按规定办理转移(过户)登记的,视为转让。

第三十七条 保险人按照保险监管部门批准的机动车保险费率方案计算保险费。

第三十八条 在投保机动车第三者责任保险的基础上,投保人可投保附加险。

附加险条款未尽事宜,以本条款为准。

四、机动车辆附加保险条款

2007版机动车商业保险行业基本条款(A款)中规定,车上人员责任险和机动车盗抢险既可以作为主险,也可以作为附加险。

机动车商业保险行业基本条款(A款)

(中保协条款[2007]1号)
中国保险行业协会制定 2007年

条款设计说明

一、车上人员责任保险和机动车盗抢保险分别提供了主险和附加险两套条款,保险责任和费率完全相同,供各公司自主选择。

二、不计免赔率特约条款的投保条件在条款中未作明确规定,其适用范围由各公司自主确定。

附加险条款
车上人员责任险条款

投保了机动车第三者责任保险的机动车,可投保本附加险。

第一条 保险责任

被保险人或其允许的合法驾驶人在使用被保险机动车过程中发生意外事故,致使车上人员遭受人身伤亡,依法应当由被保险人承担的损害赔偿责任,保险人依照本保险合同的约定负责赔偿。

第二条 责任免除

(一)违法、违章搭乘人员的人身伤亡;

(二)车上人员因疾病、分娩、自残、殴斗、自杀、犯罪行为造成的自身伤亡或在车下时遭受的人身伤亡。

第三条　责任限额

驾驶人每次事故责任限额和乘客每次事故每人责任限额由投保人和保险人在投保时协商确定。投保乘客座位数按照被保险机动车的核定载客数(驾驶人座位除外)确定。

第四条　赔偿处理

(一)每次事故车上人员的人身伤亡按照国家有关法律、法规规定的赔偿范围、项目和标准以及本保险合同的约定进行赔偿。驾驶人的赔偿金额不超过保险单载明的驾驶人每次事故责任限额;每位乘客的赔偿金额不超过保险单载明的乘客每次事故每人责任限额,赔偿人数以投保乘客座位数为限。

(二)保险人在依据本保险合同约定计算赔款的基础上,在保险单载明的责任限额内,按下列免赔率免赔:

1. 负次要事故责任的免赔率为5%,负同等事故责任的免赔率为8%,负主要事故责任的免赔率为10%,负全部事故责任或单方肇事事故的免赔率为15%;

2. 投保时指定驾驶人,保险事故发生时为非指定驾驶人使用被保险机动车的,增加免赔率10%;

3. 投保时约定行驶区域,保险事故发生在约定行驶区域以外的,增加免赔率10%。

案例3-10:某市橡胶机械厂为本单位的一台东风轻型货车投保了交强险、车损险5万元,第三者责任险10万元,车上人员险三个座位每人1万元,及各险种的不计免赔险。保险期限为一年。

保险期间内某日,该单位驾驶员冯某驾驶该车行驶到公路一处盘山道的弯路时,路边的闲散人员胡某看到车速放缓,便扒上车去偷盗车上所载粮食,冯某从后视镜发现后,一时分神,将东风货车驶入反道与对面驶来的一台捷达轿车迎面相撞。这起事故造成两车严重受损,冯某重伤致残,胡某摔下车死亡,捷达车驾驶员金某重伤,乘员于某轻伤的后果。经过交警现场查勘处理,认定冯某遇紧急情况采取措施不当,应付此次事故的全部责任。

事故发生后,被保险人某橡胶机械厂就本案的损失向保险公司提出如下索赔:东风货车损失13000元、驾驶员冯某医药费和伤残补偿费58000元,捷达轿车损失39000元,捷达驾驶员金某医药费32000元、乘员于某医药费500元。因为交警认定货车是全部责任,偷盗者胡某的家属也向橡胶机械厂提出索赔补偿费10万元。索赔金额达到242500元,保险公司提出异议,保险公司只同意赔付两车损失和双方车上乘员损失共计94500元,对货车的驾驶员冯某只认定赔付10000元,而对偷盗者胡某的损失不做赔偿。

由于赔付金额差距较大,双方没有达成共识,于是橡胶机械厂和胡某的家属一起将保险公司告上了法庭。

理赔焦点:其中被保险人橡胶机械厂认为本厂的车辆已投保了三个座位的车上人员责任险,并及时足额交付了保险费,保险公司应当在事故发生后给予足额赔偿。

其中因为投保了三名车上人员责任险,而在本次事故中车上的受害人只有两名并不超出我们的投保条件,其中偷盗者胡某出险时也在该保险车辆上,事故的发生是致胡某死亡的直接诱因,现在胡某的家属向本机械厂索赔,所以我们只能向保险公司转嫁我们的风险。

理赔结论:经过法庭调查和听取双方当事人辩护,参阅当时签订的保险单、相关保险条款,法院最后判定保险公司胜诉,保险公司赔偿货车及捷达轿车两车损失及双方车上人员损失共计104500元,其中对货车驾驶员冯某只认定赔付10000元。胡某的损失不在保险责任范围内不予赔偿。

①保险公司认为保险合同中车上人员和第三者有本质区别:第三者是指因被保险机动车发生意外事故遭受人身伤亡或者财产损失的人,但不包括被保险机动车本车上人员、投保人、被保险人和保险人。车上人员是指保险事故发生时在被保险机动车上的自然人。

②法院认为,捷达车上的两名受伤人员为本案中货车的第三者,按本保险合同应得到足额。而货车驾驶员冯某是保险车辆上的司乘人员,按所签订的保险合同应属于车上人员责任险范围,只能得到每人的最高保障额10000元,保险公司对此做出赔付,履行了保险合同义务,不存在违约和欺诈行为。

③其中偷盗者胡某不能认定为车上人员,保险公司车上人员责任保险条款第五条已做出明示,被保险机动车辆造成下列人身伤亡,不论在法律上是否应当由被保险人承担赔偿责任,保险人均不负责赔偿,其中第三分项注明违法、违章搭乘人员的伤亡。胡某的情况应属违法搭乘者,所以不能得到保险公司的赔偿。

本案点评:本保险案例最突出的问题是车上人员保险和第三者责任险的区别。

车上人员保险是指因被保险机动车发生意外事故遭受人身伤亡或财产损失的人,但不包括被保险机动车本车上人员、投保人、被保险人和保险人。其保险责任是在保险期内,被保险人或其允许的合法驾驶人在使用被保险机动车过程中发生意外事故,致使第三者遭受人身伤亡或财产直接损毁,依法应当由被保险人承担的损害赔偿责任,保险人依照本保险合同的约定,对于超过机动车交通事故责任强制保险各分项赔偿限额以上的部分负责赔偿。

第三者责任保险是指保险事故发生时在被保险机动车上的自然人。其保险责任是:保险期内,被保险人或其允许的合法驾驶人在使用被保险机动车过程中发生意外事故,致使车上人员遭受人身伤亡,依法应当由被保险人承担的损害赔偿责任,保险人依照本保险合同的约定负责赔偿。

两车有车质区别,不能相互替代,被保险人投保时不要混淆其概念。

盗抢险条款

投保了机动车损失保险的机动车,可投保本附加险。

第一条 保险责任

(一)被保险机动车被盗窃、抢劫、抢夺,经出险当地县级以上公安刑侦部门立案证明,满60天未查明下落的全车损失;

(二)被保险机动车全车被盗窃、抢劫、抢夺后,受到损坏或车上零部件、附属设备丢失需要修复的合理费用;

(三)被保险机动车在被抢劫、抢夺过程中,受到损坏需要修复的合理费用。

第二条 责任免除

(一)非全车遭盗窃,仅车上零部件或附属设备被盗窃或损坏;

(二)被保险机动车被诈骗、收缴、没收、扣押造成的损失;

(三)被保险人因民事、经济纠纷而导致被保险机动车被抢劫、抢夺;

(四)租赁机动车与承租人同时失踪;

(五)被保险机动车被盗窃、抢劫、抢夺期间(被盗窃、抢劫、抢夺过程中及全车被盗窃、抢劫、抢夺后至全车被追回)造成人身伤亡或本车以外的财产损失;

(六)被保险人及其家庭成员、被保险人允许的驾驶人的故意行为或违法行为造成的损失;

(七)被保险人索赔时,未能提供机动车停驶手续或出险当地县级以上公安刑侦部门出具的盗抢立案证明。

第三条 保险金额

保险金额由投保人和保险人在投保时被保险机动车的实际价值内协商确定。

第四条 赔偿处理

(一)被保险人知道保险事故发生后,应在24小时内向出险当地公安刑侦部门报案,并通知保险人。

(二)被保险人索赔时,须提供保险单、《机动车行驶证》、《机动车登记证书》、机动车来历凭证、车辆购置税完税证明(车辆购置附加费缴费证明)或免税证明、机动车停驶手续以及出险当地县级以上公安刑侦部门出具的盗抢立案证明。

(三)全车损失,在保险金额内计算赔偿,但不得超过保险事故发生时被保险机动车的实际价值,并实行20%的免赔率。被保险人未能提供《机动车行驶证》、《机动车登记证书》、机动车来历凭证、车辆购置税完税证明(车辆购置附加费缴费证明)或免税证明的,每缺少一项,增加免赔率1%。

部分损失,在保险金额内按实际修复费用计算赔偿,但不得超过保险事故发生时被保险机动车的实际价值。

(四)投保时指定驾驶人,保险事故发生时为非指定驾驶人使用被保险机动车的,增加免赔率5%。

(五)投保时约定行驶区域,保险事故发生在约定行驶区域以外的,增加免赔率10%。

(六)保险人确认索赔单证齐全、有效后,被保险人签具权益转让书,保险人赔付结案。

(七)被保险机动车全车被盗窃、抢劫、抢夺后被找回的:

保险人尚未支付赔款的,被保险机动车应归还被保险人。

保险人已支付赔款的,被保险机动车应归还被保险人,被保险人应将赔款返还给保险人;

被保险人不同意收回被保险机动车,被保险机动车的所有权归保险人,被保险人应协助保险人办理有关手续。

玻璃单独破碎险条款

投保了机动车损失保险的机动车,可投保本附加险。

第一条 保险责任

被保险机动车风挡玻璃或车窗玻璃的单独破碎,保险人负责赔偿。

第二条 投保方式

投保人与保险人可协商选择按进口或国产玻璃投保。保险人根据协商选择的投保方式承担相应的赔偿责任。

第三条　责任免除

安装、维修机动车过程中造成的玻璃单独破碎。

车身划痕损失险条款

投保了机动车损失保险的机动车,可投保本附加险。

第一条　保险责任

无明显碰撞痕迹的车身划痕损失,保险人负责赔偿。

第二条　责任免除

被保险人及其家庭成员、驾驶人及其家庭成员的故意行为造成的损失。

第三条　保险金额

保险金额为2000元、5000元、10000元或20000元,由投保人和保险人在投保时协商确定。

第四条　赔偿处理

(一)在保险金额内按实际修理费用计算赔偿。

(二)每次赔偿实行15%的免赔率。

(三)在保险期间内,累计赔款金额达到保险金额,本附加险保险责任终止。

案例3-11: 某年6月,云南玉溪的陈小姐为自己的爱车买保险时,特意挑选了一份车身划痕损失险,她认为,车辆即使被划伤了,可以全赔,这样就可以最大程度降低开车的风险了。可就在前不久,刘小姐外出办事时发现车身被人用利器划伤,当时她没在意,直到理赔时,被告知车身划痕险有15%的免赔率,这意味着她要自行承担15%的维修费。

[案例解析]　陈小姐所投保的"车身划痕险"属于附加险种,该险种每次赔偿实行15%的免赔率。

可选免赔额特约条款

投保了机动车损失保险的机动车可附加本特约条款。保险人按投保人选择的免赔额给予相应的保险费优惠。

被保险机动车发生机动车损失保险合同约定的保险事故,保险人在按照机动车损失保险合同的约定计算赔款后,扣减本特约条款约定的免赔额。

不计免赔率特约条款

经特别约定,保险事故发生后,按照对应投保的险种规定的免赔率计算的、应当由被保险人自行承担的免赔金额部分,保险人负责赔偿。

下列情况下,应当由被保险人自行承担的免赔金额,保险人不负责赔偿:

(一)机动车损失保险中应当由第三方负责赔偿而无法找到第三方的;

(二)被保险人根据有关法律法规规定选择自行协商方式处理交通事故,但不能证明事故原因的;

(三)因违反安全装载规定而增加的;

(四)投保时指定驾驶人,保险事故发生时为非指定驾驶人使用被保险机动车而增加的;

(五)投保时约定行驶区域,保险事故发生在约定行驶区域以外而增加的;

(六)因保险期间内发生多次保险事故而增加的;

(七)发生机动车盗抢保险规定的全车损失保险事故时,被保险人未能提供《机动车行驶证》、《机动车登记证书》、机动车来历凭证、车辆购置税完税证明(车辆购置附加费缴费证明)或免税证明而增加的;

(八)可附加本条款但未选择附加本条款的险种规定的;

(九)不可附加本条款的险种规定的。

(一)填空题

1. 保险人依据被保险机动车驾驶人在事故中所负的事故责任比例,承担相应的赔偿责任。被保险机动车方负主要事故责任的,事故责任比例为_____;被保险机动车方负同等事故责任的,事故责任比例为_____;被保险机动车方负次要事故责任的,事故责任比例为_____。

2. 碰撞指被保险机动车与外界物体直接接触并发生_____、产生_____的现象。包括被保险机动车按规定载运货物时,所载货物与外界物体的_____。

3. 单方肇事事故指不涉及与_____有关的损害赔偿的事故,但不包括因自然灾害引起的事故。

4. 机动车第三者保险条款合同中的第三者是指因_____发生意外事故遭受人身伤亡或者财产损失的人,但不包括被保险机动车_____、_____、_____和保险人。

5. 机动车辆损失保险条款中,被保险机动车的损失应当由第三方负责赔偿的,无法找到第三方时,免赔率为_____。

(二)简答题

1. 机动车辆商业保险各款(A/B/C)之间有哪些区别?
2. 机动车辆损失保险条款的定义?
3. 机动车辆第三者责任保险的定义?

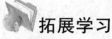

拓展学习

案例3-12:某日,刘某驾驶轻型普通货车起步时,未查明车身周围情况下前行,该车将其女儿刘A撞倒并碾压,致其受伤,送医院抢救无效后死亡。交警部门认定刘某承担此次事故的主要责任,刘A承担事故的次要责任。

后查明,刘某驾驶的轻型普通货车为其妻弟毛A所有,前不久毛A为该车投保了机动车交通事故责任强制保险(以下简称交强险)和责任限额为5万元的第三者责任保险。事故发生后,保险公司已按照农村户口赔偿标准赔偿刘A之母毛某71262元。毛某在领取赔款之后,认为保险公司认定的赔付标准过低,遂诉至法院,要求被告保险公司按照城镇户口标准进行赔偿,同时放弃对其夫、其弟的损害赔偿责任请求权。

法院认定及判决：在判决中，法院认为，本案的争议焦点是：原告毛某主张的各项费用应如何认定支持；被告保险公司在本案中是否应就其承保的机动车第三者责任保险向原告毛某承担赔偿责任。法院最终判决判定，保险公司在交强险死亡伤残赔偿限额内向原告赔偿11万元。但机动车第三者责任保险系商业保险合同，与本案的诉求侵权损害赔偿不属于同一法律关系，故法院不支持原告在本案中要求保险公司承担商业保险赔偿责任的主张。值得注意的是，法院没有对"家庭成员是否属于第三者，保险公司为何应当在此案中承担赔偿责任"这一问题进行分析和认定。鉴于本案争议焦点所涉及的相关法律问题在交强险诉讼案例中已有较多论述，本文主要针对法院未予分析的、"家庭成员是否属于第三者，保险公司为何应当在此案中承担赔偿责任"的问题展开分析。

[案例解析] 家庭成员能否成为交强险所指的第三者？如果家庭成员可以成为第三者，当其他家庭成员成为侵权人时，侵权者作为监护人，是否能成为保险赔偿请求权人，从保险赔偿金中获益？

（1）现有规定对第三者的界定

按照《机动车交通事故责任强制保险条例》（以下简称《交强险条例》）第三条的规定，第三者是指本车人员、被保险人以外的受害人。《机动车交通事故责任强制保险条款》（以下简称《交强险条款》）第五条规定："交强险合同中的受害人是指因被保险机动车发生交通事故遭受人身伤亡或者财产损失的人，但不包括被保险机动车本车车上人员、被保险人。"《机动车第三者责任保险条款》（以下简称《商业险条款》）第三条规定："本保险合同中的第三者是指因被保险机动车发生意外事故遭受人身伤亡或者财产损失的人，但不包括投保人、被保险人、保险人和保险事故发生时被保险机动车本车上的人员。"

由此可见，《交强险条例》与《商业险条款》对第三者的界定都没有将被保险人及本车驾驶员的家庭成员排除在第三者之外，家庭成员都可以成为机动车责任保险的受偿主体。但《商业险条款》在"责任免除"条款中排除了保险人对被保险人、被保险机动车本车驾驶员及其家庭成员的人身伤亡、所有或代管的财产损失的赔偿义务。《机动车第三者责任保险条款》第五条规定："被保险机动车造成下列人身伤亡或财产损失，不论在法律上是否应当由被保险人承担赔偿责任，保险人均不负责赔偿：（一）被保险人及其家庭成员的人身伤亡、所有或代管的财产的损失；（二）被保险机动车本车驾驶员及其家庭成员的人身伤亡、所有或代管的财产损失……"而在交强险中并无类似免责条款。

（2）侵权人、损害赔偿请求权人（监护人/继承人）与保险赔偿金受益人身份竞合的特殊情况

本案中，刘某驾驶车辆致其女死亡，刘某属于侵权人；与此同时，刘某和毛某作为死者刘A的父母，有权要求保险公司赔偿。根据现行婚姻法规定，要求刘某对毛某承担侵权赔偿责任，没有任何实质意义，无法达到真正赔偿目的。

一般而言，受害人的父母都是损害赔偿请求权人，可以向保险公司要求给付保险赔偿金。本案中，尽管只有毛某一人起诉保险公司，但是保险公司向毛某支付的保险赔偿金却实际成为了毛某和侵权人刘某的共同财产。《交强险条款》对"第三者"的界定给"侵权人因自己的侵权行为而获益"带来了可能性，即使侵权人构成交通肇事罪，肇事者仍然可能通过自己的犯罪行为获得保险赔偿，这违反了"任何人都不能从其犯罪或违法行为中受益"的

法理。

(3) 类似案件可能存在的道德风险

《商业险条款》将被保险机动车本车驾驶人及其家庭成员的人身伤亡、所有或代管的财产的损失排除在保险人赔偿范围是为了防范保险诈骗和道德风险的考虑。这是一种普遍的做法。美国纽约州保险法第 3420 条第 7 款规定："任何责任保险单或合同均不得视为承保被保险人对其配偶的人身或财产的损害而承担的责任。"依其规定，责任保险不承保被保险人致其配偶损害而承担的赔偿责任，从而将被保险人的配偶排除在了第三人的范围之外。而在我国交强险制度中，未将对被保险机动车本车驾驶员对其家庭成员的造成的人身伤亡、所有或代管的财产的损失置于责任范围之外，类似案件就可能存在道德风险，容易助长本车人员与家属共同骗保，尤其在保险业尚不成熟的时期，不利于保险业的健康发展，动摇保险的诚信基础。

学习单元 4　合同法条款

学习目标

1. 描述合同法的立法目的、基本原则、适用范围；
2. 运用合同的订立、履行、变更、终止等相关规定分析判断保险合同案件；
3. 运用合同法分则的规定分析判断保险合同案件；
4. 规范自身的保险合同行为。

学习时间

6 学时

总　　则

一、一 般 规 定

第一条　为了保护合同当事人的合法权益，维护社会经济秩序，促进社会主义现代化建设，制定本法。

[解说]　本条阐释了合同法的立法目的。随着市场经济的逐步发展，用来规范市场交易的包括生产、生活等领域的法律呼之欲出。1999 年 3 月 15 日，全国人大常务委员会制定《中华人民共和国合同法》(以下简称《合同法》)并颁布实施。《合同法》是民商法的重要组成部分，而保险活动是商业活动之一，故保险活动受合同法约束。

保险法的重要章节就是保险合同法，保险合同是特殊的合同。

第二条　本法所称合同是平等主体的自然人、法人、其他组织之间设立、变更、终止民事权利义务关系的协议。婚姻、收养、监护等有关身份关系的协议，适用其他法律的规定。

[解说]　本条是关于合同法调整范围的规定。由此可以看出，合同法调整的是债权合同，身份合同不适用该法。而《保险法》中关于保险合同的定义是，保险合同是投保人与保险人约定保险权利义务关系的协议。可见保险合同的主体主要是投保人和保险人，其双方的法律地位同样是平等的。

案例 4-1：江苏宿迁运输户高行风准备购买一辆卡车，交款前却被告知，如果要在当地保险公司购买交强险,必须同时购买第三者责任险、车辆损失险和车上责任险等三种商业保险。这让只想购买交强险的高行风很想不通。保险公司是否能将交强险和商业车险捆绑销售呢?

第三条 合同当事人的法律地位平等,一方不得将自己的意志强加给另一方。

第四条 当事人依法享有自愿订立合同的权利,任何单位和个人不得非法干预。

第五条 当事人应当遵循公平原则确定各方的权利和义务。

第六条 当事人行使权利、履行义务应当遵循诚实信用原则。

第七条 当事人订立、履行合同,应当遵守法律、行政法规,尊重社会公德,不得扰乱社会经济秩序,损害社会公共利益。

第八条 依法成立的合同,对当事人具有法律约束力。当事人应当按照约定履行自己的义务,不得擅自变更或者解除合同。依法成立的合同,受法律保护。

[解说] 以上条款是《合同法》的基本原则,是合同当事人在合同活动中应当遵守的基本准则,也是人民法院、仲裁机构在审理、仲裁合同纠纷时应当遵循的原则。包括平等原则、自愿原则、公平原则、诚实信用原则、合法与公序良俗原则、依合同履行义务原则。

案例4-1 中,客户完全可以只买交强险,《机动车交通事故责任强制保险条例》第十条规定:投保人在投保时应当选择具备从事机动车交通事故责任强制保险业务资格的保险公司,被选择的保险公司不得拒绝或者拖延承保。第十三条规定:签订机动车交通事故责任强制保险合同时,投保人不得在保险条款和保险费率之外,向保险公司提出附加其他条件的要求。签订机动车交通事故责任强制保险合同时,保险公司不得强制投保人订立商业保险合同以及提出附加其他条件的要求。订立商业保险合同必须遵守自愿自由的合同活动原则。

二、合同的订立

第九条 当事人订立合同,应当具有相应的民事权利能力和民事行为能力。当事人依法可以委托代理人订立合同。

[解说] 条款对合同的主体做出了规定。合同主体是指在合同中约定权利义务双方及相关人员,包括合同的当事人和关系人。当事人订立合同,应当具有相应的民事权利能力和民事行为能力。当事人依法可以委托代理人订立合同。

在财产保险特别是机动车保险实务当中,合同主体的资格也有严格的要求:财产保险的被保险人在保险事故发生时,对保险标的应当具有保险利益。保险利益是指投保人或者被保险人对保险标的具有的法律上承认的利益。但财产保险合同在订立时是否需要具有保险利益,这根据险种的不同而要求不一样,例如在机动车保险实务中,一般所有人、管理人等可以以车辆及其相关责任为保险标的投保机动车保险,但国际货物运输保险中,收货方未成为货物所有者或者处置者之前也可以就该批货物作为保险标的,与保险公司订立保险合同。

第十条 当事人订立合同,有书面形式、口头形式和其他形式。法律、行政法规规定采用书面形式的,应当采用书面形式。当事人约定采用书面形式的,应当采用书面形式。

第十一条 书面形式是指合同书、信件和数据电文(包括电报、电传、传真、电子数据交换和电子邮件)等可以有形地表现所载内容的形式。

[解说] 以上两个条款是对合同形式的规定。《保险法》第十三条规定:投保人提出保险要求,经保险人同意承保,保险合同成立。保险人应当及时向投保人签发保险单或者其他保险凭证。机动车保险合同一般包括投保单、保险单、保险凭证、保险标记、暂保单、发票、批单等书面形式。

第十二条 合同的内容由当事人约定,一般包括以下条款:(一)当事人的名称或者姓名和住所;(二)标的;(三)数量;(四)质量;(五)价款或者报酬;(六)履行期限、地点和方式;(七)违约责任;(八)解决争议的方法。当事人可以参照各类合同的示范文本订立合同。

[解说] 合同的条款是合同中经双方当事人协商一致,规定双方当事人权利义务的具体条文。合同当事人的权利义务,除法律规定的以外,主要由合同的条款确定。合同的条款是否齐备、准确,决定了合同能否成立、生效以及能否顺利地履行、实现。由于合同的类型和性质不同,合同的主要条款也会有所不同。如《保险法》规定保险合同应当包括下列事项:①保险人的名称和住所;②投保人、被保险人的姓名或者名称、住所,以及人身保险的受益人的姓名或者名称、住所;③保险标的;④保险责任和责任免除;⑤保险期间和保险责任开始时间;⑥保险金额;⑦保险费以及支付办法;⑧保险金赔偿或者给付办法;⑨违约责任和争议处理;⑩订立合同的年、月、日。投保人和保险人可以约定与保险有关的其他事项。这条规定只起合同示范条款的作用。

案例4-2:某年5月1日,钱某在保险公司大厅看到了某保险产品宣传折页,折页里面介绍了一款车险组合。钱某觉得该组合比较适合自己,而且自己的车险第二天到期,便向保险营销员咨询相关事宜,有了相当了解之后便填写了投保单并且支付了保险费。营销人员将保费和申请书交由公司相关人员,车险核保人员做出核保决定:因钱某的车是从其他公司买过来的,并且已使用年限较长,故要验车后再作决定是否承保。营销员通知客户顺路开车到保险公司进行验车。5月3日,客户在将车开往保险公司验车的途中发生交通事故。请问,保险公司是否应该赔付?为什么?

第十三条 当事人订立合同,采取要约、承诺方式。

[解说] 合同是当事人之间设立、变更、终止民事权利义务关系的协议,当事人对合同的内容经过协商,达成一致意见的过程,就是通过要约、承诺完成的。要约与承诺制度的规定,使合同的成立有了一个较为具体的标准,可以更好地分清各方当事人的责任,正确而恰当地确定合同的成立,充分保障当事人的权益。

第十四条 要约是希望和他人订立合同的意思表示,该意思表示应当符合下列规定:(一)内容具体确定;(二)表明经受要约人承诺,要约人即受该意思表示约束。

第十五条 要约邀请是希望他人向自己发出要约的意思表示。寄送的价目表、拍卖公告、招标公告、招股说明书、商业广告等为要约邀请。商业广告的内容符合要约规定的,视为要约。

[解说] 要约与要约邀请的区别:第一,性质不同,要约是自己主动提出愿意订立合同,以订立合同为目的。要约邀请是希望对方主动提出愿意订立合同;第二,内容不同,要约须包括合同的必备条款,并表示愿意受要约的约束。要约邀请则不一定包含合同的主要

内容。比如没有当事人的名称;第三,方式不同。要约一般是针对特定的人,而要约邀请一般是针对不特定的多数人。

第十六条　要约到达受要约人时生效。

采用数据电文形式订立合同,收件人指定特定系统接收数据电文的,该数据电文进入该特定系统的时间,视为到达时间;未指定特定系统的,该数据电文进入收件人的任何系统的首次时间,视为到达时间。

[解说]　本条是对要约生效时间的规定。要约何时生效？有人认为,应采取"发信主义",即要约发出之后就生效。但大多数人认为应当采取"到达主义",要约必须自到达受要约人时才生效。

第十七条　要约可以撤回。撤回要约的通知应当在要约到达受要约人之前或者与要约同时到达受要约人

第十八条　要约可以撤销。撤销要约的通知应当在受要约人发出承诺通知之前到达受要约人。

第十九条　有下列情形之一的,要约不得撤销:(一)要约人确定了承诺期限或者以其他形式明示要约不可撤销;(二)受要约人有理由认为要约是不可撤销的,并已经为履行合同作了准备工作。

第二十条　有下列情形之一的,要约失效:(一)拒绝要约的通知到达要约人;(二)要约人依法撤销要约;(三)承诺期限届满,受要约人未作出承诺;(四)受要约人对要约的内容作出实质性变更。

[解说]　以上几条是对要约的撤回、撤销、不得撤销的规定。要约的撤回是指,在要约发出之后但在发生法律效力以前,要约人欲使该要约不发生法律效力而作出的意思表示。要约的撤销是指,要约人在要约发生法律效力之后而受要约人承诺之前,欲使该要约失去法律效力的意思表示。

第二十一条　承诺是受要约人同意要约的意思表示。

第二十二条　承诺应当以通知的方式作出,但根据交易习惯或者要约表明可以通过行为作出承诺的除外。

第二十三条　承诺应当在要约确定的期限内到达要约人。要约没有确定承诺期限的,承诺应当依照下列规定到达:(一)要约以对话方式作出的,应当即时作出承诺,但当事人另有约定的除外;(二)要约以非对话方式作出的,承诺应当在合理期限内到达。

第二十四条　要约以信件或者电报作出的,承诺期限自信件载明的日期或者电报交发之日开始计算。信件未载明日期的,自投寄该信件的邮戳日期开始计算。要约以电话、传真等快速通讯方式作出的,承诺期限自要约到达受要约人时开始计算。

第二十五条　承诺生效时合同成立。

第二十六条　承诺通知到达要约人时生效。承诺不需要通知的,根据交易习惯或者要约的要求作出承诺的行为时生效。采用数据电文形式订立合同的,承诺到达的时间适用本法第十六条第二款的规定。

[解说]　保险合同订立是合同活动的一种形式,故保险合同订立的步骤为:《保险法》第十三条规定,投保人提出保险要求,经保险人同意承保,保险合同成立。可以看出,投保

人提出保险要求是保险合同订立过程中的要约步骤,经保险人同意即为承诺,而一般情况下没有具体条款、费率的保险产品宣传折页、电视广告可以看作是保险公司的要约邀请。

案例 4-2 可以看出,保险产品的宣传折页是保险公司的要约邀请,填写的投保单是要约,若保险公司同意投保申请,承保出单则为承诺,合同成立;然而,该案例中,保险公司要求验车后再决定是否承保,对投保人的要约未做出承诺,保险合同未成立,更谈不上生效,故保险公司不负赔偿责任,即使保险公司已经收取保险费。

第二十七条 承诺可以撤回。撤回承诺的通知应当在承诺通知到达要约人之前或者与承诺通知同时到达要约人。

第二十八条 受要约人超过承诺期限发出承诺的,除要约人及时通知受要约人该承诺有效的以外,为新要约。

[解说] 本条是对延迟承诺的规定。承诺本应在承诺期限内作出,超过有效的承诺期限,要约已经失效,对于失效的要约发出承诺,不能发生承诺的效力,应视为新要约。

第二十九条 受要约人在承诺期限内发出承诺,按照通常情形能够及时到达要约人,但因其他原因承诺到达要约人时超过承诺期限的,除要约人及时通知受要约人因承诺超过期限不接受该承诺的以外,该承诺有效。

第三十条 承诺的内容应当与要约的内容一致。受要约人对要约的内容作出实质性变更的,为新要约。有关合同标的、数量、质量、价款或者报酬、履行期限、履行地点和方式、违约责任和解决争议方法等的变更,是对要约内容的实质性变更。

[解说] 承诺的内容必须与要约的内容完全一致,不得作任何更改,是英美法与大陆法两大法系一致的原则。否则,视为新的要约。本条对实质性条款作了列举,所列项目为实质性条款,但实质性条款不限于所列各项。本条对于实质性条款项目的开列具有提示性质。

案例 4-3:某年 5 月 1 日,钱某发现自己的车险次日到期,便打算不再在原来的保险公司 A 投保转而向另一家 B,欲购买交强险、车损险、三者险、玻璃险及划痕险,已交保费给营销员。B 保险公司核保人员认为该车辆已经使用了 4 年,不同意承保划痕险。客户未有回应。5 月 3 日,钱某的车停放在路边被刮花,随后向 B 公司提出索赔申请。请问,保险公司是否有赔偿的责任?

可以看出,钱某交保费欲购买交强险、车损险、三者险、玻璃险及划痕险,是要约过程。保险公司明确表示若客户减去划痕险则同意投保。在这里我们可以看出,受要约人 B 保险公司对合同的数量做出了变更,视为新要约,也称反要约,而客户没有回应,亦即未能作出承诺,故合同未成立,故保险公司不用承担赔偿责任。

第三十一条 承诺对要约的内容作出非实质性变更的,除要约人及时表示反对或者要约表明承诺不得对要约的内容作出任何变更的以外,该承诺有效,合同的内容以承诺的内容为准。

第三十二条 当事人采用合同书形式订立合同的,自双方当事人签字或者盖章时合同成立。

第三十三条 当事人采用信件、数据电文等形式订立合同的,可以在合同成立之前要求签订确认书。签订确认书时合同成立。

第三十四条 承诺生效的地点为合同成立的地点。采用数据电文形式订立合同的,收件人的主营业地为合同成立的地点;没有主营业地的,其经常居住地为合同成立的地点。当事人另有约定的,按照其约定。

第三十五条 当事人采用合同书形式订立合同的,双方当事人签字或者盖章的地点为合同成立的地点。

[解说] 以上几条是对采用合同书形式订立的合同何时成立的规定。

第三十六条 法律、行政法规规定或者当事人约定采用书面形式订立合同,当事人未采用书面形式但一方已经履行主要义务,对方接受的,该合同成立。

第三十七条 采用合同书形式订立合同,在签字或者盖章之前,当事人一方已经履行主要义务,对方接受的,该合同成立。

第三十八条 国家根据需要下达指令性任务或者国家订货任务的,有关法人、其他组织之间应当依照有关法律、行政法规规定的权利和义务订立合同。

第三十九条 采用格式条款订立合同的,提供格式条款的一方应当遵循公平原则确定当事人之间的权利和义务,并采取合理的方式提请对方注意免除或者限制其责任的条款,按照对方的要求,对该条款予以说明。格式条款是当事人为了重复使用而预先拟定,并在订立合同时未与对方协商的条款。

[解说] 本条是对格式条款的规定。"格式条款",又称为标准条款、标准合同、格式合同、定式合同、定型化合同,也有人称作附合合同等。保险合同中的格式条款则更为严格的规定:《保险法》第十七条规定,订立保险合同,采用保险人提供的格式条款的,保险人向投保人提供的投保单应当附格式条款,保险人应当向投保人说明合同的内容。对保险合同中免除保险人责任的条款,保险人在订立合同时应当在投保单、保险单或者其他保险凭证上作出足以引起投保人注意的提示,并对该条款的内容以书面或者口头形式向投保人作出明确说明;未作提示或者明确说明的,该条款不产生效力。

第四十条 格式条款具有本法第五十二条和第五十三条规定情形的,或者提供格式条款一方免除其责任、加重对方责任、排除对方主要权利的,该条款无效。

[解说] 保险合同格式条款的无效情形:《保险法》第十九条规定,采用保险人提供的格式条款订立的保险合同中的下列条款无效:①免除保险人依法应承担的义务或者加重投保人、被保险人责任的;②排除投保人、被保险人或者受益人依法享有的权利的。

第四十一条 对格式条款的理解发生争议的,应当按照通常理解予以解释。对格式条款有两种以上解释的,应当作出不利于提供格式条款一方的解释。格式条款和非格式条款不一致的,应当采用非格式条款。

[解说] 保险合同格式条款的争议处理办法:《保险法》第三十条规定,采用保险人提供的格式条款订立的保险合同,保险人与投保人、被保险人或者受益人对合同条款有争议的,应当按照通常理解予以解释。对合同条款有两种以上解释的,人民法院或者仲裁机构应当作出有利于被保险人和受益人的解释。

第四十二条 当事人在订立合同过程中有下列情形之一,给对方造成损失的,应当承担损害赔偿责任:(一)假借订立合同,恶意进行磋商;(二)故意隐瞒与订立合同有关的重要事实或者提供虚假情况;(三)有其他违背诚实信用原则的行为。

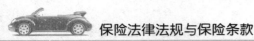

第四十三条 当事人在订立合同过程中知悉的商业秘密,无论合同是否成立,不得泄露或者不正当地使用。泄露或者不正当地使用该商业秘密给对方造成损失的,应当承担损害赔偿责任。

三、合同的效力

案例4-4:小张刚拿到驾驶证,昨天刚刚将新车上了牌照,临时的交强险也到期了,于是当天中午11点在4S店为爱车购买了交强险、三者险20万、车损险等险种。11点半,小张拿着保险单走出4S店门口,启动车子以后错将油门当制动,车子一下子冲向旁边的铺面,导致铺面损失了5000元的财产,小张自己的车前保险杠损坏,也损失了1000元。请问,保险公司能否赔付?

第四十四条 依法成立的合同,自成立时生效。法律、行政法规规定应当办理批准、登记等手续生效的,依照其规定。

第四十五条 当事人对合同的效力可以约定附条件。附生效条件的合同,自条件成就时生效。附解除条件的合同,自条件成就时失效。当事人为自己的利益不正当地阻止条件成就的,视为条件已成就;不正当地促成条件成就的,视为条件不成就。

第四十六条 当事人对合同的效力可以约定附期限。附生效期限的合同,自期限届至时生效。附终止期限的合同,自期限届满时失效。

[解说] 以上条款阐释了合同生效的几种情况。保险合同是合同的特殊种类,它的生效也有特殊的规定:《保险法》第十三条规定,投保人提出保险要求,经保险人同意承保,保险合同成立。依法成立的保险合同,自成立时生效。投保人和保险人可以对合同的效力约定附条件或者附期限。在我国保险实务当中,保险合同的生效有几种情况:成立时生效的典型险种为机动车交通事故责任强制保险,中国保险监督管理委员会下文要求各财险保险公司从2009年3月25日起,交强险在承保实务中实行"即时生效";附条件生效的保险合同在保险实务中有可能表现为空间的约定,如货物运输保险可以约定货物越过船舷时承担责任,航程保险约定登上交通工具的刹那开始承担责任;而在我国保险实务当中,普遍实行"零时起保"制,如9月11日订立的保险合同,生效时间约定为9月12日零时。

案例4-4中,显然小张已经拿到了保单,即说明保险合同已经订立。但交强险实行"即时出单",也即交强险订立时即生效,故保险公司可以在交强险有责财产责任限额内赔偿2000元。三者险和车损险等商业保险实行"零时起保",虽然保险合同已经订立但未生效,故不用赔偿。

第四十七条 限制民事行为能力人订立的合同,经法定代理人追认后,该合同有效,但纯获利益的合同或者与其年龄、智力、精神健康状况相适应而订立的合同,不必经法定代理人追认。

相对人可以催告法定代理人在一个月内予以追认。法定代理人未作表示的,视为拒绝追认。合同被追认之前,善意相对人有撤销的权利。撤销应当以通知的方式作出。

第四十八条 行为人没有代理权、超越代理权或者代理权终止后以被代理人名义订立的合同,未经被代理人追认,对被代理人不发生效力,由行为人承担责任。

相对人可以催告被代理人在一个月内予以追认。被代理人未作表示的,视为拒绝追认。合同被追认之前,善意相对人有撤销的权利。撤销应当以通知的方式作出。

第四十九条 行为人没有代理权、超越代理权或者代理权终止后以被代理人名义订立合同,相对人有理由相信行为人有代理权的,该代理行为有效。

第五十条 法人或者其他组织的法定代表人、负责人超越权限订立的合同,除相对人知道或者应当知道其超越权限的以外,该代表行为有效。

第五十一条 无处分权的人处分他人财产,经权利人追认或者无处分权的人订立合同后取得处分权的,该合同有效。

[解说] 第四十七至第五十一条是对合同效力待定情况的规定。效力待定合同是指合同已经成立,但因欠缺合同生效要件,其效力能否发生尚不确定,必须经有权人追认才能生效。效力待定合同主要包括三种:第一,限制民事行为能力人订立的合同;第二,无代理权人订立的合同;第三,无处分权的人处分他人财产订立的合同。

限制民事行为能力人签订合同在主体资格上是有瑕疵的,因为当事人缺乏完全的缔约能力、签订合同的资格和处分能力,所以经法定代理人追认后,该合同才有效。但如果是纯获利益的合同或者是与其年龄、智力、精神健康状况相适应而订立的合同,不必经法定代理人追认。

行为人没有代理权、超越代理权或者代理权终止后以被代理人名义订立的合同,只有经被代理人的追认,才对被代理人发生法律效力。未经被代理人追认,不对被代理人发生法律效力,由行为人自己承担责任。而第四十九条是对表见代理合同效力的规定。所谓表见代理,是行为人没有代理权、超越代理权或者代理权终止后签订了合同,如果相对人有理由相信其有代理权,那么相对人就可以向本人主张该合同的效力,要求本人承担合同中所规定的义务,受合同的约束。本法设立表见代理制度是为保护合同相对人的利益,并维护交易的安全,依诚实信用原则使怠于履行其注意义务的本人直接承受行为人没有代理权、超越代理权或者代理权终止后仍为代理行为而签订的合同的责任。

财产的处分权只能由享有处分权的人来行使。无处分权的人处分他人财产订立的合同,只有经权利人追认或者无处分权的人订立合同后取得处分权的,该合同方为有效。

第五十二条 有下列情形之一的,合同无效:(一)一方以欺诈、胁迫的手段订立合同,损害国家利益;(二)恶意串通,损害国家、集体或者第三人利益;(三)以合法形式掩盖非法目的;(四)损害社会公共利益;(五)违反法律、行政法规的强制性规定。

[解说] 所谓无效合同就是不具有法律约束力和不发生履行效力的合同。一般合同一旦依法成立,就具有法律拘束力,但是无效合同却由于违反法律、行政法规的强制性规定或者损害国家、社会公共利益,因此,即使其成立,也不具有法律拘束力。无效合同有两个特征:①无效合同具有违法性;②无效合同是自始无效的。

保险合同的无效:《保险法》第十九条规定,采用保险人提供的格式条款订立的保险合同中的下列条款无效:①免除保险人依法应承担的义务或者加重投保人、被保险人责任的;②排除投保人、被保险人或者受益人依法享有的权利的。

财产保险合同:第五十五条规定,投保人和保险人约定保险标的的保险价值并在合同中载明的,保险标的发生损失时,以约定的保险价值为赔偿计算标准。保险金额不得超过

保险价值。超过保险价值的,超过部分无效,保险人应当退还相应的保险费。

第五十三条 合同中的下列免责条款无效:(一)造成对方人身伤害的;(二)因故意或者重大过失造成对方财产损失的。

[解说] 本条是对合同中免责条款效力的规定。合同中的免责条款就是指合同中的双方当事人在合同中约定的,为免除或者限制一方或者双方当事人未来责任的条款。在现代合同发展中免责条款大量出现,免责条款一般有以下特征:①免责条款具有约定性,即免责条款是当事人双方协商同意的合同的组成部分;②免责条款的提出必须是以明示的方式作出,任何以默示的方式作出的免责都是无效的;③合同中的免责条款具有免责性。

第五十四条 下列合同,当事人一方有权请求人民法院或者仲裁机构变更或者撤销:(一)因重大误解订立的;(二)在订立合同时显失公平的。一方以欺诈、胁迫的手段或者乘人之危,使对方在违背真实意思的情况下订立的合同,受损害方有权请求人民法院或者仲裁机构变更或者撤销。

当事人请求变更的,人民法院或者仲裁机构不得撤销。

第五十五条 有下列情形之一的,撤销权消灭:(一)具有撤销权的当事人自知道或者应当知道撤销事由之日起一年内没有行使撤销权;(二)具有撤销权的当事人知道撤销事由后明确表示或者以自己的行为放弃撤销权。

第五十六条 无效的合同或者被撤销的合同自始没有法律约束力。合同部分无效,不影响其他部分效力的,其他部分仍然有效。

第五十七条 合同无效、被撤销或者终止的,不影响合同中独立存在的有关解决争议方法的条款的效力。

第五十八条 合同无效或者被撤销后,因该合同取得的财产,应当予以返还;不能返还或者没有必要返还的,应当折价补偿。有过错的一方应当赔偿对方因此所受到的损失,双方都有过错的,应当各自承担相应的责任。

第五十九条 当事人恶意串通,损害国家、集体或者第三人利益的,因此取得的财产收归国家所有或者返还集体、第三人。

[解说] 以上几条是关于可撤销合同的规定。所谓可撤销合同,就是因意思表示不真实,通过有撤销权的当事人行使撤销权,使已经生效的意思表示归于无效的合同。被撤销的民事行为从行为开始时起无效。可撤销合同具有以下特点:①可撤销的合同在未被撤销前,是有效的合同;②可撤销的合同一般是意思表示不真实的合同。无论是在大陆法系还是在英美法系,大多规定意思表示不真实的合同,撤销权人可以请求撤销合同;③可撤销合同的撤销要由撤销权人通过行使撤销权来实现。

四、合同的履行

第六十条 当事人应当按照约定全面履行自己的义务。

当事人应当遵循诚实信用原则,根据合同的性质、目的和交易习惯履行通知、协助、保密等义务。

第六十一条 合同生效后,当事人就质量、价款或者报酬、履行地点等内容没有约定或者约定不明确的,可以协议补充;不能达成补充协议的,按照合同有关条款或者交易习惯确定。

[解说] 合同的履行应遵循以下原则:

(1)全面履行原则

全面履行原则,又称正确履行原则或适当履行原则,是指合同的当事人必须按照合同关于标的、数量、质量、价款或报酬、履行地点、履行期限、履行方式等的约定,正确而完整地履行自己的合同义务。

(2)协作履行原则

协作履行原则,是指当事人在合同的履行中不仅要适当、全面履行合同的约定,还要基于诚实信用原则,对对方当事人的履行债务行为给予协助,使之能够更好地、更方便地履行合同。该原则是诚实信用基本原则在合同履行阶段的具体体现,它主要包括及时通知义务、相互协助义务、保密义务等。

(3)效益履行原则

效益履行原则,是指当事人在履行合同时应努力减少消耗,降低成本,提高经济效益。在履行合同中,当事人可以通过多种方式贯彻效益履行原则,如债务人选择适当的履行方式、交货地点、运输方式、违约补救措施等。

第六十二条 当事人就有关合同内容约定不明确,依照本法第六十一条的规定仍不能确定的,适用下列规定:(一)质量要求不明确的,按照国家标准、行业标准履行;没有国家标准、行业标准的,按照通常标准或者符合合同目的的特定标准履行。(二)价款或者报酬不明确的,按照订立合同时履行地的市场价格履行;依法应当执行政府定价或者政府指导价的,按照规定履行。(三)履行地点不明确,给付货币的,在接受货币一方所在地履行;交付不动产的,在不动产所在地履行;其他标的,在履行义务一方所在地履行。(四)履行期限不明确的,债务人可以随时履行,债权人也可以随时要求履行,但应当给对方必要的准备时间。(五)履行方式不明确的,按照有利于实现合同目的的方式履行。(六)履行费用的负担不明确的,由履行义务一方负担。

第六十三条 执行政府定价或者政府指导价的,在合同约定的交付期限内政府价格调整时,按照交付时的价格计价。逾期交付标的物的,遇价格上涨时,按照原价格执行;价格下降时,按照新价格执行。逾期提取标的物或者逾期付款的,遇价格上涨时,按照新价格执行;价格下降时,按照原价格执行。

第六十四条 当事人约定由债务人向第三人履行债务的,债务人未向第三人履行债务或者履行债务不符合约定,应当向债权人承担违约责任。

第六十五条 当事人约定由第三人向债权人履行债务的,第三人不履行债务或者履行债务不符合约定,债权人应当向债权人承担违约责任。

[解说] 第六十二条至第六十五条是合同履行的特殊规则。合同生效后,当事人就合同条款没有约定或者约定不明确的,可以协议补充;不能达成补充协议的,按照合同有关条款或者交易习惯确定;仍不能确定的,适用第六十二条关于合同的有关条款不明确时的履行规则规定。第六十三条规定是关于政府指导价的合同履行规则。政府定价,是指由政府主管价格部门或者其他有关部门按照定价权限和范围制定的价格,禁止暴利行为。第六十

四条和第六十五条是关于第三人的合同履行,包括向第三人履行的合同和由第三人履行的合同。

第六十六条 当事人互负债务,没有先后履行顺序的,应当同时履行。一方在对方履行之前有权拒绝其履行要求。一方在对方履行债务不符合约定时,有权拒绝其相应的履行要求。

第六十七条 当事人互负债务,有先后履行顺序,先履行一方未履行的,后履行一方有权拒绝其履行要求。先履行一方履行债务不符合约定的,后履行一方有权拒绝其相应的履行要求。

第六十八条 应当先履行债务的当事人,有确切证据证明对方有下列情形之一的,可以中止履行:(一)经营状况严重恶化;(二)转移财产、抽逃资金,以逃避债务;(三)丧失商业信誉;(四)有丧失或者可能丧失履行债务能力的其他情形。

当事人没有确切证据中止履行的,应当承担违约责任。

第六十九条 当事人依照本法第六十八条的规定中止履行的,应当及时通知对方。对方提供适当担保时,应当恢复履行。中止履行后,对方在合理期限内未恢复履行能力并且未提供适当担保的,中止履行的一方可以解除合同。

[解说] 第六十六条至第六十九条是合同履行中的抗辩权规定。抗辩权是指在双务合同中,一方当事人在对方未履行合同或履行合同不符合约定时,依法享有拒绝其全部或相应的履行要求的权利。《合同法》规定了同时履行抗辩权、后履行抗辩权和不安(先履行)抗辩权三种抗辩权。第六十六条规定了同时履行抗辩权,指在双务合同中应当同时履行的一方当事人有证据证明另一方当事人在同时履行的时间不能履行或不能适当履行,有拒绝其全部或相应的履行要求的权利。第六十七条规定了后履行抗辩权,指合同当事人互负债务,有先后履行顺序,先履行一方未履行的,后履行一方有权拒绝其履行要求。先履行一方履行债务不符合约定的,后履行一方有权拒绝其相应的履行要求。第六十八条、六十九条规定了不安抗辩权(又称先履行抗辩权),是指当事人互负债务,有先后履行顺序的,先履行的一方有确切证据证明另一方丧失履行债务能力时,在对方没有履行或者没有提供担保之前,有权中止合同履行的权利。设立不安抗辩权的目的,在于预防因后履行一方履行能力的变化给先履行一方造成损害,维护当事人权利义务关系的平衡。

第七十条 债权人分立、合并或者变更住所没有通知债务人,致使履行债务发生困难的,债务人可以中止履行或者将标的物提存。

第七十一条 债权人可以拒绝债务人提前履行债务,但提前履行不损害债权人利益的除外。债务人提前履行债务给债权人增加的费用,由债务人负担。

第七十二条 债权人可以拒绝债务人部分履行债务,但部分履行不损害债权人利益的除外。债务人部分履行债务给债权人增加的费用,由债务人负担。

第七十三条 因债务人怠于行使其到期债权,对债权人造成损害的,债权人可以向人民法院请求以自己的名义代位行使债务人的债权,但该债权专属于债务人自身的除外。

代位权的行使范围以债权人的债权为限。债权人行使代位权的必要费用,由债务人负担。

第七十四条 因债务人放弃其到期债权或者无偿转让财产,对债权人造成损害的,债权人可以请求人民法院撤销债务人的行为。债务人以明显不合理的低价转让财产,对债权人造成损害,并且受让人知道该情形的,债权人也可以请求人民法院撤销债务人的行为。

撤销权的行使范围以债权人的债权为限。债权人行使撤销权的必要费用,由债务人负担。

第七十五条 撤销权自债权人知道或者应当知道撤销事由之日起一年内行使。自债务人的行为发生之日起五年内没有行使撤销权的,该撤销权消灭。

第七十六条 合同生效后,当事人不得因姓名、名称的变更或者法定代表人、负责人、承办人的变动而不履行合同义务。

[解说] 第七十条至第七十六条是合同保全的规定。为防止因债务人的财产不当减少而给债权人的债权带来危害,法律允许债权人为保全其债权的安全实现而采取的法律措施,被称为合同的保全措施。保全措施包括债权人享有的代位权和撤销权两种。

保险合同中的债权保全方法也有相似的两种:代位和撤销。

在保险实务中,代位主要表现在两方面:①保险人对责任第三者:《保险法》第六十条规定,因第三者对保险标的造成损害,保险人自向被保险人赔偿保险金之日起,在赔偿金额范围内代位行使被保险人对第三者请求赔偿的权利。②事故第三者对保险人:《保险法》第六十五条规定,保险人对责任保险的被保险人给第三者造成的损害,可以依照法律的规定或者合同的约定,直接向该第三者赔偿保险金;被保险人怠于请求的,第三者有权就其应获赔偿部分直接向保险人请求赔偿保险金。

撤销:《保险法》第六十一条规定,保险人向被保险人赔偿保险金后,被保险人未经保险人同意放弃对第三者请求赔偿的权利的,该行为无效。

在保险实务中,交强险保险合同中也有与"提存"相近的特殊行为:交通事故死亡人员身份无法确认的,其交强险赔偿金由道路交通事故社会救助基金管理机构提存保管。

可以看到,保险合同在履行中是与《合同法》一致的,当然,保险合同在履行过程当中更加细化和具体。

五、合同的变更和转让

案例4-5:小张因为经济问题将自己用了一年的家用轿车转让给小李。作为好朋友,小张将还有半年有效期期限的交强险、商业三者险、车损险一并送给了小李,但小李忙于生意未及时到保险公司进行变更。一个月后,小李妻子将车挂靠在出租车公司搞运营。挂靠后第三天上路搭客时,该车撞到路旁小树导致车辆损失,维修费用花费3000元。小李向保险公司报案并索赔。请问,保险公司该如何处理?本案例涉及到保险合同的变更与转让。

第七十七条 当事人协商一致,可以变更合同。

法律、行政法规规定变更合同应当办理批准、登记等手续的,依照其规定。

第七十八条 当事人对合同变更的内容约定不明确的,推定为未变更。

[解说] 第七十七条和第七十八条是关于合同变更的规定。在合同的履行过程中,由于主、客观情况的变化,需要对双方的权利义务关系重新进行调整和规定时,合同当事人可以依法变更合同。合同的变更是指合同内容的变更,即合同成立后,当事人依照法律规定

的条件和程序,经协商一致,对原合同内容进行修改、补充或者完善。合同的变更是在合同的主体不改变的前提下对合同内容的变更,合同性质和标的性质并不改变。合同变更有一定的要件：

①当事人之间已存在合同关系；

②合同内容发生了变化；

③必须遵守法律的规定和当事人的约定。合同变更适用《合同法》关于要约、承诺的规定,双方经协商取得一致,并采用书面形式。如原合同是经过公证或鉴证的,变更后的合同应报原公证或鉴证机关备案。必要时应对变更的事实予以公证或鉴证；如原合同按照法律、行政法规的规定是经过有关部门批准、登记的,变更后仍应报原批准机关批准、登记。合同变更具有一定的法律后果：合同变更后,变更的内容就取代了原合同的内容,当事人应当按照变更后的内容履行合同,合同各方当事人均应受变更后的合同的约束。合同的变更不影响当事人要求赔偿损失的权利。因变更合同使当事人一方遭受损失的,除依法可以免除责任的以外,由责任方负责赔偿。

《保险法》第二十条规定,投保人和保险人可以协商变更合同内容。变更保险合同的,应当由保险人在保险单或者其他保险凭证上批注或者附贴批单,或者由投保人和保险人订立变更的书面协议。

第七十九条 债权人可以将合同的权利全部或者部分转让给第三人,但有下列情形之一的除外：(一)根据合同性质不得转让；(二)按照当事人约定不得转让；(三)依照法律规定不得转让。

第八十条 债权人转让权利的,应当通知债务人。未经通知,该转让对债务人不发生效力。

债权人转让权利的通知不得撤销,但经受让人同意的除外。

第八十一条 债权人转让权利的,受让人取得与债权有关的从权利,但该从权利专属于债权人自身的除外。

第八十二条 债务人接到债权转让通知后,债务人对让与人的抗辩,可以向受让人主张。

第八十三条 债务人接到债权转让通知时,债务人对让与人享有债权,并且债务人的债权先于转让的债权到期或者同时到期的,债务人可以向受让人主张抵销。

第八十四条 债务人将合同的义务全部或者部分转移给第三人的,应当经债权人同意。

第八十五条 债务人转移义务的,新债务人可以主张原债务人对债权人的抗辩。

第八十六条 债务人转移义务的,新债务人应当承担与主债务有关的从债务,但该从债务专属于原债务人自身的除外。

第八十七条 法律、行政法规规定转让权利或者转移义务应当办理批准、登记等手续的,依照其规定。

第八十八条 当事人一方经对方同意,可以将自己在合同中的权利和义务一并转让给第三人。

第八十九条 权利和义务一并转让的,适用本法第七十九条、第八十一条至第八十三条、第八十五条至第八十七条的规定。

第九十条 当事人订立合同后合并的,由合并后的法人或者其他组织行使合同权利,履行合同义务。当事人订立合同后分立的,除债权人和债务人另有约定的以外,由分立的法人或者其他组织对合同的权利和义务享有连带债权,承担连带债务。

[解说] 第七十九条至第九十条是关于合同转让的规定。根据合同权利义务转让的不同情况,可将合同转让分为合同权利的转让、合同义务的转让、合同权利义务的一并转让。

合同权利转让是指不改变合同权利的内容,由债权人将合同权利的全部或者部分转让给第三人的行为。债权人转让权利不需要经债务人同意,但应当通知债务人。未经通知,该转让对债务人不发生效力。合同权利全部转让的,原合同关系消灭,受让人取代原债权人的地位,成为新的债权人,原债权人脱离合同关系。合同权利部分转让的,受让人作为第三人加入到合同关系中,与原债权人共同享有债权。

合同义务转让是指在不改变合同义务的前提下,经债权人同意,债务人将合同的义务全部或者部分转让给第三人。

合同权利义务的一并转让是指当事人一方经对方同意,将自己在合同中的权利和义务一并转让给第三人的行为。合同关系的一方当事人将权利和义务一并转让时,必须征得原合同对方当事人的同意,还应当遵守相关法律的规定;法律、行政法规规定应当办理批准、登记手续的,还应当依照其规定办理。另外,当事人订立合同后发生合并、分立的,也可引起合同权利义务的转移。

而关于保险合同的转让,《保险法》规定:人身保险中,按照以死亡为给付保险金条件的合同所签发的保险单,未经被保险人书面同意,不得转让或者质押;财产保险中,《保险法》第四十九条规定,保险标的转让的,保险标的的受让人承继被保险人的权利和义务。保险标的转让的,被保险人或者受让人应当及时通知保险人并办理批改手续,但货物运输保险合同和另有约定的合同除外。被保险人、受让人未履行通知义务的,因转让导致保险标的危险程度显著增加而发生的保险事故,保险人不承担赔偿保险金的责任。

案例4-5中,小张将保险赠送给小李,小李继承由小张购买的车险的权利和义务,但是小李未及时通知保险公司也没有去保险公司对保险合同进行变更。转让的车的使用性质由家用变为运营用,保险标的危险程度明显增加,故保险公司可以拒绝赔偿。

六、合同的权利义务终止

第九十一条 有下列情形之一的,合同的权利义务终止:(一)债务已经按照约定履行;(二)合同解除;(三)债务相互抵销;(四)债务人依法将标的物提存;(五)债权人免除债务;(六)债权债务同归于一人;(七)法律规定或者当事人约定终止的其他情形。

第九十二条 合同的权利义务终止后,当事人应当遵循诚实信用原则,根据交易习惯履行通知、协助、保密等义务。

[解说] 以上两条规定了合同终止及终止后合同义务。合同终止是指依法生效的合同,因具备法定情形和当事人约定情形,合同债权、债务归于消灭,合同当事人双方终止合

同关系,合同的效力随之消灭。

而在保险活动中,保险合同的终止是指保险合同成立后,因法定的或约定的事由发生,使合同确定的当事人之间的权利和义务关系不再继续,法律效力完全灭失的事实。

①自然终止:即保险合同期限届满而终止。

②赔付终止:当保险人履行了赔偿或给付全部保险金义务后,如无特殊约定,即使保险期限仍未届满,合同即告终止。

③因保险合同主体行使合同解除权而终止。

第九十三条 当事人协商一致,可以解除合同。

当事人可以约定一方解除合同的条件。解除合同的条件成就时,解除权人可以解除合同。

第九十四条 有下列情形之一的,当事人可以解除合同:(一)因不可抗力致使不能实现合同目的;(二)在履行期限届满之前,当事人一方明确表示或者以自己的行为表明不履行主要债务;(三)当事人一方迟延履行主要债务,经催告后在合理期限内仍未履行;(四)当事人一方迟延履行债务或者有其他违约行为致使不能实现合同目的;(五)法律规定的其他情形。

第九十五条 法律规定或者当事人约定解除权行使期限,期限届满当事人不行使的,该权利消灭。

法律没有规定或者当事人没有约定解除权行使期限,经对方催告后在合理期限内不行使的,该权利消灭。

第九十六条 当事人一方依照本法第九十三条第二款、第九十四条的规定主张解除合同的,应当通知对方。合同自通知到达对方时解除。对方有异议的,可以请求人民法院或者仲裁机构确认解除合同的效力。

法律、行政法规规定解除合同应当办理批准、登记等手续的,依照其规定。

第九十七条 合同解除后,尚未履行的,终止履行;已经履行的,根据履行情况和合同性质,当事人可以要求恢复原状、采取其他补救措施,并有权要求赔偿损失。

[解说] 以上五条对合同的解除做出了规定。合同的解除,指合同有效成立后,当具备法律规定的合同解除条件时,因当事人一方或双方的意思表示而使合同关系归于消灭的行为。合同解除具有以下特征:

①合同的解除适用于合法有效的合同;

②合同解除必须具备法律规定的条件;

③合同的解除必须有解除的行为;

④合同解除使合同关系自始消灭或者向将来消灭。

关于保险合同的解除有两方面的:

①投保人的解除权:《保险法》第十五条规定,除本法另有规定或者保险合同另有约定外,保险合同成立后,投保人可以解除合同,保险人不得解除合同。保险法第五十条规定,货物运输保险合同和运输工具航程保险合同,保险责任开始后,合同当事人不得解除合同。

②保险人的解除权:《保险法》第十六条、第二十七条、第四十九条、第五十一条、第五十八条等都对保险人的解除权做出了规定,可参阅《保险法》。

第九十八条 合同的权利义务终止,不影响合同中结算和清理条款的效力。

第九十九条 当事人互负到期债务,该债务的标的物种类、品质相同的,任何一方可以将自己的债务与对方的债务抵销,但依照法律规定或者按照合同性质不得抵销的除外。

当事人主张抵销的,应当通知对方。通知自到达对方时生效。抵销不得附条件或者附期限。

第一百条 当事人互负债务,标的物种类、品质不相同的,经双方协商一致,也可以抵销。

第一百零一条 有下列情形之一,难以履行债务的,债务人可以将标的物提存:(一)债权人无正当理由拒绝受领;(二)债权人下落不明;(三)债权人死亡未确定继承人或者丧失民事行为能力未确定监护人;(四)法律规定的其他情形。

标的物不适于提存或者提存费用过高的,债务人依法可以拍卖或者变卖标的物,提存所得的价款。

第一百零二条 标的物提存后,除债权人下落不明的以外,债务人应当及时通知债权人或者债权人的继承人、监护人。

第一百零三条 标的物提存后,毁损、灭失的风险由债权人承担。提存期间,标的物的孳息归债权人所有。提存费用由债权人负担。

第一百零四条 债权人可以随时领取提存物,但债权人对债务人负有到期债务的,在债权人未履行债务或者提供担保之前,提存部门根据债务人的要求应当拒绝其领取提存物。

债权人领取提存物的权利,自提存之日起五年内不行使而消灭,提存物扣除提存费用后归国家所有。

第一百零五条 债权人免除债务人部分或者全部债务的,合同的权利义务部分或者全部终止。

第一百零六条 债权和债务同归于一人的,合同的权利义务终止,但涉及第三人利益的除外。

[解说] 以上九条是规定了以下内容:合同终止后有关事宜、法定抵销、约定抵销、提存条件、提存通知、提存效力、领取提存物的权利和期限、免除债务和债权债务混同等方面。合同的终止是多种原因和多种形式存在的,根据不同的情况有不同的处理方式,可以灵活而适用。

七、违约责任

第一百零七条 当事人一方不履行合同义务或者履行合同义务不符合约定的,应当承担继续履行、采取补救措施或者赔偿损失等违约责任。

第一百零八条 当事人一方明确表示或者以自己的行为表明不履行合同义务的,对方可以在履行期限届满之前要求其承担违约责任。

第一百零九条 当事人一方未支付价款或者报酬的,对方可以要求其支付价款或者报酬。

第一百一十条　当事人一方不履行非金钱债务或者履行非金钱债务不符合约定的,对方可以要求履行,但有下列情形之一的除外:(一)法律上或者事实上不能履行;(二)债务的标的不适于强制履行或者履行费用过高;(三)债权人在合理期限内未要求履行。

第一百一十一条　质量不符合约定的,应当按照当事人的约定承担违约责任。对违约责任没有约定或者约定不明确,依照本法第六十一条的规定仍不能确定的,受损害方根据标的的性质以及损失的大小,可以合理选择要求对方承担修理、更换、重作、退货、减少价款或者报酬等违约责任。

第一百一十二条　当事人一方不履行合同义务或者履行合同义务不符合约定的,在履行义务或者采取补救措施后,对方还有其他损失的,应当赔偿损失。

第一百一十三条　当事人一方不履行合同义务或者履行合同义务不符合约定,给对方造成损失的,损失赔偿额应当相当于因违约所造成的损失,包括合同履行后可以获得的利益,但不得超过违反合同一方订立合同时预见到或者应当预见到的因违反合同可能造成的损失。

经营者对消费者提供商品或者服务有欺诈行为的,依照《中华人民共和国消费者权益保护法》的规定承担损害赔偿责任。

[解说]　以上七条是明确了违约责任概念和表现形式。违约责任即违反合同的民事责任,是指合同当事人一方或双方不履行合同义务或者履行合同义务不符合约定时,依照法律规定或者合同约定所承担的法律责任。违约责任是合同具有法律约束力的集中体现,它对于约束当事人自觉履行合同,有效地预防违约行为发生,切实保障当事人的合法权益,维护正常的社会经济秩序,有着十分重要的作用。

根据违约行为违反义务的性质和特点,违约行为的表现形式主要有如下几种:

①预期违约,又称预期毁约或先期违约,是指在合同履行期限届满之前,一方当事人向对方明确表示将不履行合同义务,或者以自己的行为表示将不履行合同义务的行为。

②不履行,也称拒约履行,是指在合同履行期限届满时,当事人一方完全不履行自己的合同义务。它使对方当事人订立合同的目的完全不能实现,因此,它是性质和后果最严重的一种违约行为。对于这种违约行为,对方当事人有权直接解除合同,并要求违约方承担赔偿损失等违约责任。

③迟延履行,是指合同当事人违反合同规定的履行期限,造成履行在时间上迟延的行为。它包括债务人的给付迟延和债权人的受领迟延两种情况。

④不适当履行,是指债务人虽然履行了义务,但没有按合同规定的数量、质量、地点、方式等要求履行。

第一百一十四条　当事人可以约定一方违约时应当根据违约情况向对方支付一定数额的违约金,也可以约定因违约产生的损失赔偿额的计算方法。

约定的违约金低于造成的损失的,当事人可以请求人民法院或者仲裁机构予以增加;约定的违约金过分高于造成的损失的,当事人可以请求人民法院或者仲裁机构予以适当减少。

当事人就迟延履行约定违约金的,违约方支付违约金后,还应当履行债务。

[解说]　本条规定了违约金。违约金是指按照当事人的约定或者法律直接规定,一方

当事人违约的,应向另一方支付的金钱。违约金的标的物是金钱,但当事人也可以约定违约金的标的物为金钱以外的其他财产。违约金有法定违约金和约定违约金之分。由法律直接规定的违约金为法定违约金。

第一百一十五条 当事人可以依照《中华人民共和国担保法》约定一方向对方给付定金作为债权的担保。债务人履行债务后,定金应当抵作价款或者收回。给付定金的一方不履行约定的债务的,无权要求返还定金;收受定金的一方不履行约定的债务的,应当双倍返还定金。

[解说] 本条规定了定金责任。定金是债的一种担保方式,是指合同当事人一方为了担保合同的履行而预先向对方支付一定数额的金钱。

第一百一十六条 当事人既约定违约金,又约定定金的,一方违约时,对方可以选择适用违约金或者定金条款。

第一百一十七条 因不可抗力不能履行合同的,根据不可抗力的影响,部分或者全部免除责任,但法律另有规定的除外。当事人迟延履行后发生不可抗力的,不能免除责任。

本法所称不可抗力,是指不能预见、不能避免并不能克服的客观情况。

[解说] 本条规定了不可抗力。不可抗力指当事人订立合同时不可预见,它的发生不可避免,人力对其不可克服的自然灾害、战争等客观情况。不可抗力造成违约的,违约方没有过错,因此通常是免责的,除了法律另有规定的以外。

第一百一十八条 当事人一方因不可抗力不能履行合同的,应当及时通知对方,以减轻可能给对方造成的损失,并应当在合理期限内提供证明。

第一百一十九条 当事人一方违约后,对方应当采取适当措施防止损失的扩大;没有采取适当措施致使损失扩大的,不得就扩大的损失要求赔偿。

当事人因防止损失扩大而支出的合理费用,由违约方承担。

第一百二十条 当事人双方都违反合同的,应当各自承担相应的责任。

第一百二十一条 当事人一方因第三人的原因造成违约的,应当向对方承担违约责任。当事人一方和第三人之间的纠纷,依照法律规定或者按照约定解决。

[解说] 以上四条规定了违约责任与侵权责任的竞合。它是指当事人一方的违约行为同时导致了违约责任和侵权责任的成立。当事人一方违约后,当然应承担违约责任。同时,由于违约行为可能给对方当事人造成人身、财产上的损害,也会产生侵权责任的问题。这就出现了违约责任与侵权责任的竞合。在违约责任与侵权责任竞合的情况下,由于两者都以赔偿损失为主要内容,因此受损害方不能提出双重要求,只能择一适用。

第一百二十二条 因当事人一方的违约行为,侵害对方人身、财产权益的,受损害方有权选择依照本法要求其承担违约责任或者依照其他法律要求其承担侵权责任。

[解说] 参考本章条文,可以对照保险合同中关于违约责任的规定。目前来看,我国实行的保险制度特别机动车保险是强制保险和商业自愿保险并举,因而,关于保险合同的违约责任可以从两方面分析。

①强制保险:以机动车交通事故责任强制保险为例,《机动车交通事故责任强制保险条例》规定,保险公司不得解除机动车交通事故责任强制保险合同,投保人不得解除机动车交通事故责任强制保险合同,但有些情形除外,详见:学习单元二"交通事故责任强制保险"。

②商业自愿保险：在商业自愿保险中，除货物运输保险合同和运输工具航程保险合同，保险责任开始后，合同当事人不得解除合同外，其他保险投保人一般可以随时解除合同即退保。

③保险合同中对于防止损失扩大义务的要求：《保险法》第五十七条要求，保险事故发生时，被保险人应当尽力采取必要的措施，防止或者减少损失。保险公司还要求在保险事故发生后48小时内通知保险人。故意或者因重大过失未及时通知，致使保险事故的性质、原因、损失程度等难以确定的，保险人对无法确定的部分，不承担赔偿责任，但保险人通过其他途径已经及时知道或者应当及时知道保险事故发生的除外。

八、其他规定

第一百二十三条 其他法律对合同另有规定的，依照其规定。

第一百二十四条 本法分则或者其他法律没有明文规定的合同，适用本法总则的规定，并可以参照本法分则或者其他法律最相类似的规定。

第一百二十五条 当事人对合同条款的理解有争议的，应当按照合同所使用的词句、合同的有关条款、合同的目的、交易习惯以及诚实信用原则，确定该条款的真实意思。

合同文本采用两种以上文字订立并约定具有同等效力的，对各文本使用的词句推定具有相同含义。各文本使用的词句不一致的，应当根据合同的目的予以解释。

第一百二十六条 涉外合同的当事人可以选择处理合同争议所适用的法律，但法律另有规定的除外。涉外合同的当事人没有选择的，适用与合同有最密切联系的国家的法律。

在中华人民共和国境内履行的中外合资经营企业合同、中外合作经营企业合同、中外合作勘探开发自然资源合同，适用中华人民共和国法律。

第一百二十七条 工商行政管理部门和其他有关行政主管部门在各自的职权范围内，依照法律、行政法规的规定，对利用合同危害国家利益、社会公共利益的违法行为，负责监督处理；构成犯罪的，依法追究刑事责任。

第一百二十八条 当事人可以通过和解或者调解解决合同争议。

当事人不愿和解、调解或者和解、调解不成的，可以根据仲裁协议向仲裁机构申请仲裁。涉外合同的当事人可以根据仲裁协议向中国仲裁机构或者其他仲裁机构申请仲裁。当事人没有订立仲裁协议或者仲裁协议无效的，可以向人民法院起诉。当事人应当履行发生法律效力的判决、仲裁裁决、调解书；拒不履行的，对方可以请求人民法院执行。

第一百二十九条 因国际货物买卖合同和技术进出口合同争议提起诉讼或者申请仲裁的期限为四年，自当事人知道或者应当知道其权利受到侵害之日起计算。因其他合同争议提起诉讼或者申请仲裁的期限，依照有关法律的规定。

［解说］本章共七条，是对关于其他法律对合同另有规定应如何适用法律、对无名合同如何适用法律、合同条款发生争议或者词句不一致的解释、涉外合同法律适用、对合同监督处理、对合同争议处理方式以及对国际货物买卖和技术进出口合同争议提起诉讼或者申请仲裁的期限的规定。

分　　则（节选）

九、委托合同

第三百九十六条　委托合同是委托人和受托人约定，由受托人处理委托人事务的合同。

第三百九十七条　委托人可以特别委托受托人处理一项或者数项事务，也可以概括委托受托人处理一切事务。

第三百九十八条　委托人应当预付处理委托事务的费用。受托人为处理委托事务垫付的必要费用，委托人应当偿还该费用及其利息。

第三百九十九条　受托人应当按照委托人的指示处理委托事务。需要变更委托人指示的，应当经委托人同意；因情况紧急，难以和委托人取得联系的，受托人应当妥善处理委托事务，但事后应当将该情况及时报告委托人。

第四百条　受托人应当亲自处理委托事务。经委托人同意，受托人可以转委托。转委托经同意的，委托人可以就委托事务直接指示转委托的第三人，受托人仅就第三人的选任及其对第三人的指示承担责任。转委托未经同意的，受托人应当对转委托的第三人的行为承担责任，但在紧急情况下受托人为维护委托人的利益需要转委托的除外。

第四百零一条　受托人应当按照委托人的要求，报告委托事务的处理情况。委托合同终止时，受托人应当报告委托事务的结果。

第四百零二条　受托人以自己的名义，在委托人的授权范围内与第三人订立的合同，第三人在订立合同时知道受托人与委托人之间的代理关系的，该合同直接约束委托人和第三人，但有确切证据证明该合同只约束受托人和第三人的除外。

第四百零三条　受托人以自己的名义与第三人订立合同时，第三人不知道受托人与委托人之间的代理关系的，受托人因第三人的原因对委托人不履行义务，受托人应当向委托人披露第三人，委托人因此可以行使受托人对第三人的权利，但第三人与受托人订立合同时如果知道该委托人就不会订立合同的除外。

受托人因委托人的原因对第三人不履行义务，受托人应当向第三人披露委托人，第三人因此可以选择受托人或者委托人作为相对人主张其权利，但第三人不得变更选定的相对人。

委托人行使受托人对第三人的权利的，第三人可以向委托人主张其对受托人的抗辩。第三人选定委托人作为其相对人的，委托人可以向第三人主张其对受托人的抗辩以及受托人对第三人的抗辩。

第四百零四条　受托人处理委托事务取得的财产，应当转交给委托人。

第四百零五条　受托人完成委托事务的，委托人应当向其支付报酬。因不可归责于受托人的事由，委托合同解除或者委托事务不能完成的，委托人应当向受托人支付相应的报酬。当事人另有约定的，按照其约定。

第四百零六条 有偿的委托合同,因受托人的过错给委托人造成损失的,委托人可以要求赔偿损失。无偿的委托合同,因受托人的故意或者重大过失给委托人造成损失的,委托人可以要求赔偿损失。

受托人超越权限给委托人造成损失的,应当赔偿损失。

第四百零七条 受托人处理委托事务时,因不可归责于自己的事由受到损失的,可以向委托人要求赔偿损失。

第四百零八条 委托人经受托人同意,可以在受托人之外委托第三人处理委托事务。因此给受托人造成损失的,受托人可以向委托人要求赔偿损失。

第四百零九条 两个以上的受托人共同处理委托事务的,对委托人承担连带责任。

第四百一十条 委托人或者受托人可以随时解除委托合同。因解除合同给对方造成损失的,除不可归责于该当事人的事由以外,应当赔偿损失。

第四百一十一条 委托人或者受托人死亡、丧失民事行为能力或者破产的,委托合同终止,但当事人另有约定或者根据委托事务的性质不宜终止的除外。

第四百一十二条 因委托人死亡、丧失民事行为能力或者破产,致使委托合同终止将损害委托人利益的,在委托人的继承人、法定代理人或者清算组织承受委托事务之前,受托人应当继续处理委托事务。

第四百一十三条 因受托人死亡、丧失民事行为能力或者破产,致使委托合同终止的,受托人的继承人、法定代理人或者清算组织应当及时通知委托人。因委托合同终止将损害委托人利益的,在委托人作出善后处理之前,受托人的继承人、法定代理人或者清算组织应当采取必要措施。

[解说] 本章条文包含以下内容:委托合同的定义、委托人的权利和义务、委托合同中的第三人法律权利、受托人的权利和义务、多重委托和委托合同的存续等。

委托合同在保险实务中的运用:

①保险代理人是根据保险人的委托,向保险人收取佣金,并在保险人授权的范围内代为办理保险业务的机构或者个人。可以看出,委托合同主要体现在保险代理关系,其中保险人为保险代理合同的委托人,保险代理人为受托人。

②保险代理人的法律担当:《保险法》第一百二十六条规定,保险人委托保险代理人代为办理保险业务,应当与保险代理人签订委托代理协议,依法约定双方的权利和义务。第一百二十七条规定,保险代理人根据保险人的授权代为办理保险业务的行为,由保险人承担责任。保险代理人没有代理权、超越代理权或者代理权终止后以保险人名义订立合同,使投保人有理由相信其有代理权的,该代理行为有效。保险人可以依法追究越权的保险代理人的责任。

当然,保险公司委托公估公司代位调查或查勘定损,也是属于委托合同的一种。

十、行纪合同和居间合同

第四百一十四条 行纪合同是行纪人以自己的名义为委托人从事贸易活动,委托人支付报酬的合同。

第四百一十五条 行纪人处理委托事务支出的费用,由行纪人负担,但当事人另有约定的除外。

第四百一十六条 行纪人占有委托物的,应当妥善保管委托物。

第四百一十七条 委托物交付给行纪人时有瑕疵或者容易腐烂、变质的,经委托人同意,行纪人可以处分该物;和委托人不能及时取得联系的,行纪人可以合理处分。

第四百一十八条 行纪人低于委托人指定的价格卖出或者高于委托人指定的价格买入的,应当经委托人同意。未经委托人同意,行纪人补偿其差额的,该买卖对委托人发生效力。

行纪人高于委托人指定的价格卖出或者低于委托人指定的价格买入的,可以按照约定增加报酬。没有约定或者约定不明确,依照本法第六十一条的规定仍不能确定的,该利益属于委托人。

委托人对价格有特别指示的,行纪人不得违背该指示卖出或者买入。

第四百一十九条 行纪人卖出或者买入具有市场定价的商品,除委托人有相反的意思表示的以外,行纪人自己可以作为买受人或者出卖人。

行纪人有前款规定情形的,仍然可以要求委托人支付报酬。

第四百二十条 行纪人按照约定买入委托物,委托人应当及时受领。经行纪人催告,委托人无正当理由拒绝受领的,行纪人依照本法第一百零一条的规定可以提存委托物。

委托物不能卖出或者委托人撤回出卖,经行纪人催告,委托人不取回或者不处分该物的,行纪人依照本法第一百零一条的规定可以提存委托物。

第四百二十一条 行纪人与第三人订立合同的,行纪人对该合同直接享有权利、承担义务。

第三人不履行义务致使委托人受到损害的,行纪人应当承担损害赔偿责任,但行纪人与委托人另有约定的除外。

第四百二十二条 行纪人完成或者部分完成委托事务的,委托人应当向其支付相应的报酬。委托人逾期不支付报酬的,行纪人对委托物享有留置权,但当事人另有约定的除外。

第四百二十三条 本章没有规定的,适用委托合同的有关规定。

第四百二十四条 居间合同是居间人向委托人报告订立合同的机会或者提供订立合同的媒介服务,委托人支付报酬的合同。

第四百二十五条 居间人应当就有关订立合同的事项向委托人如实报告。

居间人故意隐瞒与订立合同有关的重要事实或者提供虚假情况,损害委托人利益的,不得要求支付报酬并应当承担损害赔偿责任。

第四百二十六条 居间人促成合同成立的,委托人应当按照约定支付报酬。对居间人的报酬没有约定或者约定不明确,依照本法第六十一条的规定仍不能确定的,根据居间人的劳务合理确定。因居间人提供订立合同的媒介服务而促成合同成立的,由该合同的当事人平均负担居间人的报酬。

居间人促成合同成立的,居间活动的费用,由居间人负担。

第四百二十七条 居间人未促成合同成立的,不得要求支付报酬,但可以要求委托人支付从事居间活动支出的必要费用。

[解说] 本章条文包含以下内容:行纪合同的定义、行纪人的权利和义务、行纪人的法律担当、行纪合同关于第三人的规定;居间合同的定义、居间人的权利和义务。

行纪合同和居间合同虽然具有一定的差异性,但也有极大的相似之处,故在保险实务中特殊的体现:

①保险经纪人的定义:保险经纪人是基于投保人的利益,为投保人与保险人订立保险合同提供中介服务,并依法收取佣金的机构。从定义可以看出,保险经纪人是一种媒介,故其受居间合同的约束。

②《保险法》第一百二十八条规定,保险经纪人因过错给投保人、被保险人造成损失的,依法承担赔偿责任。从保险经纪人的法律担当和对第三人的责任来看,保险经纪又属于行纪合同所管辖的范围。

综上所述,保险经纪合同有居间合同和行纪合同的影子,是合同中的一种特殊形式。

2010年3月28日,祁某作为被保险人向某财产保险公司投保了交强险和主要的商业车险,保险公司同意承保并向其出具保单,但祁某未交保险费。2010年3月31日,祁某雇佣的驾驶员任某驾驶标的车,途中不慎撞到石头,造成本车损坏。请问,保险公司是否应该赔偿?

本案例的关键点在于区分合同的效力问题。

祁某与某保险公司订立的保险合同,系双方当事人真实意思表示,且未违反有关法律法规的强制性规定,应为有效合同。双方当事人均应依约履行各自义务。保险事故发生后,保险公司应依保险合同的约定赔偿祁某保险金,尽管祁某未缴纳保险费。其理由如下:保险合同是诺成性合同,保险合同成立与否,取决于双方当事人是否就合同的条款达成一致意见,只要达成了一致,合同即告成立,尽管《保险法》第十四条规定"保险合同成立后,投保人按照约定交付保险费;保险人按照约定的时间开始承担保险责任",但是,应当注意的是,保险费的支付是保险合同约定的投保人在合同成立后所应履行的义务,是合同成立的结果,而非合同成立的条件,支付保险费的义务,在合同成立之前是不存在的。所以本案中,保险公司应该赔偿祁某的损失,但可以扣减客户应交的保险费。

未交费却承保,甚至保险费收不回来,于是形成保险公司的呆账、坏账,是保险公司前几年车险业务亏损的重要原因,也加重了全体投保人的负担。为杜绝未交保险费却承保的情况,保监会现已要求"见费出单",即要求保险公司在收到保险费后才能承保,订立保险合同。

学习单元5　民法通则条款

学习目标

1. 描述民法通则的立法目的、基本原则；
2. 运用有关公民与法人的规定分析判断汽车保险案件；
3. 运用民事法律行为和代理的规定分析判断汽车保险案件；
4. 运用民事权利与民事责任的规定分析判断汽车保险案件；
5. 规范自身在保险业务中的民事行为。

学习时间

4学时

一、民法通则基本原则

1　民法基本原则概念和意义

民法基本原则是指民事立法、民事司法与民事活动的基本准则。

民法基本原则是民事立法的指导方针；是一切民事主体均应遵循的行为准则；是解释民事法律法规的依据；是补充法律漏洞，发展学说判例的基础。

2　我国民法的基本原则

（1）自愿原则

自愿原则是指民事主体可以根据自己的意愿设立、变更或终止民事法律关系，他人不得非法干预。双方和多方的民事行为内容及形式由当事人自愿协商。（民法通则第4条）

（2）平等原则

平等原则主要是指民事主体资格平等、地位平等、平等地享有权利及承担义务、民事权益平等地受法律保护。（民法通则第3条）

（3）民事权益受保护原则

该原则主要是指民事主体的合法的民事权益受法律保护，任何组织和个人不得侵犯。（民法通则第5条）

(4) 公平原则

公平原则是指民法在规范民事主体的权利、义务与责任的承担上，体现公平原则，兼顾各方当事人的利益。（民法通则第4条）

(5) 诚实信用原则

诚实信用原则简称诚信原则，这一原则要求民事活动的当事人在行使权利和履行义务时，应当遵循诚实信用的道德准则。其主要体现为：民事主体行使民事权利，与他人设立、变更或消灭民事法律关系，均应诚实，不作假，不欺诈，不损害他人利益和社会利益；民事主体应恪守信用，履行义务；法官及仲裁员在处理案件时应贯彻诚实信用原则。（民法通则第7条）

(6) 公序良俗原则

公序良俗原则是指民事主体的行为应当遵守公共秩序，符合善良风俗，不得违反国家的公共秩序和社会的一般道德。（民法通则第7条）

(7) 禁止权利滥用原则

禁止权利滥用原则是指民事主体在行使一切民事权利时不得超过权利的正当界限，行使权利超过了正当的界限，就构成权利滥用，应依法承担相应的侵权责任。（民法通则第7条）

二、有关公民与法人的法律规定

1 公民（自然人）

1) 自然人的概念

自然人是指基于自然规律出生的人。

2) 自然人的民事权利能力

(1) 自然人民事权利能力的概念和特征

自然人民事权利能力是指自然人依法享有民事权利和承担民事义务的资格。

自然人民事权利能力具有统一性、平等性、广泛性三个特征。

(2) 自然人民事权利能力的开始和终止

根据民法通则第9条的规定，自然人从出生时起到死亡时止，具有民事权利，承担民事义务。因此自然人民事权利能力始于出生终于死亡（包括生理死亡和宣告死亡）。

3) 自然人的民事行为能力

(1) 民事行为能力的概念和特征

民事行为能力是指自然人能以自己的行为取得民事权利、承担民事义务的资格。民法通则根据年龄、智力和精神健康状况将自然人的民事行为能力分为三类：完全民事行为能力人、限制民事行为能力人、无民事行为能力人。

(2) 完全民事行为能力

根据民法通则第11条第1款规定，18周岁以上的自然人是成年人，具有完全民事行为能力，可以独立进行民事活动，是完全民事行为能力人。

根据民法通则第11条第2款规定，16周岁以上不满18周岁的公民，以自己的劳动收入为主要收入来源的，视为完全民事行为能力人。所谓能以自己的劳动收入为主要收入来源是指能够以自己的劳动取得收入,并能维持当地群众一般生活水平的。

(3)限制民事行为能力

根据民法通则第12条第1款规定,10周岁以上的未成年人是限制民事行为能力人,可以进行与他的年龄、智力相适应的民事活动,其他民事活动由他的法定代理人代理,或者征得他的法定代理人的同意。10周岁以上的未成年人进行的民事活动是否与其年龄、智力状况相适应,可以从行为与本人生活相关联的程度、本人的智力能否理解其行为、并预见相应的行为后果、以及行为标的数额等方面认定。

根据民法通则第13条第2款规定,不能完全辨认自己行为的精神病人是限制民事行为能力人,可以进行与他的精神健康状况相适应的民事活动,其他民事活动由他的法定代理人代理,或者征得他的法定代理人的同意。不能完全辨认自己行为的精神病人是指对于比较复杂的事务或者比较重大的行为缺乏判断能力和自我保护能力,并且不能预见其行为后果的人。不能完全辨认自己行为的精神病人进行的民事活动是否与其精神健康状况相适应,可以从行为与本人生活相关联程度、本人的精神状态能否理解其行为、并预见相应的行为后果以及行为标的数额等方面认定。

(4)无民事行为能力

根据民法通则第12条第2款规定,不满10周岁的未成年人是无民事行为能力人,由他的法定代理人代理民事活动。

根据民法通则第13条第1款规定,不能辨认自己行为的精神病人是无民事行为能力人,由他的法定代理人代理民事活动。精神病人(包括痴呆症人)如果没有判断能力和自我保护能力,不知其行为后果的,可以认定为不能辨认自己行为的人。

2 法人

(1)法人的概念和特征

法人是指具有民事权利能力和民事行为能力,依法独立享有民事权利和承担民事义务的组织。

法人的特征:法人是社会组织;法人是具有民事权利能力和民事行为能力的社会组织;法人是依法独立享有民事权利和承担民事义务的组织。

(2)法人应当具备的条件

法人应当具备的条件:依法成立;有必要的财产和经费;有自己的名称、组织机构和场所;能够独立承担民事责任。

(3)法人的分类(掌握法人分类的依据、分类意义和差别)

①公法人与私法人:以设立法人的目的为标准进行区分,公法人是指以社会公共利益为目的而设立的法人,私法人是以私人利益为目的而设立的法人。

②社团法人与财团法人:以法人成立的基础为标准进行区分。

③营利法人与公益法人:根据法人成立或活动的目的不同,法人可以分为营利法人与公益法人。

④本国法人与外国法人:根据法人的国籍可以分为本国法人和外国法人。

⑤企业法人、机关法人、事业单位法人与社会团体法人:民法通则将法人分为企业法

人、机关法人、事业单位法人与社会团体法人。

企业法人是指以营利为目的,独立从事商品生产和经营活动的法人。

机关法人是指依法享有行政权力,并因行使职权的需要而具有相应的民事权利能力和民事行为能力的国家机关。

事业单位法人是指为了社会公益事业目的,从事文化、教育、卫生、体育、新闻等公益事业的单位。

社会团体法人是指自然人或法人自愿组成,为实现会员共同意愿,按照其章程开展活动的非营利性社会组织。

(4)法人的权利能力、行为能力及责任能力

案例 5-1：

原告:新华卷烟厂

被告:华光机械厂

被告:蒋某,男,44 岁,华光机械厂汽车驾驶员

原告新华卷烟厂与被告华光机械厂议定,由被告单位的汽车队为原告单位承运香烟,双方签订了合同。合同期间内某日,华光机械厂汽车驾驶员蒋某在新华卷烟厂装运 360 箱香烟去江南县烟草公司。次日凌晨一时许,在临江县城郊六公里处发生翻车事故,香烟抛散,当时天下大雨,造成损失。随车押运员当即电话告知新华卷烟厂和华光机械厂,两个单位都派人到现场共同处理翻车事故。经清点,车上货物共计损失 13000 元。华光机械厂未为该车香烟办理"车上货物责任保险"。新华卷烟厂便要求华光机械厂赔偿。华光机械厂则以"我厂与驾驶员已签订了机动车辆承包合同,一切损失均由驾驶员负责"等为由,拒绝承担赔偿责任。

此案经某市人民法院审理确认,新华卷烟厂是与华兴机械厂签订的运输合同,驾驶员是执行者,驾驶员在运输中发生事故应由华兴机械厂负责赔偿。据此,判决被告华光机械厂赔偿卷烟厂损失 13000 元。

[问题] 本案应由谁承担赔偿责任?

[案例解析] 本案原告新华卷烟厂的财产损失为被告华光机械厂驾驶员蒋某在承运途中造成翻车事故所致,而驾驶员蒋某驾驶汽车运货,是根据原告和被告双方签订的运输合同进行的。对于被告华光机械厂来说,驾驶员运输货物,属于进行法人业务范围内的经营活动,该行为应该看成是华光机械厂的行为。因为法人对外的民事活动都是通过其工作人员进行的,权利义务都由法人承担。工作人员在经营活动中给他人造成损失,应由法人承担民事责任,而不应由从事经营活动的工作人员承担民事责任。在正常情况下,这种损失由法人负责赔偿是没有疑问的。但本案的问题在于,华光机械厂将汽车承包给本单位的职工之后,对于承包人蒋某在承运中翻车造成他人损害,华光机械厂还是否应承担赔偿责任。根据民法通则第四十三条关于"企业法人对它的法定代表人和其他工作人员的经营活动,承担民事责任"的规定精神,我们认为,企业内部的承包,包括承包给本企业的职工或者外单位的职工乃至其他公民,仅仅是企业的经营方式问题,是发包人(企业单位)与承包人的内部关系问题,在外部关系上,仍然是以发包人(企业单位)的名义进行民事活动。因此,华光机械厂以"承包"为由,拒绝承担赔偿责任是不能成立的,原审法院判决由华光机械厂

承担民事责任是正确的。

需要说明的是,本案实为运输合同履行中的纠纷,而该运输合同是以新华卷烟厂为一方当事人,以华光机械厂为另一方当事人的。因此,原告新华卷烟厂只能以华光机械厂为被告向人民法院起诉。而蒋某仅是合同一方的实施者,他仅对华光机械厂负责,因而原审法院将蒋某也列为被告是值得商榷的。蒋某和华光机械厂存在行政隶属关系,翻车事故所致损失又是由蒋某的行为造成的,案件的处理结果同蒋某存在着法律上的利害关系,因而蒋某在诉讼中处于无独立请求权的第三人的地位,将蒋案列为第三人是正确的。

法人的民事权利能力和民事行为能力从法人成立时产生,到法人终止时消灭。

①法人的民事权利能力:法人的权利能力不同于自然人的民事权利能力,受到自然性质、法规、法人目的的限制。

②法人的民事行为能力:法人的民事行为能力是指法人能以自己的行为取得民事权利和承担民事义务的资格。法人的民事行为能力受其经营范围的限制。

③法人的民事责任能力:法人的民事责任能力是指法人对自己的侵权行为承担民事责任的能力或资格。

(5)法人的变更、终止和清算

①法人的变更,是指法人在存续期内,法人组织上分立、合并以及在活动宗旨、业务范围上的变化。法人变更的类型一般包括法人的合并、法人分立、组织形式的变更以及法人其他重要事项的变更。

②法人的终止,是指法人丧失民事主体资格,其民事权利能力和民事行为能力终止。

根据民法通则第45条的规定,法人终止的原因有:依法被撤销;自行解散;依法被宣告破产;其他原因,如法人的合并、分立等。

③法人的清算,是指清理将终止的法人的财产,了结其作为当事人的法律关系,从而使法人归于消灭的必经程序。清算中的法人与清算前的法人具有同一人格,只是其民事权利能力与民事行为能力受清算目的的限制而已。

三、有关民事法律行为和代理的法律规定

1 民事法律行为

(1)民事法律行为的概念和特征

民事法律行为的概念:根据民法通则第54条规定,民事法律行为是指自然人或法人设立、变更、终止民事权利和民事义务的合法行为。

民事法律行为的特征:

①民事法律行为应是民事主体实施的以发生民事法律后果为目的的行为;

②民事法律行为应是以意思表示为构成要素的行为;

③民事法律行为应是合法行为。

(2)民事法律行为的分类

①以民事法律行为人数的多寡为标准,可以将民事法律行为分为单方行为、双方行为以及共同行为。

②以民事法律行为的成立是否必须依照某种特定的形式为标准,可以将民事法律行为分为要式行为和不要式行为。

③以民事法律行为有无对价为标准,可以将民事法律行为分为有偿行为和无偿行为。

④以民事法律行为于意思表示之外是否还必须交付实物为标准,可以将民事法律行为分成诺成行为和实践行为。

⑤根据民事法律行为与原因的关系,民事法律行为可分为有因行为和无因行为。

⑥以民事法律行为内容上的主从关系为标准,可以将民事法律行为划分为主行为和从行为。

(3)民事法律行为的成立要件

一般成立要件:一般认为民事法律行为成立的要件是:①当事人;②意思表示;③标的。

特殊成立要件:民事法律行为的特殊成立要件是指成立某一具体的民事行为,除须具备一般条件外,还须具备的其他特殊事实要素。

(4)民事法律行为的一般生效要件

①当事人具有相应的民事行为能力;

②意思表示真实;

③标的须合法;

④标的须可能和确定;

⑤不违反公共秩序、善良风俗以及法律的禁止性规定。

(5)民事法律行为的特别生效要件

①附条件民事法律行为。条件是指当事人以将来客观上不确定的事实作为决定法律行为效力的附款。附条件的法律行为是指在民事法律行为中规定一定的条件,并以该条件的成就或者不成就作为确定行为发生法律效力或者失去法律效力的根据的民事法律行为。

所附条件的特征:

a.应是将来发生的事实;

b.应是不确定的事实;

c.应是由行为人约定的事实;

d.应是合法的事实。

附条件民事法律行为的分类:

a.附停止条件的民事法律行为,是指民事法律行为要在条件成就时才能发生法律效力;

b.附解除条件的民事法律行为,是指民事法律行为在条件成就时丧失法律效力。

②附期限民事法律行为。期限是指当事人以将来确定发生的事实作为决定法律行为效力的附款。附期限的法律行为是指在民事法律行为中规定一定的期限,并以该期限的到来作为确定行为效力发生或消灭的根据的民事法律行为。

③所附期限的特征。期限与条件既有相同之处,又有不同的特点。相同之处在于两者都是对民事法律行为效力的某种限制,都是期待中的未来事实。不同之处在于:期限是确定的、将来一定能到来的;而条件则属将来是否发生不确定的事实。

④附期限民事法律行为的分类:

a. 附始期的法律行为。决定法律行为发生效力的期限为始期；
　　b. 附终期的法律行为。决定法律行为失去效力的期限为终期。
　（6）民事法律行为的形式要件
　　①书面形式；
　　②推定形式；
　　③沉默形式。
　（7）无效民事行为
　　①无效民事行为的概念。无效民事行为是指欠缺民事法律行为的生效要件，不发生行为人预期的法律效力的民事行为。
　　②无效民事行为的种类：
　　a. 无民事行为能力人实施的民事行为，限制行为能力人实施的其依法不能独立实施的民事行为；
　　b. 一方以欺诈、胁迫的手段订立合同，损害国家利益的行为；
　　c. 以合法形式掩盖非法目的的法律行为；
　　d. 损害社会公共利益的民事行为；
　　e. 违反法律、行政法规的强制性规定的民事行为。
　（8）效力未定的民事行为
　　①效力未定的民事行为的概念：效力未定的民事行为是指效力是否发生尚未确定，有待于其他行为使其确定的民事行为。
　　②效力未定的民事行为的种类：
　　a. 限制民事行为能力人订立的其依法不能独立订立的合同；
　　b. 无权处分行为；
　　c. 无权代理行为。
　（9）可撤销的民事行为。
　　①可撤销的民事行为的概念。可撤销的民事行为的概念是指行为人的意思与表示不一致及意思表示不自由，导致非真实的意思表示，法律并不使之归于绝对无效，而是权衡当事人的利害关系，赋予表意人撤销权的民事行为。
　　②可撤销的民事行为的种类：
　　a. 重大误解的民事行为；
　　b. 显失公平的民事行为；
　　c. 一方以欺诈、胁迫的手段订立合同，没有损害国家利益的民事行为；
　　d. 乘人之危订立的合同。

2　代理

　（1）代理的概念和特征
　　①代理的概念。代理是指代理人在代理权限内，以被代理人的名义实施民事法律行为，而行为的后果由被代理人承担。
　　②代理的法律特征：

a. 代理人在代理权限之内实施代理行为；
　　b. 代理人以被代理人的名义实施代理行为；
　　c. 代理行为是具有法律意义的行为；
　　d. 代理行为直接对被代理人发生效力。
　（2）代理权的发生（主要掌握三种代理权发生的不同依据）
　①委托代理。委托代理是指代理人按照被代理人的委托而进行的代理。
　　a. 授权行为。授权行为是以发生代理权为目的的单方行为。
　　b. 授权委托书。民法通则第65条规定，民事法律行为的委托代理，可以用书面形式，也可以用口头形式，法律规定用书面形式的，应当用书面形式。
　　书面委托代理的授权委托书应当载明代理人的姓名或者名称、代理事项、权限和期间，并由委托人签名和盖章。
　　委托书授权不明的，被代理人应当向第三人承担民事责任，代理人负连带责任。
　　c. 委托代理关系与基础法律关系。委托代理关系一般产生于代理人与被代理人之间存在的基础法律关系之上，这种法律关系可以是劳动合同关系，也可以是委托合同关系。
　　d. 代理权的范围。代理权的范围是指代理人在何种范围内为意思表示和受领意思表示，其效力及于被代理人。
　②法定代理。法定代理是指根据法律的直接规定而发生的代理关系。如民法通则第14条规定，无民事行为能力人、限制民事行为能力人的监护人是他们的法定代理人。
　③指定代理。指定代理是指代理人根据人民法院或者指定机关的指定而进行的代理。如民法通则第16条规定，有权为未成年人指定监护人的机关是人民法院；未成年人父母所在单位；未成年人住所地的居民委员会或者村民委员会。
　（3）代理权的行使（尤其要注意代理人违反代理义务须承担的责任）
　①代理人的义务。代理人应积极地行使代理权，尽勤勉和谨慎的义务。
　代理人违反义务须承担的责任：
　　a. 代理人不履行职责而给被代理人造成损害的，应当承担民事责任；
　　b. 代理人和第三人串通，损害被代理人的利益的，由代理人和第三人负连带责任。
　②代理权的限制。代理人应在代理权限范围内行使代理权，不得无权代理。
　（4）复代理
　代理人应亲自行使代理权，不得任意转托他人代理。但在委托代理中，委托代理人为被代理人的利益需要转托他人代理的，应当事先取得被代理人的同意。事先没有取得被代理人同意的，应当在事后及时告诉被代理人，如果被代理人不同意，由代理人对自己所转托的人的行为负民事责任，但在紧急情况下，为了保护被代理人的利益而转托他人代理的除外。（民通第68条）
　委托代理人转托他人代理的，如果因委托代理人转托不明，给第三人造成损失的，第三人可以直接要求被代理人赔偿损失，被代理人承担民事责任后，可以要求委托代理人赔偿损失，转托代理人有过错的，应当负连带责任。
　（5）代理权消灭的原因
　①委托代理的消灭。委托代理的消灭原因包括：

a. 代理期间届满或者代理事务完成；
b. 被代理人取消委托或者代理人辞去委托；
c. 代理人死亡；
d. 代理人丧失民事行为能力；
e. 作为被代理人或者代理人的法人终止。
②法定代理和指定代理的终止。法定代理和指定代理终止的原因包括：
a. 被代理人取得或恢复民事行为能力；
b. 被代理人死亡或者代理人死亡或者代理人丧失民事行为能力；
c. 指定代理的人民法院或者指定机关取消指定；
d. 其他原因，如监护人被取消监护资格。

(6) 无权代理

①无权代理的概念。无权代理是指行为人没有代理权、超越代理权或者代理权终止后，以被代理人的名义实施的行为。学理上一般将无权代理区分为狭义的无权代理和表见代理。

②狭义无权代理。狭义无权代理是指行为人既没有代理权，也没有令第三人相信其有代理权的事实或理由，而以本人的名义所为的代理。

狭义无权代理的情形包括行为人自始没有代理权；行为人超越代理权；代理权终止后的代理。

狭义无权代理属于效力待定行为。无权代理只有经过被代理人的追认，被代理人才承担民事责任。未经追认的行为，由行为人承担民事责任。本人知道他人以本人的名义实施民事行为而不作否认表示的，视为同意。

第三人知道行为人没有代理权、超越代理权或者代理权已终止还与行为人实施民事行为给他人造成损害的，由第三人和行为人负连带责任。

(7) 表见代理

①表见代理的概念。表见代理是指本属于无权代理，但因本人与无权代理人之间的关系，具有授予代理权的外观即所谓外表授权，致使相对人相信其有代理权而与其为法律行为，法律使之发生与有权代理相同的法律效果。

②表见代理的构成要件。表见代理的构成要件包括行为人无代理权；须有使相对人相信行为人具有代理权的事实和理由；须相对人为善意；须行为人与相对人之间的民事行为具备民事法律行为成立的有效要件。

③表见代理的法律后果。表见代理对本人产生有权代理的效力，代理行为产生的法律后果由被代理人承担。对于相对人来说，相对人则可以主张成立无权代理，追究无权代理人的责任；相对人也可以主张成立表见代理，追究本人的责任。

四、有关民事权利与民事责任的法律规定

1 民事权利

(1) 民事法律关系的概念、特征及要素

民事法律关系是指基于民事法律事实,由民法规范调整而形成的民事权利义务关系。

民事法律关系的特征:民事法律关系是平等主体之间的法律关系;民事法律关系大量的是民事主体自主形成法律关系;民事法律关系主体的权利义务通常是对等的、相互的。

民事法律关系的要素包括民事法律关系的主体、民事法律关系的客体和民事法律关系的内容(主体享有的权利和承担的义务)。

(2)民事权利的概念及其本质

民事权利是指民事法律规范赋予民事主体满足其利益的法律手段。

关于民事权利的本质,理论上存在三种学说:其一是意思说,即认为权利是个人意思所能自由活动或者所能自由支配的范围;其二是利益说,认为权利的本质是法律保护的利益;其三是法力说,认为权利在本质上是法律上之力,权利总是由特定的利益和法律上之力两个要素构成。

(3)民事权利的分类(主要掌握权利的分类依据,能够对某一具体权利归为某一类权利,并且懂得分类的意义)

①财产权和人身权。以民事权利所体现的利益的性质为准,可分为财产权和人身权。财产权是以财产利益为内容的权利,如物权、债权等。人身权是以人身利益为内容的权利,如人格权、身份权等。

②支配权、请求权、形成权和抗辩权。以民事权利的作用为标准,可以分为支配权、请求权、形成权和抗辩权。

支配权是指权利人可以直接支配权利客体,具有排他性的权利。物权、知识产权、人格权属于支配权。

请求权是指权利人可以要求他人为特定行为的权利,债权属于典型的请求权。

形成权是指权利人可以根据自己的意思表示使民事法律关系产生、变更或消灭的权利。属于形成权的主要有追认权、撤销权、选择权、抵销权、解除权等。

抗辩权是指权利人可以行使的对抗他人行使权利的权利。根据抗辩权的作用的不同,抗辩权又可分为永久性抗辩权和延期性抗辩权。永久性抗辩权是指权利人有永久阻止他人行使请求权的权利。例如债务人提出的诉讼时效届满的抗辩属于典型的永久性抗辩权。延期性抗辩权是指权利人在一定时间一定条件下可以提出抗辩,而不是永久可以抗辩。同时履行抗辩权属于典型的延期性抗辩权。

③绝对权和相对权。以民事权利的效力范围为标准,可分为绝对权和相对权。物权属于典型的绝对权,债权属于典型的相对权。

④主权利和从权利。以民事权利的依存关系为标准,可以分为主权利和从权利。主权利是指相互关联的两个以上的民事权利中,能够独立存在的权利。从权利是指不能独立存在而从属于主权利的权利。例如为担保债权而设立的抵押权属于从权利,被担保的债权属于主权利。

⑤原权和救济权。原权是指民事法律关系中存在的权利,救济权是指原权受到侵害或者有受到侵害的危险时而发生的权利。

⑥既得权和期待权。根据民事权利是否已经取得,可以分为既得权和期待权。既得权是指权利人已经取得而可以实现的权利,期待权是指将来有取得和实现的可能性的权利。

(4) 民事权利的保护方法

①公力救济。公力救济是指民事权利受到侵害时,由国家机关通过法定程序予以保护。

②私力救济。

a. 自卫行为。根据民法通则第128条、第129条的规定,自卫行为包括正当防卫和紧急避险。

正当防卫是指为了使公共利益、本人或者他人的财产或人身免受正在遭受的不法侵害而对行为人本身采取的防卫措施。紧急避险是指为了防止公共利益、本人或者他人的合法权益免受正在遭受的紧急危险,不得已采取的损害另一较小利益的行为。

b. 自助行为。自助行为在我国民法中没有明文规定,一般认为是指民事主体为了保护自己的权利,对他人的人身予以拘束或者对于他人的财产采取扣押、毁损的行为。

(5) 民事义务的概念与分类

民事义务是指民事法律规范规定或者当事人约定,义务人必须为或者不为一定的行为,以满足权利人的利益的法律手段。

根据不同的标准,民事义务可以分为以下几类:

①法定义务和约定义务:根据民事义务发生的根据为标准。

②积极义务和消极义务:根据民事义务人行为的方式为标准。

(6) 民事法律事实

①概念和分类。民事法律事实是指引起民事法律关系的发生、变更或消灭的事实或者客观现象。

民事法律事实可以分为行为和自然事实两类。行为是指人的行为构成的事实,包括合法行为(包括民事法律行为、事实行为等)、违法行为等。自然事实是指与人的行为无关的可以引起民事法律关系产生、变更或者消灭的事实,包括事件(某种客观情况的发生)和状态(某种客观情况的继续),例如人的死亡、自然灾害等属于事件;权利的继续不行使、人的下落不明等属于状态。

②民事法律事实的构成。民事法律事实的构成是指引起某项民事法律关系发生、变更或者消灭,需要有两个或者两个以上的民事法律事实的结合。例如遗赠的发生必须有被继承人死亡、被继承人留下有效的遗嘱以及受遗赠人接受遗赠等民事法律事实。

2 民事责任

(1) 民事责任的归责原则

①过错责任原则。它以行为人的过错作为归责的根据和最终要件。我国民法通则第106条第2款规定,自然人、法人由于过错侵害国家的、集体的财产,侵害他人财产、人身的,应当承担民事责任。

过错推定责任是过错责任原则的特殊适用方法。在过错推定责任中,举证责任发生倒置,受害人无需就行为人的过错负举证责任,被告只有证明自己没有过错或者存在法律规定的免责事由才可以免责。

②无过错责任原则。是指不问行为人主观是否有过错,只要其行为与损害后果间存在

因果关系,就应承担民事责任的归责原则。我国民法通则第106条第3款规定,没有过错,但法律规定应当承担民事责任的,应当承担民事责任。

③公平责任原则。指当事人对损害的发生均无过错,法律又无特别规定适用无过错责任原则时,由法院根据公平理念,责令加害人对受害人的财产损害给予适当的补偿,由当事人合理地分担损失的一种归责原则。我国民法通则第132条规定,当事人对造成损害都没有过错的,可以根据实际情况,由当事人分担民事责任。

(2)承担民事责任的方式

①停止侵害;
②排除妨碍;
③消除危险;
④返还财产;
⑤恢复原状;
⑥修理、重作、更换;
⑦赔偿损失;
⑧支付违约金;
⑨消除影响、恢复名誉;
⑩赔礼道歉。

3 侵权行为的民事责任

案例 5-2:某日,某市公交车驾驶员孙某驾驶公共汽车在正常拐弯时,突然发现前面不远处李某驾驶一辆出租车违章迎面驶来,眼看一场惨重的车祸就要发生,孙某眼疾手快,急忙转动转向盘,往右一拐,驶入人行道,车祸是避免了,却把在人行道上行走的郭某撞伤。郭某经过医院治疗,花去医疗费3万元。事后,郭某找到市公交公司,要求赔偿医疗费以及其他各项损失共计5万元。公交公司则认为,损害是由李某违章驾驶一手造成的,责任在于李某。而李某则称,自己只是违反了《道路交通安全实施条例》,应按照《道路交通安全法施实条例》来处理,对郭某的损失不负责任。三方争执不下,郭某诉至法院。

[问题]

①什么是紧急避险?本案中孙某的行为是否构成紧急避险?
②本案的责任应如何承担?

[案例解析]

①所谓紧急避险,是指为了保障公共利益、本人和他人的合法权益,在紧急危险、迫不得已的情况下而实施的以损害较小的合法权益来保护较大的合法权益的行为。本案中孙某的行为构成紧急避险。孙某驾车驶入人行道是在情况紧急、马上就要发生车祸的情势下,迫不得已而实施的,而且以撞伤郭某的较小损害来避免了一起两车相撞、车毁人亡的重大交通事故。因此,孙某的行为符合紧急避险的构成要件。

②本案的责任应由出租车驾驶员李某一人来承担。根据《民法通则》规定,人为原因引起的紧急避险造成的损害,应由引起险情的人承担赔偿责任。本案李某是引起险情的人,当然应由李某来承担郭某的一切损失赔偿责任。

1）侵权行为民事责任的概念和特征

（1）侵权行为的概念

侵权行为是指行为人由于过错侵害他人的财产权和人身权,依法应当承担民事责任的不法行为,以及依法律特别规定应当承担民事责任的其他侵害行为。

（2）侵权行为民事责任的概念和特征

①侵权民事责任的概念。公民、法人由于过错侵害国家的、集体的财产,侵害他人财产、人身的应当承担民事责任。

没有过错,但法律规定应当承担民事责任的,应当承担民事责任。

②侵权民事责任的特征：

a. 侵权民事责任是法律责任,不是道义责任；

b. 侵权责任是民事法律责任不是刑事、行政责任；

c. 承担侵权责任的方式主要是财产责任；

d. 侵权责任以补偿性为主。

2）一般侵权行为民事责任的构成要件与免责事由

（1）一般侵权行为民事责任的构成要件

①行为的违法性；

②损害事实的存在；

③违法行为与损害后果之间的因果关系；

④行为人主观上有过错。

（2）免责事由

①正当理由：

a. 依法执行职务；

b. 正当防卫；

c. 紧急避险；

d. 受害人的同意。

②外来原因：

a. 受害人的过错；

b. 第三人的过错；

c. 不可抗力。

3）特殊侵权行为的民事责任

案例 5-3：某日上午,赵某的汽车停放在小区院内墙根处,该墙外侧场院内施工的一辆铲车不慎将墙铲倒,砸坏了该车。汽车在自家院墙外侧被砸坏,当时负责施工的人是王某。另外,被砸汽车还在某保险公司投了"家庭自用汽车损失保险"和第三者责任险等。但王某辩称,施工场地不是他承租的,铲车和司机也不是他雇佣的,他只是受刘某之托负责协商谈判赔偿事宜,因此自己没有责任。某保险公司辩称,公司与赵某只是合同关系,而本案是侵权纠纷,故应驳回赵某对公司的诉讼请求。

据此,依据《中华人民共和国民法通则》、《中华人民共和国保险法》第四十五条的规定,法院判决王某、刘某赔偿赵某车损费14974元、认证费400元、交通费1000元,合计16174

元,并互负连带责任;某保险公司在保险合同范围内对车辆损失费14974元承担连带责任。

[问题] 本案应由谁承担赔偿责任?

[案例解析] 法院经审理认为,无充分证据证实王某、刘某之间是否雇佣关系,王某、刘某系共同施工,对赵某的损失应承担连带责任。因被砸车辆在保险公司投有"家庭自用汽车损失保险"等,所以,保险公司对赵某的损失应在保险合同范围内承担连带责任。

(1)职务侵权的民事责任

职务侵权行为是指国家机关或者国家机关工作人员在执行职务中,侵犯自然人、法人的合法权益造成损害的行为。此类侵权行为适用无过错责任原则。

(2)产品责任

因产品质量不合格造成他人财产、人身损害的,产品制造者、销售者应当依法承担民事责任。运输者、仓储者对此负有责任的,产品制造者、销售者有权要求赔偿损失。产品制造者、销售者承担的是无过错责任,产品运输者、仓储者承担的是过错责任。

(3)高度危险作业致人损害的民事责任

从事高空、高压、易燃、易爆、剧毒、放射性、高速运输工具等对周围环境有高度危险的作业造成他人损害的,应当承担民事责任;如果能够证明损害是由受害人故意造成的,不承担民事责任。

高度危险作业致人损害适用无过错责任原则。

(4)污染环境致人损害的民事责任

违反国家保护环境防止污染的规定,污染环境造成他人损害的,应当依法承担民事责任。

污染环境致人损害适用无过错责任原则。其免责事由包括:不可抗拒的自然灾害;战争行为;第三者的过错;受害人的过错。

(5)在公共场所施工致人损害的民事责任

在公共场所、道旁或者通道上挖坑、修缮安装地下设施等,没有设置明显标志和采取安全措施造成他人损害的,施工人应当承担民事责任。

地面施工致人损害适用无过错责任原则。

(6)建筑物等倒塌、脱落、坠落致人损害的民事责任

建筑物或者其他设施以及建筑物上的搁置物、悬挂物发生倒塌、脱落、坠落造成他人损害的,它的所有人或者管理人应当承担民事责任,但能够证明自己没有过错的除外。

建筑物致人损害适用过错推定责任。

(7)动物致人损害的民事责任

饲养的动物造成他人损害的,动物饲养人或者管理人应当承担民事责任;由于受害人的过错造成损害的,动物饲养人或者管理人不承担民事责任;由于第三人的过错造成损害的,第三人应当承担民事责任。

动物致人损害适用无过错责任原则。

(8)无民事行为能力人、限制民事行为能力人致人损害的民事责任

无民事行为能力人、限制民事行为能力人造成他人损害的,由监护人承担民事责任。监护人尽了监护责任的,可以适当减轻他的民事责任。

有财产的无民事行为能力人、限制民事行为能力人造成他人损害的,从本人财产中支付赔偿费用。不足部分,由监护人适当赔偿,但单位担任监护人的除外。

4 民事法律责任

所谓法律责任,是指由于某种侵权或违约行为的出现而依法应承担的一定的义务,一般可分为刑事责任、民事责任和行政责任。约定责任则是指当事人以合同或协议形式事先约定的责任,违反约定责任能导致一方承担赔偿责任或不能主张本来可以主张的权利。在保险中,约定责任一般是指合同责任。责任保险所承保的民事法律责任,包括过失责任与绝对责任两种:

(1) 过失责任

在法学上,过失责任是指当被保险人因任何疏忽或过失违反法律规定的应尽义务或违背社会公共生活准则而致他人人身伤亡或财产损毁时,对受害人应承担的赔偿责任。过失责任可因有作为构成,也可因不作为而构成。例如,驾驶汽车因违章撞上行人及毁坏他人财产,这是有作为;行车转弯时不作任何示意而使他人受到损害,这是不作为;两者对构成的过失责任均负法律赔偿责任。

(2) 绝对责任

在法学上,绝对责任也称为无过失责任,指不论行为人有无过失,根据法律规定均须对他人受到的损害负赔偿责任。在此,损害后果是确定民事责任的决定性因素,即在一起民事损害事故中,只要不是受害人自己故意所致,其人身损害或财产损害依据法律规定均须由致害人承担赔偿责任,且不问致害人是否存在过错。法学上的这一原则实际上是为了使公众利益得到更充分的保障,但显然与一般的民事损害赔偿原则有本质的区别。

不过,责任保险的承保范围并非总是与法律原则的规范一致的。一方面,责任保险剔除了被保险人故意行为所致的民事损害赔偿责任,即将故意行为列为除外责任,显然缩小了致害人转嫁民事损害赔偿责任的范围;另一方面,责任保险又可以扩展无过失责任的承保,超越了民法中一般民事损害赔偿责任的范围。因此,责任保险的承保对象不能等同于一般民事损害赔偿责任。

(3) 合同责任

责任保险一般不承保被保险人的合同责任,但经过特别约定,保险人也可以承保。

我国的《民法通则》规定:公民、法人违反合同或者不履行其他义务的,应当承担民事责任。如承运人根据货物运输合同应当向托运人提供合格的运输工具而致货物受损,承运人应向托运人赔偿货物的损失。承运人货物运输责任保险,承保的就是这种合同责任。值得指出的是,货物运输法规中因承运人除外责任(如"人力不可抗拒的自然灾害")所造成的损失,责任保险人也不负赔偿责任,它应由货主向保险人投保货物运输保险来解决。

案例5-4:某市某区人民法院审结了一起车辆保险合同纠纷案件,宝马车的被保险人在保险公司核损定价前将事故现场痕迹自行修复,保险公司依据其委托的鉴定结论拒赔,法院判决驳回了被保险人要求保险公司予以理赔的诉讼请求。

某年某月某日,李某作为被保险人为苑某所有的宝马车向某某财产保险股份有限公司北京分公司(以下简称保险公司)投保了车辆损失险等险种,并交纳了保险费。某年某月某日,李某向保险公司报案,称当日早上8时,其驾驶保险车辆宝马车在某某公司院内倒车时,由于忽略地面情况,致使车辆打滑失控,车身右侧与门房相撞,并因慌张误操作将油门错踩成刹车,致使车辆向后加速行驶10米左右撞到墙壁。保险公司接到报案后委托某某保险公估有限公司(以下简称公估公司)对事故现场进行勘查。公估公司出具的公估报告结论为:此次事故的车辆的损失痕迹与现场的碰撞痕迹不相符合,建议保险公司对事故车辆进行专业的鉴定。

此后,李某自行将事故发生地的墙壁进行了粉刷,保险公司在现场痕迹已基本灭失的情况下委托某某司法鉴定所对保险事故进行司法鉴定,鉴定机构依据车辆痕迹、现场照片、被保险人陈述得出的鉴定结论为:宝马车在某某公司院内碰撞事故现场不是碰撞事故第一现场。保险公司以此为由拒赔。后李某诉至法院,要求:

①保险公司给付李某汽车修理费82050元;

②保险公司支付租车费用4万元;

③保险公司承担诉讼费用。在案件审理过程中,李某变更了第一项诉讼请求,要求保险公司给付汽车修理费55000元。

另外,李某在起诉时尚未对保险车辆进行修理,案件审理过程中,在未告知法院和保险公司的情况下自行维修了保险车辆,支付修车费5.5万元。

[案例解析] 法院经审理后认为,李某在保险车辆发生事故后,保险公司核损定价前,对事故现场未采取合理的保护措施,将现场痕迹修复,且在未通知保险公司的情况下对保险车辆进行了维修,导致保险公司对保险车辆的修理项目、方式及费用未进行核定,现保险车辆的事故成因、车辆损失已无法确定,李某应当承担责任。保险公司提交的司法鉴定书虽然系其自行委托,且事故现场痕迹基本灭失,但该司法鉴定书的结论是依据现场车辆痕迹、现场照片、被保险人的陈述等综合分析得出的,在李某没有足够的证据反驳保险公司自行委托的鉴定结论的情况下,保险公司提交的司法鉴定书应予确认。根据鉴定结论,保险车辆的碰撞事故现场不是第一现场,故李某要求保险公司支付保险理赔金的诉讼请求缺乏事实依据,不予支持。

一审宣判后,双方当事人均未上诉,一审判决已生效。

(一)单项选择题

1. 形式意义上的民法是指( )。
   A. 经立法程序系统编纂的民法典　　B. 由民法专家编写的著作
   C. 最高司法机关关于民法的解释性文件　　D. 法律出版社出版的民法大百科

2. 甲现年17周岁,能够以自己的劳动收入为主要生活来源,法律上认定其为( )。
   A. 限制民事行为能力人　　B. 完全民事行为能力人
   C. 无民事行为能力人　　D. 以上均不对

3. 按照民事法律行为分类,下列合同中,属于实践性民事法律行为的是( )。

A. 民间借贷合同　　　　　　　　B. 房屋租赁合同
C. 买卖合同　　　　　　　　　　D. 仓储合同

4. 在债的关系中(　　)。
   A. 债权人、债务人都是特定的　　B. 债权人、债务人都不是特定的
   C. 债权人是特定的,债务人是不特定的　　D. 债权人是不特定的,债务人是特定的

5. 下列权利属自然人专有的为(　　)。
   A. 荣誉权　　　　　　　　　　B. 名誉权
   C. 姓名权　　　　　　　　　　D. 商标权

6. 我国民法通则规定,企业法人有权转让其(　　)。
   A. 营业执照　　　　　　　　　B. 荣誉
   C. 名称　　　　　　　　　　　D. 名誉

7. 根据《民法通则》的规定,下列侵权行为属于适用过错推定责任的是(　　)。
   A. 职务侵权行为
   B. 建筑物及建筑物上的悬置物致人损害
   C. 污染环境致人损害
   D. 高度危险作业致人损害

8. 下列原则中,不包括在我国《民法通则》所确定的承担民事责任的归责原则的是(　　)。
   A. 过错责任原则　　　　　　　B. 无过错责任原则
   C. 等价有偿原则　　　　　　　D. 公平责任原则

(二)多项选择题

1. 以下属于民法的基本原则的是(　　)。
   A. 自愿原则　　　　　　　　　B. 诚实信用原则
   C. 等价有偿原则　　　　　　　D. 公平原则

2. 根据我国法律的规定,以下属于效力未定的民事行为(　　)。
   A. 限制民事行为能力订立其不能独立订立的合同
   B. 显失公平的民事行为
   C. 无权处分行为
   D. 无权代理

3. 非因民事法律行为而发生物权变动的有(　　)。
   A. 继承　　　　　　　　　　　B. 强制执行
   C. 买卖　　　　　　　　　　　D. 公用征收

4. 下列民事权利中,属于用益物权的是(　　)。
   A. 农村承包经营权　　　　　　B. 城镇国有土地使用权
   C. 自然资源使用权　　　　　　D. 质权

5. 下列属于法定之债的是(　　)。
   A. 无因管理之债　　　　　　　B. 侵权行为之债
   C. 单方允诺之债　　　　　　　D. 合同之债

6. 下列民事权利,属于身份权的有:(　　)。
   A. 配偶权　　　　　　　　　　B. 名誉权
   C. 荣誉权　　　　　　　　　　D. 监护权

(三)名词解释

1. 表见代理。
2. 不当得利。

(四)简答题

1. 简述可撤销民事行为的种类。
2. 简述表见代理的构成要件。

(五)论述题

试论民事法律行为的成立和生效要件。

学习单元6　道路交通安全法条款

学习目标

1. 描述道路交通安全法的立法目的、基本原则；
2. 运用有关车辆与驾驶人的规定分析判断案件；
3. 运用道路通行条件与道路通行规定来分析判断案件；
4. 运用事故处理、执法监督、法律责任的规定分析判断案件；
5. 规范自身的道路交通安全行为。

学习时间

6学时

一、总　　则

第一条　为了维护道路交通秩序，预防和减少交通事故，保护人身安全，保护公民、法人和其他组织的财产安全及其他合法权益，提高通行效率，制定本法。

[解说]　本条是对道路交通安全法立法目的的规定。本法的立法目的是：

(1)维护道路交通秩序，预防和减少交通事故

道路交通秩序是道路交通的基本要求，是道路交通管理的目标，是社会治安秩序的组成部分，是建立在道路交通法规基础上的一种交通状态。为了预防和减少交通事故的发生，本法从几个方面作了严格的规定：

①对机动车实行严格的准入制度和建立机动车强制报废制度，防止"带病"车辆上路行驶；

②防止超载运输。机动车装载应当符合核定的载人数、载质量，严禁超载；

③强化对驾驶人的安全管理。

(2)保护人身安全，保护公民、法人和其他组织的财产安全及其他合法权益。交通安全工作自始至终都应该将人的安全放在首位，道路交通安全法的核心是交通安全，当然应当提出"保护人身安全"的立法宗旨。

(3)提高通行效率，缓解城市道路交通拥挤。

第二条　中华人民共和国境内的车辆驾驶人、行人、乘车人以及与道路交通活动有关

的单位和个人,都应当遵守本法。

[解说] 本条是对道路交通安全法的适用范围的规定。适用范围,即法的效力范围。法的效力范围是指法律规范性文件生效的空间、时间范围和对人的效力问题。

(1)《道路交通安全法》的空间效力

《道路交通安全法》的空间效力是指在哪些地方适用本法。本条规定,本法的适用范围是中华人民共和国境内,其中"境内"的含义是指我国的领土以内的地域范围。"道路"指公路、城市道路和虽在单位管辖范围但允许社会机动车通行的地方,包括广场、公共停车场等用于公众通行的场所。

(2)《道路交通安全法》的时间效力

《道路交通安全法》的时间效力是指本法何时生效、何时失效以及是否具有溯及力。本法自2008年5月1日起施行,不具有溯及力。

(3)《道路交通安全法》对人的效力

《道路交通安全法》对人的效力是指本法对哪些人具有拘束力。根据本条规定,在我国境内道路上的车辆驾驶人、行人、乘车人以及与道路交通活动有关的单位和个人都适用本法。

第三条 道路交通安全工作,应当遵循依法管理、方便群众的原则,保障道路交通有序、安全、畅通。

[解说] 本条是对道路交通安全工作基本原则的规定,即立法原则。本法立法原则有:

①依法管理原则。"依法治国"是我国的宪法原则,对道路交通安全管理必然要坚持法治的原则,做到依法管理。其中"依法"是指依照法定权限、法定实体规则和法定程序。

②方便群众的原则。便民原则是指公安机关交通管理部门在依法开展道路交通工作中,应当尽可能为交通参与人提供必要的便利和方便,从而保障交通参与人进行交通活动目的的顺利实现。

③保障道路交通有序、安全、畅通的原则。"有序"是指道路交通活动要有秩序。要在道路交通过程中,实现人、车、路三者间的相互协调,确保道路交通活动正常进行。"安全"是指道路交通活动要确保安全。交通参与者或有关人员要在道路交通过程中,在确保人身和财产安全的情况下进行道路交通活动。"畅通"是指以最少的时间耗费,迅速地在道路上实现空间位置的转移。有序、安全、畅通是道路交通管理的出发点和基本目的,是互相联系的统一体。

第四条 各级人民政府应当保障道路交通安全管理工作与经济建设和社会发展相适应。

县级以上地方各级人民政府应当适应道路交通发展的需要,依据道路交通安全法律、法规和国家有关政策,制定道路交通安全管理规划,并组织实施。

[解说] 本条是对各级人民政府在道路交通安全管理工作中职责的规定。

人民政府在道路交通安全工作中的基本职责是保障道路交通安全管理工作与经济建设和社会发展相适应;人民政府在道路交通安全工作中的具体职责是适应道路交通发展的需要,依据道路交通安全法律、法规和国家有关政策,制定道路交通安全管理规划,并组织实施。其中"适应道路交通发展的需要"是指能够满足或适合道路的建设、车辆保有量的增长,出行的安全、快捷、方便等各种道路交通需求。"道路交通安全法律、法规和国家有关政策",是指《道路交通安全法》及其实施细则,以及有关道路交通安全管理的地方法规,国家制定的道路发展政策、汽车产业政策、城市可持续发展战略政策等。

第五条　国务院公安部门负责全国道路交通安全管理工作。县级以上地方各级人民政府公安机关交通管理部门负责本行政区域内的道路交通安全管理工作。

县级以上各级人民政府交通、建设管理部门依据各自职责,负责有关的道路交通工作。

[解说]　本条是关于道路交通安全管理体制的规定。

本条第一款规定国务院公安部门是全国道路交通安全管理工作的主管部门,负责全国道路交通安全管理工作。县级以上地方各级人民政府公安机关交通管理部门是本行政区域内道路交通安全管理的主管部门,负责本行政区域内的道路交通安全管理工作。本条第二款规定县级以上的各级人民政府交通、建设行政管理部门,应当依据公路法、建筑法和城市道路管理条例等有关法律、法规,在各自职责范围内,做好有关的道路交通安全工作。

第六条　各级人民政府应当经常进行道路交通安全教育,提高公民的道路交通安全意识。

公安机关交通管理部门及其交通警察执行职务时,应当加强道路交通安全法律、法规的宣传,并模范遵守道路交通安全法律、法规。

机关、部队、企业事业单位、社会团体以及其他组织,应当对本单位的人员进行道路交通安全教育。

教育行政部门、学校应当将道路交通安全教育纳入法制教育的内容。

新闻、出版、广播、电视等有关单位,有进行道路交通安全教育的义务。

[解说]　本条是关于道路交通安全教育义务的规定。

本条分五款,根据教育内容、要求和范围不同,本条将承担道路交通安全教育义务的主体划分成五大类,分别为各级人民政府、公安机关交通管理部门及其交通警察、社会各部门(机关、部队、企业事业单位、社会团体以及其他组织)、教育部门(教育行政部门、学校)、媒体(新闻、出版、广播、电视等有关单位)。道路交通安全法关于道路交通安全教育义务的规定,为社会交通安全教育和学校交通安全教育的法制化、制度化和规范化提供了法律依据。

第七条　对道路交通安全管理工作,应当加强科学研究,推广、使用先进的管理方法、技术、设备。

[解说]　本条是关于加强道路交通安全管理科学研究工作的规定。

道路交通管理是国家行政管理的重要组成部分,主要从行政管理和法律管理的角度,研究解决道路交通的指挥、疏导和控制等问题,寻求最佳管理效果。各级人民政府和道路交通安全管理的主管部门负有本条规定的职责。

二、车辆和驾驶人

1　机动车、非机动车

第八条　国家对机动车实行登记制度。机动车经公安机关交通管理部门登记后,方可上道路行驶。尚未登记的机动车需要临时上道路行驶的,应当取得临时通行牌证。

[解说] 本条规定对机动车实行登记制度。

机动车实行登记制度是指公安机关交通管理部门按照《机动车登记工作规范》的规定,审核资料,检验车辆。对符合规定的,确定机动车登记编号,建立机动车档案,核发机动车号牌、《机动车行驶证》和《机动车登记证书》。

尚未登记的机动车需要临时上道路行驶的,应当取得临时通行证。

第九条 申请机动车登记,应当提交以下证明、凭证:

(一)机动车所有人的身份证明;

(二)机动车来历证明;

(三)机动车整车出厂合格证明或者进口机动车进口凭证;

(四)车辆购置税的完税证明或者免税凭证;

(五)法律、行政法规规定应当在机动车登记时提交的其他证明、凭证。

公安机关交通管理部门应当自受理申请之日起五个工作日内完成机动车登记审查工作,对符合前款规定条件的,应当发放机动车登记证书、号牌和行驶证;对不符合前款规定条件的,应当及时向申请人说明不予登记的理由。

公安机关交通管理部门以外的任何单位或者个人不得发放机动车号牌或者要求机动车悬挂其他号牌,本法另有规定的除外。

机动车登记证书、号牌、行驶证的式样由国务院公安部门规定并监制。

[解说] 本条是关于机动车注册登记有关问题的规定。

①机动车登记,本条第一款规定了申请机动车注册登记,机动车所有人应当填写《机动车登记申请表》和提交凭证和证明。

②办理注册登记的时限及说明原因的规定。

③机动车牌证发放权力界定。本条第三款规定了公安机关交通管理部门行使机动车登记的法定职责,拖拉机的登记由农业(农业机械)部门负责。

④牌证式样的统一。机动车登记证书、号牌、行驶证的式样实行国家统一管理,地方各级管理部门不得滥制,应有国务院公安部门规定并监制。

依照本法第一百二十一条的规定,对上道路行驶的拖拉机,由农业(农用机械)主管部门行使本条的职权。

第十条 准予登记的机动车应当符合机动车国家安全技术标准。申请机动车登记时,应当接受对该机动车的安全技术检验。但是,经国家机动车产品主管部门依据机动车国家安全技术标准认定的企业生产的机动车型,该车型的新车在出厂时经检验符合机动车国家安全技术标准,获得合格证的,免于安全技术检验。

[解说] 本条是对机动车注册登记实行安全技术检验、检验标准以及合格新车免检的规定。

①机动车应当符合机动车国家安全技术标准。根据本条的规定,准予登记的机动车应当符合《中华人民共和国机动车运行安全技术条件》(GB 7258—2004)国家安全技术标准。

②申请注册登记机动车的安全技术检验。依据本条规定,准许登记上道路行驶的机动车,必须经过安全技术检验并达到国家规定的标准。

③新车注册登记的免检。本条规定国家机动车产品主管部门依据机动车国家安全技术标准,认定企业生产的机动车型,该车型的新车在出厂时经技术检验符合机动车国家安全技术标准,获得合格证的,登记时免于安全技术检验。应当注意的是,在免检范围内的新车,只是依法免于上检测线进行安全技术检验,而对于其他的检验项目依然应当进行。

第十一条 驾驶机动车上道路行驶,应当悬挂机动车号牌,放置检验合格标志、保险标志,并随车携带机动车行驶证。

机动车号牌应当按照规定悬挂并保持清晰、完整,不得故意遮挡、污损。

任何单位和个人不得收缴、扣留机动车号牌。

[解说] 本条是对上道路行驶的机动车必须依法悬挂的标志和携带的证件的规定。

①上道路行驶的机动车悬挂、放置的法定牌证的种类。依照本条规定,上道路行驶的机动车应当悬挂机动车号牌、车辆检验的合格证、机动车第三者责任险的保险标志,并随车携带行驶证。

②机动车号牌悬挂的规定。机动车的号牌是车辆取得上道路行驶权利的标志,本条第二款对于机动车号牌的悬挂做了明确的规定:

a. 按照机动车规定的位置安装号牌;

b. 号牌要保持清晰、完整;

c. 机动车号牌不得故意遮挡、污损。

根据本法规定,故意遮挡、污损或不按规定安装机动车号牌的,将依照本法的规定给予相应的处罚。

③任何单位和个人不得收缴、扣留机动车号牌。

第十二条 有下列情形之一的,应当办理相应的登记:

(一)机动车所有权发生转移的;

(二)机动车登记内容变更的;

(三)机动车用作抵押的;

(四)机动车报废的。

[解说] 本条是对已登记的机动车所有权转移、登记内容变更、抵押、报废时办理登记的规定。

第十三条 对登记后上道路行驶的机动车,应当依照法律、行政法规的规定,根据车辆用途、载客载货数量、使用年限等不同情况,定期进行安全技术检验;对提供机动车行驶证和机动车第三者责任强制保险单的,机动车安全技术检验机构应予以检验,任何单位不得附加其他条件。对符合机动车国家安全技术标准的,公安交通管理部门应当发给检验合格标志。

对机动车安全技术检验实行社会化。具体办法由国务院规定。

机动车安全技术检验实行社会化的地方,任何单位不得要求机动车到指定的场所进行检验。

公安机关交通管理部门、机动车安全技术检验机构不得要求机动车到指定的场所进行维修、维护。

机动车安全技术检验机构对机动车检验收取费用,必须严格执行国务院价格主管部门核定的收费标准。

[解说] 本条是对已登记机动车进行检验相关问题的规定。

对上道路行驶的机动车进行定期检验,是保证道路交通安全的有效措施之一。在我国,对于已登记的机动车,法律规定根据车辆用途、载客载货数量、使用年限等不同情况,定期进行安全技术检验。本条分为五款规定了机动车定期检验的相关事项。

①定期检验;

②机动车安全检测社会化;

③机动车检验社会化的收费标准和相关要求;

④核发检验合格标志;

⑤选择机动车维修场所。

第十四条 国家实行机动车强制报废制度,根据机动车的安全技术状况和不同用途,规定不同的报废标准。

应当报废的机动车必须及时办理注销登记。

达到报废标准的机动车不得上道路行驶。报废的大型客、货车及其他营运车辆应当在公安交通管理部门的监督下解体。

[解说] 本条是对机动车强制报废制度及报废机动车处理的规定。

机动车强制报废制度,是国家保证道路交通安全的根本制度之一,指国家根据机动车的安全技术状况和不同用途,为不同种类的机动车规定不同的报废标准,凡是达到该标准的机动车,除依法被允许延长使用的以外,必须予以报废并办理注销登记的制度。

2001年6月23日由国务院制定了《报废汽车回收管理办法》,加强对报废汽车的管理。

第十五条 警车、消防车、救护车、工程救险车应当按照规定喷涂标志图案,安装警报器、标志灯具。其他机动车不得喷涂、安装、使用上述车辆专用的或者与其相类似的标志图案、警报器或者标志灯具。

警车、消防车、救护车、工程救险车应当严格按照规定的用途和条件使用。

公路监督检查的专用车辆,应当按照公路法的规定,设置统一的标志和示警灯。

[解说] 本条是对特种车安装使用警报器、灯具标志及使用条件的规定。

第十六条 任何单位或者个人不得有下列行为:

(一)拼装机动车或者擅自改变机动车已登记的结构、构造或者特征;

(二)改变机动车型号、发动机号、车架号或者车辆识别代号;

(三)伪造、变造或者使用伪造、变造的机动车登记证书、号牌、行驶证、检验合格标志或者保险标志。

[解说] 本条是严禁任何单位和个人实施违反机动车登记管理行为的规定。

第十七条 国家实行机动车第三者责任强制保险制度,设立道路交通事故社会救助基金。具体办法由国务院规定。

[解说] 本条是关于第三者责任险和设立道路交通事故社会救助基金的规定。

(1)第三者责任强制保险制度

第三者责任险,是车辆基本险的一种,它是指被保险人或其允许的合格驾驶员在使用保险车辆过程中,发生意外事故,致使第三者遭受人身伤亡或者财产直接损毁,依法应当由被保险人支付的赔偿金额,保险人依照《道路交通事故处理办法》和保险合同的规定给予赔偿。

第三者责任险强制保险制度,是指国家对于在我国境内行驶的车辆要求必须办理第三者责任险,否则不予办理注册登记及检验的制度。设立第三者责任险强制保险制度主要是为了保障车辆以外的第三方在遭受人身伤亡和财产损毁时,人身伤亡能够得到及时的救助,财产损毁能够得到及时的赔偿。

需要注意的是商业第三者责任与强制第三者责任险不是同一险。强制第三者责任险目前国家未出台具体实施条例。

(2)道路交通事故社会救助基金

道路交通事故社会救助基金是由办理机动车第三者责任强制保险的保险公司在收取的保费中按国家规定的比例抽取的。从目前实际情况来看,一旦发生较大事故,很多车主、驾驶员无力承担较大的赔偿责任,受损害者的合法权益得不到有效的保障。实行第三责任强制保险制度,并从保险费中提取一定比例资金,建立交通事故社会救助基金,有利于提高交通事故的处理速度,保障道路交通的畅通,有利于交通事故赔付调解,保护当事人的权益。

本条规定设立道路交通事故社会救助基金的具体办法由国务院规定。

第十八条 依法应当登记的非机动车,经公安交通管理部门登记后,方可上道路行驶。

依法应当登记的非机动车的种类,由省、自治区、直辖市人民政府根据当地实际情况规定。

非机动车的最大外形尺寸、质量、制动器、车铃和夜间反光装置,应当符合非机动车安全技术标准。

[解说] 本条是关于上道路行驶的非机动车办理登记和安全技术标准的规定。

2 机动车驾驶人

第十九条 驾驶机动车,应当依法取得机动车驾驶证。

申请机动车驾驶证,应当符合国务院公安部门规定的驾驶许可条件;经考试合格后,由公安交通管理部门发给相应类别的机动车驾驶证。

持有境外机动车驾驶证的人,符合国务院公安部门规定的驾驶许可条件,经公安机关交通管理部门考核合格的,可以发给中国的机动车驾驶证。

驾驶人应当按照驾驶证载明的准驾车型驾驶机动车;驾驶机动车时,应当随身携带驾驶证。

公安交通管理部门以外的任何单位或者个人,不得收缴、扣留机动车驾驶证。

[解说] 本条是关于驾驶证取得和驾驶证管理制度的规定。

(1)机动车驾驶证

所谓机动车驾驶证,是指公安机关交通管理部门依法核发的证明驾驶人具有合法的相应驾驶车辆资格的凭证。

(2)取得驾驶资格的条件

依照我国现行有关机动车驾驶证登记管理的规定,申请机动车驾驶证应当符合年龄条件和身体条件的要求。

(3)驾驶证的取得

①驾驶证的核发：

a.申请驾驶证的程序。对于具备取得驾驶资格条件的人，应当依照现行有关法规的规定申请驾驶证。

b.驾驶证的有效期。驾驶证的有效期为六年。初次领取驾驶证的第一年为实习期；学习驾驶证的有效期为二年；临时驾驶证的有效期不超过一年。

c.准驾车型的规定。驾驶证上的车型代号表示的车辆及准予驾驶的其他车辆。

②驾驶证的换发。对于持有机动车驾驶证的人，如果发生以下的情况，应当到车辆管理所去办理驾驶证的换发手续：

a.正式驾驶证有效期满；

b.持有军队、武装警察部队驾驶证的人可以直接申领机动车驾驶证；

c.中国公民持有外国或香港、澳门、台湾地区驾驶证或国际驾驶证并在境外连续居留六个月以上的，可以直接申领驾驶证；

d.外国人持外国或香港、澳门、台湾地区驾驶证或国际驾驶证的，可以分别申请驾驶证或临时驾驶证。

③驾驶证的注销。机动车驾驶证的注销主要适用于一些持证人发生了某些不再适合驾驶车辆的情况，由公安机关车辆管理部门依照职权和法规的规定，注销持证人的驾驶资格。

④驾驶证的补领。机动车驾驶证遗失、损毁，应当向原发证机关申请补领，申请时应如实申告补领原因。车辆管理所应当告知申请人如实申告的义务和法律责任，并在48小时内审核补发新证。

(4)驾驶证的使用要求

驾驶证是驾驶人具有驾驶车辆资格的凭证，驾驶人驾驶机动车时应当随身携带。除公安机关交通管理部门外，其他任何单位或者个人不得收缴、扣留机动车驾驶证。

第二十条　机动车的驾驶培训实行社会化，由交通主管部门对驾驶培训学校、驾驶培训班实行资格管理，其中专门的拖拉机驾驶培训学校、驾驶培训班由农业（农业机械）主管部门实行资格管理。

驾驶培训学校、驾驶培训班应当严格按照国家有关规定。对学员进行交通安全法律、法规、驾驶技能的培训，确保培训质量。

任何国家机关以及驾驶培训和考试主管部门不得举办或者参与举办驾驶培训学校、驾驶培训班。

[解说]　本条是对机动车驾驶培训及设立驾驶学校、培训班的规定。

(1)机动车的驾驶培训

机动车驾驶员培训实行社会化。机动车驾驶员培训学校，是在国家统一规划指导下，按照公平竞争的原则，为社会提供有偿服务的经济实体。

(2)对驾驶培训学校的要求

驾驶培训学校必须严格按照培训许可证规定的范围和规模培训，严格执行交通部颁发的教学计划和教学大纲,使用统编教材,按照驾驶员考试的相关法律、法规规定的科目对学习机动车驾驶的人员进行严格的培训,保证培训质量。

(3)禁止性规定

汽车驾驶员培训学校具有经营性质,任何国家机关以及驾驶员培训和考试的主管部门不得举办或者参与举办驾驶培训学校、驾驶培训班。

(4)拖拉机驾驶培训及对专门的拖拉机驾驶培训学校、驾驶培训班的资格管理由农业(农业机械)主管部门实行归口管理。

第二十一条 驾驶人在驾驶机动车上路行驶前,应当对机动车的安全技术性能进行认真检查;不得驾驶安全设施不全或者机件不符合技术标准等具有安全隐患的机动车。

[解说] 这是对驾驶人在出车前对车辆进行安全技术性能检查的规定。

(1)对于驾驶人在驾车上路前检查的要求

根据有关交通法规的要求,机动车必须保持车况良好,车容整洁。制动器、转向器、喇叭、刮水器、后视镜、灯光装置,必须保持齐全有效。因此机动车驾驶人在驾驶车辆上路行驶之前,应当对上述的车辆设备进行认真检查。

(2)法律禁止性的规定

驾驶人不得驾驶安全设备不全或者机件不符合安全技术要求的机动车。这要求驾驶人通过上道路行驶前的检查,发现上述安全设备不全或者不符合安全技术要求时,驾驶人就不能驾驶车辆上路。

第二十二条 机动车驾驶人应当遵守道路交通安全法律、法规的规定,按照操作规范安全驾驶、文明驾驶。

饮酒、服用国家管制的精神药品或者麻醉药品,或者患有妨碍安全驾驶机动车的疾病,或者过度疲劳影响安全驾驶的,不得驾驶机动车。

任何人不得强迫、指使、纵容驾驶人违反道路交通安全法律、法规和机动车安全驾驶要求驾驶机动车。

[解说] 本条是对机动驾驶员应遵守交通安全法律的规定。

(1)对驾驶人在驾驶车辆时的要求

依据本条规定,机动车驾驶人在驾驶车辆过程中不仅要遵守有关道路交通安全法律、法规的规定,还应当遵守驾驶员职业道德的约束和有关安全驾驶的技术规范。

(2)禁止驾驶机动车的情形

依据本条第二款规定,机动车驾驶人在有以下情形之一的时候,不得驾驶机动车:

①饮酒、服用国家管制的精神药品或者麻醉药品的;

②患有妨碍安全驾驶机动车的疾病的;根据公安部的解释,"患有妨碍安全行车的疾病",是指患有足以影响观察、判断事物能力和控制行为能力的疾病。

③过度疲劳影响安全驾驶的;"过度疲劳"是指"驾驶员每天驾车超过8小时或者从事其他劳动体力消耗过大或睡眠不足,以致行车中困倦瞌睡、四肢无力,不能及时发现和准确处理路面交通情况的"。

(3)一般性禁止行为

任何人不得强迫、指使、纵容驾驶人违反道路交通安全法律法规和机动车安全驾驶要求驾驶机动车。法律的这项规定是一般性的规定,针对社会每个人而言。

第二十三条 公安机关交通管理部门按照法律、行政法规的规定,定期对机动车驾驶证实施审验。

[解说] 本条是对机动车驾驶证审验制度的规定。

机动车驾驶证审验制度,是国家了解掌握机动车驾驶人的基本情况,监督驾驶人遵守道路交通安全法律、法规保证道路交通安全的方式之一。依据《道路交通安全法》规定由公安机关交通管理部门定期对机动车驾驶证实施审验。

现阶段,机动车驾驶证审验的内容包括:进行身体检查、审核违反道路交通安全法律、法规行为、事故是否处理结束;对于审核合格的,在驾驶证上按规定格式签章或记载。持未记载审验合格的驾驶证不具备驾驶资格。

第二十四条 公安交通管理部门对机动车驾驶人违反道路交通安全法律、法规行为除依法给予行政处罚外,实行累积记分制度。公安机关交通管理部门对累积记分达到规定分值的驾驶人,扣留其机动车驾驶证,对其进行交通安全法律、法规教育,重新考试;考试合格的,发还其机动车驾驶证。

对于遵守道路交通安全法律、法规,在一年内无累计记分的机动车驾驶人,可以延长审验期。具体办法由国务院公安部门制定。

[解说] 本条是对机动车驾驶人交通安全违法行为实行记分管理的规定。

《道路交通安全法》规定对机动车驾驶人进行记分管理是公安交通管理部门掌握驾驶人的基本情况,对其进行监督管理的有效手段和措施。

(1)累积记分制度

累积记分制度,是指对于实施了违反道路交通安全法律、法规行为的机动车驾驶人,在对其进行处罚的同时给予一定的记分分值,当分值累积到一定数值时,滞留其机动车驾驶证,让其参加交通安全法律、法规学习并考试,合格后重新发还其驾驶证的管理措施。

(2)具体的记分分值和记分周期

一个记分周期为一年,从机动车驾驶人初次领取机动车驾驶证之日起算。

(3)无记分奖励

对于遵守道路交通安全法律、法规,在一年内无累计记分的机动车驾驶人,可以依法延长审验期。同时,公安机关交通管理部门对已奖励的机动车驾驶人当在其机动车驾驶证上注明。

案例6-1:某日,陈某(20岁)驾驶无号牌的三轮摩托车搭载王某、谢某在江滨路由东往西行驶,越过道路中心线超越前方车辆时,与李某(18岁)驾驶的由西往东行的无号牌两轮摩托车发生碰撞,造成两车损坏及李某受伤。经过公安局交通民警林某、冯某的现场勘查及调查材料综合分析证实:陈某未依法取得驾驶证驾驶未经公安机关交通管理部门登记的机动车,在道路上没有按照交通信号越过对方车道行驶。李某未依法取得驾驶证驾驶未经公安机关交通管理部门登记的机动车在道路上行驶。那么,本案中陈某和李某是否违反《道路交通安全法》?应该如何处理呢?

[案例解析] 首先,陈某未依法取得驾驶证驾驶未经公安机关交通管理部门登记的机

动车,在道路上没有按照交通信号越过对方车道行驶,其行为违反了《道路交通安全法》第八条(国家对机动车实行登记制度)。机动车经公安机关交通管理部门登记后,方可上道路行驶。尚未登记的机动车,需要临时上道路行驶的,应当取得临时通行牌证)、第十九条第一款(驾驶机动车,应当依法取得机动车驾驶证)及第三十八条(车辆、行人应当按照交通信号通行;遇有交通警察现场指挥时,应当按照交通警察的指挥通行;在没有交通信号的道路上,应当在确保安全、畅通的原则下通行)的规定,是造成此事故的主要原因;其次,李某未依法取得驾驶证驾驶未经公安机关交通管理部门登记的机动车在道路上行驶,其行为违反了《道路交通安全法》第八条及第十九条第一款的规定。因此,交警部门应依法确定陈某承担此事故主要责任,李某承担次要责任,对陈某处以二百元以上二千元以下罚款,并处十五日以下拘留,对李某处以二百元以上二千元以下罚款。

三、道路通行条件

第二十五条 全国实行统一的道路交通信号。

交通信号包括交通信号灯、交通标志、交通标线和交通警察的指挥。

交通信号灯、交通标志、交通标线的设置应当符合道路交通安全、畅通的要求和国家标准,并保持清晰、醒目、准确、完好。

根据通行需要,应当及时增设、调换、更新道路交通信号。增设、调换、更新限制性的道路交通信号,应当提前向社会公告,广泛进行宣传。

[解说] 本条是关于交通信号的基本规定。

①第一款规定了在全国实行统一的道路交通信号;
②第二款规定了交通信号的种类:交通信号灯、交通标志、交通标线、交通警察的指挥;
③第三款从交通信号功能方面,提出对交通信号设置规定的基本要求;
④第四款对交通信号的增设、调换和更新作出规定。

第二十六条 交通信号灯由红灯、绿灯、黄灯组成。红灯表示禁止通行,绿灯表示准许通行,黄灯表示警示。

[解说] 本条是关于交通信号灯的基本组成和灯光含义的规定。

①本法规定交通信号灯由红色灯、绿色灯和黄色灯组成。交通信号灯色直接影响到驾驶员和行人的视距和视觉敏感性,对交通信号的效果具有重要作用。

②本条规定各色交通信号灯所表达的基本含义。绿色信号灯是通行信号;红色信号灯是禁止通行信号。黄色信号灯是警告信号,一般标明由绿色信号向红色信号的过渡信号。黄色闪烁信号灯是设在有危险的路口或路段,该信号是晚间使用的一种警用信号,以提醒车辆、行人注意,在确保安全的情况下通行。

第二十七条 铁路与道路平面交叉的道口,应当设置警示灯、警示标志或者安全防护设施。无人看守的铁路道口,应当在距道口一定距离处设置警示标志。

[解说] 本条是关于铁路和道路平面交叉路口设置交通安全管理设施的规定。

铁路与道路平面交叉的道口,是交通安全隐患和交通事故多发地方。因此,道路交通安全法规定在铁路与道路平面交叉的道口,应当设置必要的交通安全管理设施。

第二十八条 任何单位和个人不得擅自设置、移动、占用、损毁交通信号灯、交通标志、交通标线。

道路两侧及隔离带上种植的树木或者其他植物,设置的广告牌、管线等,应当与交通设施保持必要的距离,不得遮挡路灯、交通信号灯、交通标志,不得妨碍安全视距,不得影响通行。

[解说] 本条是关于保护交通信号设施和道路交通安全环境的规定。

(1)关于交通信号设施的保护

目前,我国公路上的交通信号灯、交通标志、交通标线等交通信号,是由公路建设单位设置,交通行政主管部门负责监督;城市道路上的交通信号灯、交通标志、交通标线等交通信号,是由公安机关交通管理部门负责统一设置。

(2)关于道路交通安全环境的保护

本条第二款是关于道路两侧及隔离带上种植的树木或者其他植物,设置的广告牌、管线等其他非交通管理设施不得影响交通信号设施功能有效发挥,确保道路净空和行车安全视距的特定保护条款,实质上是对道路及其周围交通安全环境的保护。

第二十九条 道路、停车场和道路配套设施的规划、设计、建设,应当符合道路交通安全、畅通的要求,并根据交通需求及时调整。

公安机关交通管理部门发现已经投入使用的道路存在交通事故频发路段,或者停车场、道路配套设施存在交通安全严重隐患的,应当及时向当地人民政府报告,并提出防范交通事故、消除隐患的建议,当地人民政府应当及时作出处理决定。

[解说] 本条是关于道路、及其配套设施的规划、建设和安全管理的规定。

(1)道路及其配套设施的规划、建设的基本要求

本条规定道路、停车场和道路配套设施的规划、设计、建设,应当符合道路交通安全、畅通的要求,并根据交通需求及时调整。

(2)道路、停车场和道路配套设施的安全管理规定

本条第二款规定了公安机关交通管理部门和人民政府对在用道路、停车场和道路配套设施的安全管理方面的义务:

①对交通事故多发路段及存在的严重交通安全隐患,公安机关交通管理部门负有及时报告的义务;

②人民政府负有对交通事故多发路段及交通安全隐患的处理责任。

第三十条 道路出现坍塌、坑槽、水毁、隆起等损毁或者交通信号灯、交通标志、交通标线等交通设施损毁、灭失的,道路、交通设施的养护部门或者管理部门应当设置警示标志并及时修复。

公安机关交通管理部门发现前款情形,危及交通安全,尚未设置警示标志的,应当及时采取安全措施,疏导交通,并通知道路、交通设施的养护部门或者管理部门。

[解说] 本条规定的是道路或交通标志出现危害通行的情形时,道路、交通设施的养护部门、管理部门以及公安机关交通管理部门的职责。

①本条规定的危害道路交通安全的情形是道路损毁、交通设施损毁或者灭失。

②道路出现上述危害通行的情形时相关部门的职责:

a. 道路、交通设施的养护和管理部门是依据《公路法》第八条的规定,公路及其交通设施的修建、养护和管理由交通部门负责;依据《城市道路管理条例》(国务院令第198号)第六条规定,城市道路由建设部门履行修建、养护和管理的职责。

b. 道路出现上述危害通行的情形时交通部门、建设部门的职责是设置警示标志、及时修复。

③公安机关交通管理部门的职责是及时采取相应的安全措施、疏导交通、通知有关部门尽快予以修复。

第三十一条 未经许可,任何单位和个人不得占用道路从事非交通活动。

[解说] 本条是对非交通活动占用道路的一般性禁止规定。

非交通活动占用道路,是指当事人使用道路进行通行以外的活动,如堆物占路、设置摊点、搭建建筑物及维护、挖掘道路作业等。当在道路上从事上述行为时,会对道路通行产生严重的影响。

同时,由于非交通活动占用道路的情形是不可能完全避免的,如道路维护作业。因而,《道路交通安全法》将非交通活动占用道路的行为规定为应当经过许可的行为,其目的在于对非交通活动占用道路的情形进行严格控制,保障道路使用的交通性质。

第三十二条 因工程建设需要占用、挖掘道路,或者跨越、穿越道路架设、增设管线设施,应当事先征得道路主管部门的同意;影响交通安全的,还应当征得公安机关交通管理部门的同意。

施工作业单位应当在经批准的路段和时间内施工作业,并在距离施工作业地点来车方向安全距离处设置明显的安全警示标志,采取防护措施;施工作业完毕,应当迅速清除道路上的障碍物,消除安全隐患,经道路主管部门和公安机关交通管理部门验收合格,符合通行要求后,方可恢复通行。

对未中断交通的施工作业道路,公安机关交通管理部门应当加强交通安全监督检查,维护道路交通秩序。

[解说] 本条是对因施工占用道路、施工中的要求的管理规定。

(1)施工占用道路许可权的分配

当施工占用道路影响交通安全时,该许可权力由公安机关交通管理部门和道路主管部门共同行使。

(2)审批道路施工许可时的相关问题

本条规定,因工程建设需要占用、挖掘道路,或者跨越、穿越道路架设、增设管线设施时,如果没有对道路通行安全产生影响,应当事先经道路主管部门许可同意,然后才能进行施工。如果对道路通行安全产生影响,应当先征得道路主管部门的批准,然后经过公安机关交通管理部门同意后,才能施工。

(3)道路施工作业中的要求

①对因施工需要中断通行的道路应当采取的安全措施的规定:

a. 在经批准的路段和时间内施工;

b. 设置明显的安全警示标志,采取防护措施;

c. 施工完毕后应当迅速清除道路上的障碍物,消除安全隐患;

d. 公安机关交通管理部门和道路交通主管部门的共同负责施工的道路竣工后的验收。

②未中断通行的道路施工过程中公安机关交通管理部门的职责。本条规定在未中断通行的道路施工过程中,公安机关交通管理部门加强交通安全监督检查,维护道路交通秩序的职责。

第三十三条 新建、改建、扩建的公共建筑、商业街区、居住区、大(中)型建筑等,应当配建、增建停车场;停车泊位不足的,应当及时改建或者扩建;投入使用的停车场不得擅自停止使用或者改作他用。在城市道路范围内,在不影响行人、车辆通行的情况下,政府有关部门可以施划停车泊位。

[解说] 本条是对停车场和停车泊位配置、使用的规定。

第三十四条 学校、幼儿园、医院、养老院门前的道路没有行人过街设施的,应当施划人行横道线,设置提示标志。

城市主要道路的人行道,应当按照规划设置盲道。盲道的设置应当符合国家标准。

[解说] 本条是关于在学校、幼儿园、医院、养老院门前设置人行横道线、提示标志和在城市主要道路的人行道上设置盲道的规定。

本条第一款规定,必须保障学校、幼儿园、医院、养老院门前道路的行人过街安全。需要的或有条件的可以首先要考虑设置过街设施,包括过街天桥和过街地下通道,并且在设计过街设施时应尽量将位置选择在靠近学校、幼儿园、医院、养老院门前。如果不具备设置过街设施或者设置过街设施成本太高的情况下,应当设置人行横道线和相关标志。

本条第二款规定应在城市主要道路的人行道上设置盲道,盲道必须符合《城市道路和建筑物无障碍设计规范》,以确保盲人通行安全。充分反映了我国交通立法对交通弱势群体的特殊关爱。

案例 6-2: 某日,谢某饮酒后驾驶摩托车(附载陆某、王某)在公路上由北向南行驶至某桥时,因摩托车与桥面围栏相撞,造成谢某被抛下桥底泥地,当场死亡,陆某与王某不同程度受伤及摩托车损坏的交通事故。那么,在本案中,谁应承担交通事故的全部责任?为什么?

[案例解析] 谢某饮酒后驾驶两轮摩托车超载及忽视路面情况,违反《道路交通管理条例》第七条第二款"遇到本条例没有规定的情况,车辆、行人必须在确保安全的原则下通行"、第二十六条第(六)项"饮酒后不准驾驶车辆"及第三十三条第(一)项"不准超过行驶证上核定的载人数"之规定,应负事故的全部责任。

四、道路通行规定

1 一般规定

第三十五条 机动车、非机动车实行右侧通行。

[解说] 本条是我国机动车、非机动车在道路上行驶时应遵循的基本通行原则。

它的含义是指机动车、非机动车在道路上行驶时,如果道路上划设有中心线的,以中心线为界;未划设中心线的,以几何中心为界,以面对方向定左右,即左手一侧的道路为左侧道路,右手一侧的道路为右侧道路,除有特殊规定的车辆外,一律靠右侧的道路行驶。

第三十六条 根据道路条件和通行需要,道路划分为机动车道、非机动车道和人行道,机动车、非机动车、行人实行分道通行。没有划分机动车道、非机动车道和人行道的,机动车在道路中间通行,非机动车和行人在道路两侧通行。

[解说] 本条是规定机动车、非机动车、行人应当分道行驶、各行其道。

"分道行驶、各行其道"是指机动车、非机动车、行人要按照道路上划、设的法定车道或在道路的某一法定部位上同向通行。机动车、非机动车、行人按照道路的划分在各自的道路空间里通行,将在道路上通行的各种交通流从空间上进行分离,可以减少不同交通流之间的相互影响与干扰,提高道路的通行能力。

第三十七条 道路划设专用车道的,在专用车道内,只准许规定的车辆通行,其他车辆不得进入专用车道内行驶。

[解说] 本条是关于车辆在专用车道内通行的规定。

专用车道,是指在道路上以专用车道标志、标线表明专供某种类型的车辆行驶,而其他类型车辆和行人均不得进入的车道,除有特殊规定的车辆和情况外,其他类型车辆进入专用车道,一律以违章处理。

第三十八条 车辆、行人应当按照交通信号通行;遇有交通警察现场指挥时,应当按照交通警察的指挥通行;在没有交通信号的道路上,应当在确保安全、畅通的原则下通行。

[解说] 本条是关于车辆、行人如何遵守交通信号的规定。

交通信号是指在道路上示意车辆、行人如何通行的各种交通指挥信息的总称。主要分为四类:交通信号灯、交通标志、交通标线、交通警察指挥(含交通手势信号和指挥棒信号)。本条规定的四种类型的交通信号之间的关系是:车辆、行人应当遵守交通信号灯、交通标志、交通标线和规定,并按交通警察的指挥通行;车辆、行人遇有交通信号灯、交通标志、交通标线的规定与交通警察的指挥不一致时,应当服从交通警察的指挥;而若该道路无任何交通信号,则车辆、行人的通行应以确保安全、畅通为原则。

第三十九条 公安机关交通管理部门根据道路和交通流量的具体情况,可以对机动车、非机动车、行人采取疏导、限制通行、禁止通行等措施。遇有大型群众性活动、大范围施工等情况,需要采取限制交通的措施,或者作出与公众的道路交通活动直接有关的决定,应当提前向社会公告。

[解说] 本条是关于在道路交通管理中可实行临时性限制措施的规定。

①公安机关交通管理部门日常的疏导、限制、禁止性交通组织措施。公安机关交通管理部门在日常工作中实施疏导、限制、禁止交通组织措施时,应根据道路的实际状况和道路交通流的具体情况来决定对行人、车辆种类、区域和时间进行限制或禁止通行。

②公安机关交通管理部门对大型群众性活动、大范围施工等情况采取限制、禁止性交通组织措施,或作出与公众的道路交通活动直接有关的决定时要求发布通告。

第四十条 遇有自然灾害、恶劣气象条件或者重大交通事故等严重影响交通安全的情形,采取其他措施难以保证交通安全时,公安机关交通管理部门可以实行交通管制。

[解说] 本条是关于特殊事件下公安机关交通管理部门采取交通管制措施的规定。

紧急事件下的交通管制,是指公安交通管理部门为预防和制止严重危害社会治安管理、交通安全秩序的行为,依法在一定区域和时限内,限制或禁止人员、车辆通行或者停留的强制性管理措施。

同时,公安机关交通管理部门在前款规定交通管制的原因消失后,应当及时解除交通管制,恢复交通。

第四十一条 有关道路通行的其他具体规定,由国务院规定。

[解说] 本条是关于由国务院制定其他道路通行规定的授权性规定。

2 机动车通行规定

第四十二条 机动车上道路行驶,不得超过限速标志标明的最高时速。在没有限速标志的路段,应当保持安全车速。

夜间行驶或者在容易发生危险的路段行驶,以及与有沙尘、冰雹、雨、雪、雾、结冰等气象条件时,应当降低行驶速度。

[解说] 本条是关于机动车上路行驶车速的规定。

对机动车上路行驶的速度进行规定,是对驾驶人自身、他人及社会公共安全及财产安全所进行的保护,是本法"预防交通事故,保护人身安全,保护公民、法人和其他组织的财产安全及其他合法权益"的具体体现。

限速包括最高限速、最低限速。限速标志包括限制速度标志、解除限制速度标志。由道路主管部门根据道路设定。

第四十三条 同车道行驶的机动车,后车应当与前车保持足以采取紧急制动措施的安全距离。有下列情形之一的,不得超车:

(一)前车正在左转弯、掉头、超车的;

(二)与对面来车有会车可能的;

(三)前车为执行紧急任务的警车、消防车、救护车、工程救险车的;

(四)行经铁道路口、交叉路口、窄桥、弯道、陡坡、隧道、人行横道、市区交通流量大的路段等没有超车条件的。

[解说] 本条是关于行车安全距离及禁止超车的规定。

(1)关于安全距离的规定

"足以采取紧急制动措施的安全距离",是指在采取紧急制动措施的情况下,前后两车停车后相距的不发生接触或碰撞的距离,一般至少要保持一个车长。

(2)关于禁止超车的规定

本条第二款从限制超车的条件规定了四种不得超车的情形。

第四十四条 机动车通过交叉路口,应当按照交通信号灯、交通标志、交通标线或者交通警察的指挥通过;通过没有交通信号灯、交通标志、交通标线或者交通警察指挥的交叉路口时,应当减速慢行,并让行人和优先通行的车辆先行。

[解说] 本条是关于车辆通过交叉路口的规定。

本条规定机动车通过交叉路口,在有交通信号灯、交通标志、交通标线或交通警察时,应按交通标志指示或交通警察指挥通行;在没有信号灯、交通标志、交通标线或者交通警察指挥的交叉路口减速慢行,这是一种原则性的规定;如遇有行人和优先通行的车辆通过路口,应采取必要措施,保证行人和优先通行的车辆先行。

第四十五条 机动车遇有前方车辆排队等候或者缓慢行驶时,不得借道超车或者占用对面车道,不得穿插等候的车辆。

在车道减少的路段、路口,或者在没有交通信号灯、交通标志、交通标线或者交通警察指挥的交叉路口遇到停车排队等候或者缓慢行驶时,机动车应当依次交替通行。

[解说] 本条是关于机动车遇有前方车辆排队等候或缓慢行驶时的行车规定。

本条规定包含两方面内容:是对机动车遇有前方车辆排队等候或者缓慢行驶时的禁止性规定;是对上述情况下机动车通行方式的规定。

排队等候或缓慢行驶表明前方已经出现了拥堵的状况,借道超车、驶入对面车道或穿插车辆会恶化本已拥堵的交通,而且存在着严重的安全隐患。

第四十六条 机动车通过铁道路口时,应当按照交通信号或者管理人员的指挥通行;没有交通信号或者管理人员的,应当减速或者停车,在确认安全后通过。

[解说] 本条是关于机动车经过铁路道口时的行使规定。

本条规定包括两个方面:

①是机动车通过铁路道口时,有交通信号的道口,应当按照交通信号通行。但是,如果管理人员在现场指挥,应当按照管理人员指挥通行;

②是机动车通过铁路道口时,在没有交通信号或者没有管理人员现场指挥时,应当减速慢行,同时注意瞭望火车道两边有无火车通过,保证绝对安全的情况下才可以通过。

第四十七条 机动车行经人行横道时,应当减速行驶,遇行人正在通过人行横道,应当停车让行。

机动车行经没有交通信号的道路时,遇行人横过道路时,应当避让。

[解说] 本条是关于机动车在行经人行横道或遇行人通过路口时如何行驶的规定。

本条规定机动车行经人行横道时,应当减速行驶。因为人行横道是专供行人通过的道路,行人行经人行横道时,如果有机动车通行,会有一定的危险。减速行驶是指在原来行驶速度的基础上减速慢行,如果遇到有行人正在通过人行横道,应当停车让行人先行。

第四十八条 机动车载物应当符合核定的载质量,严禁超载;载物的长宽高不得违反装载要求,不得遗洒、飘散载运物。

机动车运载超限的不可解体的物品,影响交通安全的,应当按照公安机关交通管理部门制定的时间、路线、速度行驶,悬挂明显标志。在公路上运载超限的不可解体物品,并应当依照公路法的规定执行。

机动车载运爆炸物品、易燃易爆化学物品以及剧毒放射性等危险物品,应当经公安机关批准后,按指定的时间、路线、速度行驶,悬挂警示标志并采取必要的安全措施。

[解说] 本条是关于机动车载物和运送危险物品的规定。

机动车载物应当符合核定的载质量。严禁超载是指严格按照机动车行驶证上标有的车辆核定载质量货物,否则会影响车辆的制动性能,造成车辆的装载不平衡,容易发生侧滑、翻车的事故,对生命财产安全造成威胁。

运载爆炸物品、易燃易爆化学物品以及剧毒、放射性等危险品,必须按照国家有关危险货物运输管理规定办理。对不符合规定的,发货人不得托运,承运人不得承运。

第四十九条 机动车载人不得超过核定的人数,客运机动车不得违反规定载货。

[解说] 本条是关于机动车载人和客运机动车载货的规定。

机动车载人的核定人数,是车辆检验部门根据机动车的整体性能、容积的大小、载质量及相关技术文件明确核定在车辆行驶证上的乘载人数,机动车载人不得超过核定的人数。

客运机动车不得违反规定载货。需要注意,本法第五十条规定货运机动车严禁载客,但客运机动车除了具有运送乘客的功能之外,还要承担载运乘客随身行李的功能,也就是需要载货,但不得违反相关规定。

第五十条 禁止货运机动车载客。

货运机动车需要附载作业人员的,应当设置保护作业人员的安全措施。

[解说] 本条是关于货运机动车载客和附载作业人员的规定。

货运机动车是专门设计用于运载物品的机动车辆(有时还作为牵引车),在车身安全性、车体的密封性、乘坐的舒适性、运行的稳定性、使用的便捷性等方面都无法与客运汽车相比,且其设计要求是为了便于装卸货物,因此必须禁止货运机动车载客。

货运机动车需要附载作业人员的,应当设置保护作业人员的安全措施。在设置有效的保护措施保证安全的前提下,允许货运机动车附载作业人员。

第五十一条 机动车行驶时,驾驶人、乘坐人员应当按规定使用安全带,摩托车驾驶人及乘坐人员应当按规定戴安全头盔。

[解说] 本条是关于驾驶人及乘坐人员使用安全带和佩戴安全头盔的规定。

使用安全带和佩带头盔是保护驾驶人和乘坐人员安全的有效措施。

安全带是一种被动安全装置,使用安全带能够有效地降低因紧急制动而发生交通事故给驾驶员和乘坐人员带来的损伤。摩托车由于没有防护车厢,所以当紧急制动时,由于惯性的作用,人员将会被甩出车外,所以摩托车驾驶员及乘员应当按规定佩带安全头盔降低人员的伤亡率。

第五十二条 机动车在道路上发生故障,需要停车排除故障时,驾驶人应当立即开启危险报警闪光灯,将机动车移至不妨碍交通的地方停放;难以移动的,应当持续开启危险报警闪光灯,并在来车方向设置警告标志等措施扩大示警距离,必要时迅速报警。

[解说] 本条是关于机动车在道路上发生故障时应如何处理的规定。

①机动车发生故障时,如车辆虽然可以运动或可以暂时运动,但由于故障已经影响到机动车安全,驾驶员首先应当立即开启危险报警闪光灯,给正在行驶的其他车辆警示,使之及时采取必要的避让措施,将车辆移至不妨碍交通的地方停放。在车辆排除故障重新行驶前,一直开启危险报警闪光灯。

②车辆行驶过程中突然发生故障且严重到车辆难以移动,驾驶员应当持续开启危险报警闪光灯,并采取在来车方向设置警告标志等措施扩大示警距离,必要时迅速报警。

第五十三条 警车、消防车、救护车、工程救险车执行紧急任务时,可以使用警报器、标志灯具;在确保安全的前提下,不受行驶路线、行驶方向、行驶速度和信号灯的限制,其他车辆和行人应当让行。

警车、消防车、救护车、工程救险车非执行紧急任务时,不得使用警报器、标志灯具,不享有前款规定的道路通行优先权。

[解说]　本条是关于特种车辆优先通行权的规定。

警车、消防车、救护车、工程救险车都属于特种车辆。这些特种车辆,当其执行紧急任务,也就是处置事关重大、需要立即解决,为了保护人民的生命财产不受侵害或者尽可能少的受到侵害,必须赋予执行任务的特种车辆优先的道路通行权。在执行紧急任务时,可以使用警报器、标志灯具,起到表明身份、警示和示意避让的作用,从而要求其他车辆和行人采取必要的措施进行避让,保证其优先通行权。这里要强调的是特种车必须是在执行紧急任务时和在确保安全的前提下,才有这种行驶特权。在非执行紧急任务时,特种车辆不得使用警报器、标志灯具,也不享有道路优先通行权。

第五十四条　道路养护车辆、工程作业车进行作业时,在不影响过往车辆通行的前提下,其行驶路线和方向不受交通标志、标线限制,过往车辆和人员应当注意避让。

洒水车、清扫车等机动车应当按照安全作业标准作业;在不影响其他车辆通行的情况下,可以不受车辆分道行驶的限制,但是不得逆向行驶。

[解说]　本条是道路养护车辆作业行驶的规定。

第五十五条　高速公路、大中城市中心城区内的道路,禁止拖拉机通行。其他禁止拖拉机通行的道路,由省、自治区、直辖市人民政府根据当地实际情况规定。

在允许拖拉机通行的道路上,拖拉机可以从事货运,但是不得用于载人。

[解说]　本条是关于拖拉机道路通行权及装载的规定。

拖拉机由于速度慢的缺点不符合高速公路上最低限速要求,与其他车辆的速度相差较大容易引起追尾、超车等事故的发生;在大中城市中心城区交通活动集中,人员来往频繁,拖拉机噪声大、污染严重、操作性和安全性较差的特点也不符合中心区域交通要求及环保要求,因此,高速公路、大中城市中心城区内的道路,禁止拖拉机通行。

在允许拖拉机通行的道路上,拖拉机可以从事货运,但是不得用于载人。其从事运输装载的货物,必须按照机动车的货物装载规定严格执行。

第五十六条　机动车应当在规定地点停放。禁止在人行道上停放机动车;但是,依照本法第三十三条规定施划的停车泊位除外。

在道路临时停车的,不得妨碍其他车辆和行人通行。

[解说]　本条是关于机动车停放的规定。

机动车停放时,车辆应当在规定地点停放,机动车驾驶员一般可以离开车辆。规定地点是指经公安机关交通管理部门批准和施划的机动车停车场或停车泊位。

禁止在人行道上停放机动车,是为了保证行人的路权及行走安全,防止因机动车占用人行道致使行人借道非机动车道或者因停放车辆的驶入驶出而发生交通事故。

同时,允许车辆在一些道路和场地临时停车,但是要求是短时间停放,且不能影响其他车辆的通行。

3　非机动车通行规定

第五十七条　驾驶非机动车在道路上行驶应当遵守有关交通安全的规定。非机动车应当在非机动车道内行驶;在没有非机动车道的道路上,应当靠车行道的右侧行驶。

[解说]　本条是关于非机动车行驶的规定。

为了搞好交通秩序,加强对各种车辆的管理,应将机动车、非机动车和行人严格分离。非机动车必须严格遵守交通法规,在非机动车道内有序行驶。不得在机动车内行驶。在没有非机动车道的道路上,应当靠车行道的右侧行驶,注意避让机动车。

第五十八条 残疾人机动轮椅车、电动自行车在非机动车道内行驶时,最高时速不得超过十五公里。

[解说] 本条是关于残疾人机动轮椅车、电动自行车的行驶限速规定。

本法将残疾人机动轮椅车、电动自行车作为非机动车管理。因此规定其在非机动车道内行驶,但最高时速不得超过15千米/小时。

第五十九条 非机动车应当在规定地点停放。未设停放地点的,非机动车停放不得妨碍其他车辆和行人通行。

[解说] 本条是关于非机动车停放管理的规定。

根据本条的规定,非机动车应当在规定的地点停放,在没有设立专门的非机动车停放点的地方,也不能任意停放,以免形成道路通行的障碍。同时,为了保证非机动车停放的有序、安全,应该保证非机动车停放场所的建设。

第六十条 驾驭畜力车,应当使用驯服的牲畜;驾驭畜力车横过道路时,驾驭人应当下车牵引牲畜;驾驭人离开车辆时,应当拴系牲畜。

[解说] 本条是关于驾驭畜力车行驶的有关规定。

一是应当使用驯服的牲畜,这是保证畜力车行驶安全的基本条件之一。二是驾驭畜力车横过道路时,驾驭人应当下车牵引牲畜。这是因为路口情况复杂,畜力本身躲避危险的能力有限,要由驭手牵引,以保证其安全通过路口。三是驾驭人离开车辆时,应当拴系牲畜。这主要是为了防止牲畜失去控制、走失等。

4 行人和乘车人通行规定

第六十一条 行人应当在人行道内行走,没有人行道的靠路边行走。

[解说] 本条是对行人遵守交通规则的规定。

人行道,即专供行人步行使用的道路部分。在设有人行道的道路上,行人应当在人行道内行走;在没有划设人行道的路段,行人应当靠路边行走。这里靠路边行走,是指靠道路的左边或者右边行走,以行人能够安全通行的道路空间为限度。

第六十二条 行人通过路口或者横过道路,应当走人行横道或者过街设施;通过有交通信号灯的人行横道,应当按照交通信号灯指示通行;通过没有交通信号灯、人行横道的路口,或者在没有过街设施的路段横过道路,应当在确认安全后通过。

[解说] 本条是对行人通过路口或者横过道路的规定。

①行人横过车行道,须走人行横道或其他过街设施;

②通过有交通信号灯的人行横道,应当按照交通信号灯指示通行。人行横道上红灯亮时,禁止行人进入人行横道;人行横道上绿灯亮时,允许行人进入人行横道;

③通过没有交通信号灯、人行横道的路口,或者在没有过街设施的路段横过道路,应当在确认安全后通过。

第六十三条 行人不得跨越、倚坐道路隔离设施,不得扒车、强行拦截或者实施妨碍道路交通安全的其他行为。

[解说]　本条是对行人不得实施妨碍道路交通安全行为的规定。

（1）不得跨越、倚坐道路隔离设施

设置道路隔离设施的路口或者路段，多是交通流量比较大，交通情况复杂的路段。设置这些隔离设施的目的，一方面是分离各种交通元素，保证通行的速度；另一方面，就是保障行人的通行安全，如果行人跨越、倚坐道路隔离设施，就失去了设立这些隔离设施的初衷。

（2）不得扒车或者强行拦车

由于跨越、倚坐道路隔离设施和扒车、强行拦车行为具有明显的危害性，因此，《道路交通安全法》禁止行人实施跨越、倚坐道路隔离设施和扒车、强行拦截行驶中车辆的行为。

（3）不得实施妨碍道路交通安全的其他行为

这是《道路交通安全法》作的概括性规定，禁止行人实施一切妨碍道路交通安全的行为。

第六十四条　学龄前儿童以及不能辨认或者控制自己行为的精神病患者、智力障碍者在道路上通行，应当由其监护人、监护人委托的人或者对其负有管理、保护职责的人带领。

盲人在道路上通行，应当使用盲杖或者采取其他导盲手段，车辆应当避让盲人。

[解说]　本条是对特殊行人通行道路的规定。

①本条规定的限制通行行为能力人包括学龄前儿童、不能辨认或者控制自己行为的精神病患者、智力障碍。

②盲人。盲人在道路上通行，应当采用相应的导盲辅助工具，如盲杖或者采取其他导盲手段，这主要是出于保护盲人通行安全的考虑。车辆应当避让盲人，与正常的行人相比，盲人就更处于通行中的弱势。因而作为车辆来讲，应当避让行人以保证其交通安全。

第六十五条　行人通过铁路道口时，应当按照交通信号灯或者管理人员的指挥通行；没有交通信号和管理人员的，应当在确认无火车驶临后，迅速通过。

[解说]　本条是对行人通过铁路道口的规定。

①对于设有交通信号灯或者有管理人员看守的铁路道口，行人通过铁路道口时，必须按照交通信号灯的指示和管理人员的指通行。服从管理人员的管理，不得擅自抢行。

②对于没有交通信号灯和管理人员的铁路道口，行人应当在观察确认无火车驶来可以安全通过时，迅速通过。不准在铁路道口内停留。在横过双线或者多条铁路线时，一定要注意两边来车。

第六十六条　乘车人不得携带易燃易爆等危险物品，不得向车外抛洒物品，不得有影响驾驶人安全驾驶的行为。

[解说]　本条是对乘车人乘车时禁止行为的规定。本条中规定的乘车人，包括公共交通工具的乘客，也包括各企、事业单位班车的乘车人，还包括私人车辆的搭乘者等。

①不得携带易燃易爆物品乘车。易燃易爆物品，有些燃烧会引起爆炸；有些遇酸碱或者受潮、强热、摩擦冲击等也能分解引起燃烧和爆炸。《道路交通安全法》明文规定，乘车人不得携带易燃易爆等危险物品。

②不得向车外抛洒物品。乘车人向车外抛洒物品，外面的机动车可能会为了躲避突然

扔下来的物品而采取紧急制动车或者猛打转向盘,这极易造成交通事故;因此,本法明文禁止乘车人向车外抛洒物品。

③不得有影响驾驶人安全驾驶的行为。乘车人在驾驶人驾驶车辆期间与驾驶人交谈或者实施其他影响驾驶人安全驾驶的行为,将分散驾驶人对道路情况的注意力,增加发生道路交通事故的概率。因而本法规定,乘车人不得有影响驾驶人安全驾驶的行为。

5 高速公路的特别规定

第六十七条 行人、非机动车、拖拉机、轮式专用机械车、绞接式客车、全挂拖斗车以及其他设计最高时速低于七十公里的机动车,不得进入高速公路。高速公路限速标志标明的最高时速不得超过一百二十公里。

[解说] 本条对在高速公路上的行使的规定。

①禁止通行高速公路的规定。高速公路,是指专门针对机动车高速行驶而设计的,经国家公路主管部门验收认定,符合高速公路工程技术标准,并设置完善的交通安全设施,管理设施和服务设施,专供机动车高速行驶的公路。建设高速公路的目的是保证汽车在高速公路上能够高速行驶提高通行效率。对于拖拉机、轮式专用机械车、绞接式客车、全挂拖斗车以及其他设计最高时速低于70千米的机动车,这些汽车无论从设计时速还是从其行驶的安全性上都不具备上高速公路行驶的条件。

②高速公路的最高限速。在高速公路上车速太快一旦出现紧急情况,往往难以控制,极易发生恶性事故。因此,本法规定高速公路的最高时速为120千米,机动车在通行高速公路时应当遵守限速标志的规定。

第六十八条 机动车在高速公路上发生故障时,应当依照本法第五十二条的有关规定办理;但是,警告标志应当设置在故障车来车方向一百五十米以外,车上人员应当迅速转移到右侧路肩上或者应急车道内,并迅速报警。

机动车在高速公路发生故障或者交通事故,无法正常行驶的,应当由救援车、清障车拖曳、牵引。

[解说] 本条是车辆在高速公路上发生故障后如何处理的规定。

①机动车在高速公路上发生故障的处理。机动车在高速公路上发生故障,需要停车排除故障时,驾驶人应当立即开启报警闪光灯。并在故障车来车方向150米以外设置警告标志。

②高速公路上故障车人员安置。为了保障在高速公路上发生故障的机动车上搭乘人员的安全,本条要求车上人员应当迅速转移到右侧路肩上或者应急车道内。

③报警。由于高速公路是供车辆高速行驶的道路,一旦发生堵塞或者交通事故,将会严重影响整条高速公路的通行,因而本条要求在高速公路上发生故障的机动车驾驶人应当立即报告相关的公安机关交通管理部门。

④高速公路的清障与救援。由于高速公路通行的快速性,出于安全的考虑,本法要求机动车在高速公路发生故障或者交通事故,无法正常行驶的,应当由救援车、清障车拖曳、牵引。除此以外的机动车之间不允许互相拖曳、牵引。

第六十九条 任何单位、个人不得在高速公路上拦截检查行驶的车辆,公安机关的人民警察依法执行紧急公务除外。

[解说] 本条是禁止在高速公路上拦截检查车辆的规定。

本条规定的目的是为了保障道路交通参与者安全、快速地通行高速公路的合法权益。首先,本条作出一般性的禁止规定,即任何单位、个人不得在高速公路上拦截检查行驶的车辆;其次,本法规定可以在高速公路上拦截检查行驶车辆的除外情况,即公安机关的人民警察执行紧急公务。

五、交通事故处理

第七十条 在道路上发生交通事故,车辆驾驶人应当立即停车,保护现场;造成人身伤亡的,车辆驾驶人应当立即抢救受伤人员,并迅速报告执勤的交通警察或者公安机关交通管理部门。因抢救受伤人员变动现场的,应当标明位置。乘车人、过往车辆驾驶人、过往行人应当予以协助。

在道路上发生交通事故,未造成人身伤亡,当事人对事实及成因无争议的,可以即行撤离现场,恢复交通,自行协商处理损害赔偿事宜;不即行撤离现场的,应当迅速报告执勤的交通警察或者公安机关交通管理部门。

在道路上发生交通事故,仅造成轻微财产损失,并且基本事实清楚的,当事人应当先撤离现场再进行协商处理。

[解说] 本条是关于发生交通事故时,当事人应当如何处理的规定。
(1)交通事故当事人的现场义务:
①车辆驾驶人立即停车,保护现场的义务;
②车辆驾驶人抢救受伤人员的义务;
③车辆驾驶人报警的义务;
④乘车人、过往车辆驾驶人、过往行人的协助义务。
(2)关于"即行撤离现场"的规定:
本条第二款规定在道路上发生交通事故,实施"即行撤离现场"的条件:
①交通事故未造成人员伤亡;
②是事故当事人对交通事故的事实及成因无争议;
(3)关于"先行撤离现场"的规定。本条第三款规定在道路上发生交通事故,仅造成轻微财产损失,并且基本事实清楚的,当事人应当先撤离现场再进行协商处理。本条第二款规定的"即行撤离现场"是法律赋予事故当事人的一种权利,第三款中规定的"先行撤离现场"是法律规定的一项义务。

第七十一条 车辆发生交通事故后逃逸的,事故现场目击人员和其他知情人员应当向公安机关交通管理部门或者交通警察举报。举报属实的,公安机关交通管理部门应当给予奖励。

[解说] 本条是关于举报交通事故逃逸的规定。

交通事故逃逸也称交通肇事逃逸,是指发生道路交通事故后,当事人故意驾驶车辆或弃车逃离交通事故现场的行为。

"目击人员"主要指看见交通事故发生或肇事后逃逸过程的人员,如乘车人、过往车辆的驾驶人、过往行人等;"其他知情人员"是指虽未在事故现场目击到交通肇事逃逸经过,但从其他渠道间接了解到交通肇事逃逸情况的人员,其他知情人包括车辆修理人员、熟悉肇事机动车及其驾驶人的单位和人员,一旦发现车辆肇事逃逸嫌疑,应当将其所了解的情况及时报告公安机关。此外,逃逸车辆经过路段的执勤警察或者其他道路交通参与人发现异常车辆也应当报告公安机关交通管理部门或者交通警察。

第七十二条 公安机关交通管理部门接到交通事故报警后,应当立即派交通警察赶赴现场,先组织抢救受伤人员,并采取措施,尽快恢复交通。

交通警察应当对交通事故现场进行勘验、检查,收集证据;因收集证据的需要,可以扣留事故车辆,但是应当妥善保管,以备核查。

对当事人的生理、精神状况等专业性较强的检验,公安机关交通管理部门应当委托专门机构进行鉴定。鉴定结论应当由鉴定人签名。

[解说] 本条是关于公安机关交通管理部门处理交通事故现场的规定。

(1)交通事故现场紧急处置

本条第一款规定公安机关交通管理部门在接到报警后,应认真做好报案记录,立即组织警力,迅速赶赴现场,根据需要采取相应的紧急措施。

(2)交通事故现场证据收集

本条第二款有两个方面的规定,一方面是对交通警察应当进行现场勘查职责的规定;另一方面是赋予了公安机关交通管理部门暂扣事故车辆的权力。

(3)交通事故技术检验和鉴定

本条第三款是关于交通事故技术检验和鉴定的规定。通过事故鉴定能查明某些事故事实形成的原因,为事故办案人员正确认识案情提供依据。

第七十三条 公安机关交通管理部门应当根据交通事故现场勘验、检查、调查情况和有关的检验、鉴定结论,及时制作交通事故认定书,作为处理交通事故的证据。交通事故认定书应当载明交通事故的基本事实、成因和当事人的责任,并送达当事人。

[解说] 本条是关于公安机关交通管理部门进行交通事故认定的规定。

交通事故认定是指公安机关交通管理部门在对交通事故案件进行调查、侦查后,根据交通事故现场勘验、检查、调查情况和有关的检验、鉴定结论等证据的综合分析结果,对交通事故基本事实、发生原因和当事人的责任等所进行的一种专业判断。交通事故认定书是公安机关交通管理部门根据交通事故证据,对交通事故基本事实、发生原因和当事人的责任等所作出的一种专业性判断结论,其性质是证据。交通事故认定书可以作为人民法院审理交通事故损害赔偿案件,确定当事人责任的重要证据,也是当事人自行和解或请求公安机关交通管理部门调解的重要依据。

第七十四条 对交通事故损害赔偿的争议,当事人可以请求公安机关交通管理部门调解,也可以直接向人民法院提起民事诉讼。

经公安机关交通管理部门调解,当事人未达成协议或者调解书生效后不履行的,当事人可以向人民法院提起民事诉讼。

[解说] 本条是关于交通事故损害赔偿争议解决途径的规定。

(1) 请求公安机关交通管理部门调解

调解是在公安机关交通管理部门办案人员的主持下，依据法律、法规和规章的有关规定，提出调解方案，由各方当事人自愿协商，达成协议，解决双方的交通事故损害赔偿问题。

(2) 向人民法院提起民事诉讼

在《道路交通安全法》中，对于交通事故损害赔偿的争议问题，形成了三种解决机制。

①当事人自己协商解决；

②通过公安机关的调解；

③通过民事诉讼。

三种方式各自独立，互相不依赖。

第七十五条 医疗机构对交通事故中的受伤人员应当及时抢救，不得因抢救费用未及时支付而拖延救治。肇事车辆参加机动车第三者责任强制保险的，由保险公司在责任限额范围内支付抢救费用；抢救费用超过责任限额的，未参加机动车第三者责任强制保险或者肇事后逃逸的，由道路交通事故社会救助基金先行垫付部分或者全部抢救费用，道路交通事故社会救助基金管理机构有权向交通事故责任人追偿。

[解说] 本条是关于抢救道路交通事故中受伤人员及抢救费用支付的规定。

①医疗机构应当及时抢救。医疗机构应当积极参与交通事故受伤人员的抢救治疗，避免因抢救治疗不及时或者因收治手续繁杂冗长延误最佳抢救治疗时机；或者因当事人不能交纳抢救治疗费而拒绝或者放弃抢救治疗等加重伤害后果或者导致死亡。

②交通事故伤员抢救费用先行支付。本条规定，如果肇事车辆已经参加机动车第三者责任强制保险，则应当由保险公司在责任限额范围内支付抢救费用，其性质属于先行支付。

③交通事故伤员抢救费用先行垫付。本条第三项内容是对交通事故伤员抢救费用先行垫付的规定，主要是针对尚未参加机动车第三者责任强制保险的车辆发生交通事故或者肇事后逃逸的，由道路交通事故社会救助基金先行垫付抢救费用。法律同时还规定，道路交通事故社会救助基金有权向交通事故责任人追偿。

第七十六条（旧款） 机动车发生交通事故造成人身伤亡、财产损失的，由保险公司在机动车第三者责任强制保险责任限额范围内予以赔偿。超过责任限额的部分，按照下列方式承担赔偿责任：

（一）机动车之间发生交通事故的，由有过错的一方承担责任；双方都有过错的，按照各自过错的比例分担责任。

（二）机动车与非机动车驾驶人、行人之间发生交通事故的，由机动车一方承担责任；但是，有证据证明非机动车驾驶人、行人违反道路交通安全法律、法规，机动车驾驶人已经采取必要处置措施的，减轻机动车一方的责任。

交通事故的损失是由非机动车驾驶人、行人故意造成的，机动车一方不承担责任。

第七十六条（新款） 机动车发生交通事故造成人身伤亡、财产损失的，由保险公司在机动车第三者责任强制保险责任限额范围内予以赔偿；不足的部分，按照下列规定承担赔偿责任：

（一）机动车之间发生交通事故的，由有过错的一方承担赔偿责任；双方都有过错的，按照各自过错的比例分担责任。

（二）机动车与非机动车驾驶人、行人之间发生交通事故，非机动车驾驶人、行人没有过错的，由机动车一方承担赔偿责任；有证据证明非机动车驾驶人、行人有过错的，根据过错程度适当减轻机动车一方的赔偿责任；机动车一方没有过错的，承担不超过百分之十的赔偿责任。

交通事故的损失是由非机动车驾驶人、行人故意碰撞机动车造成的，机动车一方不承担赔偿责任。

[解说]　本条是关于交通事故造成人身伤亡、财产损失的赔偿规定。

(1)交通事故民事赔偿责任承担原则

保险先行有限赔偿原则；过错责任原则；严格责任原则；交通事故民事赔偿免责的规定。

(2)保险先行赔偿的原则

本条第一款规定机动车发生交通事故造成人身伤亡、财产损失的，首先由保险公司在机动车第三者责任强制保险责任限额范围内予以赔偿。

本条规定的机动车发生交通事故实行保险先行赔偿的原则，有利于保障当事人的合法权益，使交通事故赔偿工作便捷、明确，也符合国际通用的理赔原则。考虑到保险责任限额有限，可能会出现交通事故的实际损失大于责任限额的情况，本条明确规定对超过责任限额的部分，根据机动车交通事故侵害的对象不同，规定分别适用过错责任和严格责任原则承担交通事故损害赔偿责任。

(3)机动车之间的交通事故民事赔偿责任承担

本条第一款第一项规定机动车之间发生交通事故的，在机动车第三者责任强制保险责任限额之外，其民事赔偿责任由有过错的一方承担；当事各方都有过错的，按照各自过错的比例分担民事赔偿责任。（过错责任原则）

(4)机动车与非机动车驾驶人、行人之间的交通事故民事赔偿责任承担

本条第一款第二项规定机动车与非机动车驾驶人、行人之间的交通事故，当事故损失超过了保险责任限额时，超过的那部分损失的赔偿责任由机动车一方承担。如果机动车一方想要减轻或者免除自己的责任，《道路交通安全法》对抗辩事由采取了严格和具体的限制。即"有证据证明非机动车驾驶人、行人违反道路交通安全法律、法规，机动车驾驶人已经采取必要处置措施的，减轻机动车一方的责任"。（严格责任原则）

(5)交通事故民事赔偿免责的规定

本法规定了机动车一方唯一的免责条件：交通事故的损失是由非机动车驾驶人、行人故意造成的，机动车一方不承担责任。

第七十七条　车辆在道路以外通行时发生的事故，公安机关交通管理部门接到报案的，参照本法有关规定办理。

[解说]　本条是关于道路以外发生的交通事故的处理规定。

根据《道路交通安全法》有关规定，车辆在道路以外，因过错或者意外造成的人身伤亡或者财产损失的事件，不是交通事故，只能称为事故。这里的"事故"，仅限于车辆在道路以外通行时发生的交通侵权事件，如机动车在厂矿、油田、农场、林场、自建的不通行社会车辆的专用道路，田间机耕道，机关、学校、单位大院内，火车站、汽车总站、机场、港口、货场内道

路上发生的事故。则不属于本法调整的范围。因此,这类事故原则上应当作为一般的民事侵权行为,由当事人通过诉讼或者单位的调解处理,不属于公安机关交通管理部门的管辖和职责范围。但是,发生在道路以外的涉及到车辆的交通事件的性质和管辖,一般群众是很难区分的,往往当作交通事故向公安机关交通管理部门报案,如果公安机关交通管理部门接到这种报案,可参照本法有关规定办理。

案例6-3:田某是某企业驾驶员,某日,田某驾驶单位的奔驰车送领导和重要客户前往郊区风景点旅游观光。因客户心情较为迫切,单位领导再三催促田某加速行驶,并授意其超车。当车辆行至具有坡路标志、存在视线盲区的路段时,田某驾车尾随由孙某驾驶的运货卡车爬坡。领导再次催促超车,田某加速超越对方卡车。当奔驰车尾部与卡车车头平行时,适有连某驾驶桑塔纳车逆向驶来。由于是在双方驾驶员的视线盲区内,辆车临近约12米时,才发现对方。双方驾驶员虽然紧急采取制动措施,但为时已晚。奔驰车左前角与桑塔纳左前角发生相撞,后桑塔纳车水平旋转180°横于马路中间。奔驰车受撞后在调转方向过程中,车左后侧又受到卡车的再次撞击。奔驰车里的两名乘车人受重伤。经现场勘查,桑塔纳车在交通事故发生时的车速为78千米/小时超过该路管限速标志标明的65千米/小时。

[案例解析] 根据《道路交通安全法》第四十三条规定:"同道行驶的机动车,后车应当与前车保持足以采取紧急制动措施的安全距离有下列情形之一的,不得超车:与对面来车有会车可能的;行经铁路道口的、交叉路口、窄桥、弯道、陡坡、隧道、人行横道、市区交通流量大的路段等没有超车条件的。"田某在视线存在盲区的爬坡路段强行超车,是严重的违章行为。且其违章行为与此次交通事故的发生存在直接的、必然的联系,是此次造成交通事故的主要原因。因此,田某应当承担此次交通事故的主要责任。田某是在其单位领导的授意和指使下超车的,依据《道路交通安全法》第二十二条第三款的规定:"任何人不得强迫、指使、纵容驾驶人违反道路交通安全法律、法规和机动车安全驾驶要求驾驶机动车。"田某所在单位领导在此次交通事故中负有重大过错,应当依法追究其责任,并相应地减轻机动车驾驶员田某的责任。机动车驾驶人连某在驾车过程中,违章超速行驶,对此次交通事故也负有一定的责任。依据《道路交通安全法》第四十二条的规定:"机动车上道路行驶,不得超过限速标志证明的最高时速。"连某的行为直接违反了法律的明文规定,并与交通事故的发生有一定的联系,但其违章行为与交通事故的联系是间接的,不是直接导致了此次交通事故的发生,而是在一定程度上导致交通事故损害结果的扩大。因此,在此次交通事故中,连某也应当承担相应的责任,即交通事故的次要责任。孙某在此次交通事故中没有违章行为不承担责任。依据《道路交通安全法》第七十六条的规定:"机动车之间发生事故的,由有过错的一方承担责任;双方都有过错的,按照各过错的比例分担责任。"

六、执 法 监 督

第七十八条 公安机关交通管理部门应当加强对交通警察的管理,提高交通警察的素质和管理水平。

公安机关交通管理部门应当对交通警察进行法制和交通安全管理业务培训、考核。交通警察经考核不合格的,不得上岗执行职务。

[解说] 本条关于交通警察队伍建设、提高管理水平的规定。

第七十九条 公安机关交通管理部门及其交通警察实施道路交通安全管理,应当依据法定的职权和程序,简化办事手续,做到公正、严格、文明、高效。

[解说] 本条是对公安机关交通管理部门及其交通警察依法行政的规定。

依照本条规定,《道路交通安全法》对公安机关交通管理部门及其交通警察行使道路交通安全管理从三个方面作出了规定:

①法定的职权和程序行使道路交通安全管理权力;
②简化办事手续;
③做到公正、严格、文明、高效。

第八十条 交通警察执行职务时,必须按照规定着装,佩戴人民警察标志,持有人民警察证件,保持警容严整,举止端庄,指挥规范。

[解说] 本条是对交通警察执行职务时行为规范的要求。

第八十一条 依照本法发放牌证等收取工本费,必须严格执行国务院价格主管部门核定的收费标准,并全部上缴国库。

[解说] 本条是对公安机关交通管理部门收取费用的标准及该费用归属的规定。

公安机关交通管理部门依法发放牌证等收取的费用,属于行政事业性收费,应当由省级物价部门制定相应的标准。公安机关交通管理部门必须严格按照物价部门规定的价格进行收费,不得擅自多收或者少收。

对于公安机关交通管理部门依法收取的发放各种牌证的费用,都属于国家所有,因此本条规定该费用依法上缴国库。

第八十二条 公安机关交通管理部门依法实施罚款的行政处罚,应当依照有关法律、行政法规的规定,实施罚款决定与罚款收缴分离;收缴的罚款以及依法没收的违法所得,应当全部上缴国库。

[解说] 本条是对公安机关交通管理部门实行罚缴分离及罚款和没收的违法所得上缴国库的规定。

公安机关交通管理部门对道路交通安全违法行为给予的罚款处罚,属于行政罚款的一种,因而也应当遵守《行政处罚法》和国务院的规定,实行罚款决定和罚款收缴分离,因此,公安机关交通管理部门对于没收的当事人的违法所得,也应当依法上缴国库。

第八十三条 交通警察调查处理道路交通安全违法行为和交通事故,有下列情形之一的,应当回避:

(一)是本案的当事人或者当事人的近亲属;
(二)本人或者其近亲属与本案有利害关系;
(三)与本案当事人有其他关系,可能影响案件的公正处理。

[解说] 本条是关于交通警察在处理道路交通安全违法行为和交通事故中有关回避事项的规定。

回避,是指办理案件的人民警察与当事人有某些利害关系,而可能影响到对案件公正

处理的,依法避开或者退出案件处理的制度。有下列情况时应当回避:

①是本案当事人或者是当事人的近亲属的。近亲属包括配偶、父母、子女、同胞兄弟、姐妹、祖父母、外祖父母、孙子女、外孙子女;

②本人或者其近亲属与本案有利害关系的;

③与本案当事人有其他关系,可能影响案件公正处理的。

交通警察在道路交通执法中,如果有上述应当回避的情形,办案的交通警察应当主动要求回避,当事人或者其法定代理人也有权要求他们回避,但最终应当由交通警察所在的交通管理部门决定。当事人对公安交通管理部门有关回避的决定不服的,应当准许其复议一次,即由公安交通管部门对当事人的申请进行重新审查,审查期间不停止该交通警察执行职务。

第八十四条　公安机关交通管理部门及其交通警察的行政执法活动,应当接受行政监察机关依法实施的监督。

公安机关督察部门应对公安机关交通管理部门及其交通警察执行法律、法规和遵守纪律的情况依法进行监督。

上级公安机关交通管理部门应当对下级公安机关交通管理部门的执法活动进行监督。

[解说]　本条是对公安机关交通管理部门执法进行监督的规定。

本条规定了对公安机关交通管理部门予以监督的三个主体,即行政监察机关、公安机关督察部门和上级公安机关交通管理部门。

第八十五条　公安机关交通管理部门及其交通警察执行职务,应当自觉接受社会和公民的监督。

任何单位和个人都有权对公安机关交通管理部门及其交通警察不严格执法以及违法违纪行为进行检举、控告。收到检举、控告的机关,应当依据职责及时查处。

[解说]　本条是对社会监督公安机关交通管理部门及其交通警察执法行为的规定。

我国《宪法》第四十一条规定,中华人民共和国公民对于任何国家机关和国家工作人员,有提出批评和建议的权利;对于任何国家机关和国家工作人员的违法失职行为,有向有关国家机关提出申诉、控告或者检举的权利,但是不得捏造或者歪曲事实进行诬告陷害。依照《公安机关受理控告申诉暂行规定》第六条规定,各级公安机关的信访部门是受理控告、申诉的专门机构,负责控告、申诉的日常工作。

各级公安机关对属于本机关管辖的控告应即初步核查,控告事由基本成立,需要督促履行职责、纠正执法过错或者追究被控告对象责任的,应立案查办。

第八十六条　任何单位不得给公安机关交通管理部门下达或者变相下达罚款指标;公安机关交通管理部门不得以罚款数额作为考核交通警察的标准。

公安机关交通管理部门及其交通警察对超越法律、法规规定的指令,有权拒绝执行,并同时向上级机关报告。

[解说]　本条第一款是对下达罚款指标和以罚款作为考核交通警察标准的禁止性规定;第二款赋予了公安机关交通管理部门及其交通警察拒绝执行违法指令的权利。

七、法律责任

第八十七条 公安机关交通管理部门及其交通警察对道路交通安全违法行为,应当及时纠正。

公安机关交通管理部门及其交通警察应当依据事实和本法的有关规定对道路交通安全违法行为予以处罚。对于情节轻微,未影响道路通行的,指出违法行为,给予口头警告后放行。

[解说] 本条是关于公安机关交通管理部门及其交通警察处理道路交通安全违法行为的一般性规定。

目的在于及时纠正道路交通安全违法行为,消除事故隐患,防患于未然,尽量保证道路交通的安全与畅通;同时让道路交通安全违法行为人及时改正自己的违法行为,了解自己的行为对道路交通的危害性。

第八十八条 对道路交通安全违法行为的处罚种类包括:警告、罚款、暂扣或者吊销机动车驾驶证、拘留。

[解说] 本条是关于道路交通安全违法行为处罚种类的规定。

道路交通安全违法行为的处罚种类,是道路交通管理行政处罚的具体表现形式。本法将对道路交通安全违法行为处罚的种类设定为警告、罚款、暂扣或者吊销机动车驾驶证、拘留。

第八十九条 行人、乘车人、非机动车驾驶人违反道路交通安全法律、法规关于道路通行规定的,处警告或者五元以上五十元以下罚款;非机动车驾驶人拒绝接受罚款处罚的,可以扣留其非机动车。

[解说] 本条规定的是行人、乘车人和非机动车驾驶人违反道路通行规定的法律责任。

本条分两段,前段规定了对行人、乘车人、非机动车驾驶人违反道路通行的规定应承担的行政责任;后段是对非机动车驾驶人拒绝接受罚款处罚情形采取强制措施的规定。

第九十条 机动车驾驶人违反道路交通安全法律、法规关于道路通行规定的,处警告或者二十元以上二百元以下罚款。本法另有规定的,依照规定处罚。

[解说] 本条是关于机动车驾驶人违反道路交通安全法律、法规处罚的一般规定。

对机动车驾驶人的道路交通安全违法行为,从严重程度上可分为两大类:一类为一般的道路交通违法行为;另一类为严重的道路交通违法行为。本条有两层含义,一是对机动车驾驶人的一般道路交通违法行为的处罚规定;二是对机动车驾驶人的严重道路交通违法行为的处罚规定。

本条中"本法另有规定的",是指本法第九十条至第一百零一条的规定。

第九十一条 饮酒后驾驶机动车的,处暂扣六个月机动车驾驶证,并处一千元以上二千元以下罚款。因饮酒后驾驶机动车被处罚,再次饮酒后驾驶机动车的,处十日以下拘留,并处一千元以上二千元以下罚款,吊销机动车驾驶证。

醉酒驾驶机动车的,由公安机关交通管理部门约束至酒醒,吊销机动车驾驶证,依法追究刑事责任;五年内不得重新取得机动车驾驶证。

饮酒后驾驶营运机动车的,处十五日拘留,并处五千元罚款,吊销机动车驾驶证,五年内不得重新取得机动车驾驶证。

醉酒驾驶营运机动车的,由公安机关交通管理部门约束至酒醒,吊销机动车驾驶证,依法追究刑事责任;十年内不得重新取得机动车驾驶证,重新取得机动车驾驶证后,不得驾驶营运机动车。

饮酒后或者醉酒驾驶机动车发生重大交通事故,构成犯罪的,依法追究刑事责任,并由公安机关交通管理部门吊销机动车驾驶证,终生不得重新取得机动车驾驶证。

[解说] 本条分5款,分别对机动车驾驶人酒后驾驶机动车行为处罚进行规定。

第一款规定就酒驾的行政责任作了两个层次的分类:其一,根据酒驾的程度分为饮酒后驾驶机动车和醉驾,醉驾的责任要重于饮酒后驾驶机动车的责任。饮酒后驾驶机动车、醉驾的认定需要公安交管部门依靠仪器进行测试。《车辆驾驶人员血液、呼气酒精含量阈值与检验》中规定,驾车人每百毫升血液中的酒精含量大于或者等于20毫克、小于80毫克,认定其为饮酒驾车;假如每百毫升血液中的酒精含量大于或者等于80毫克,即为醉酒驾车。据悉,现行规定标准正在酝酿修改,要适当降低饮酒驾驶和醉酒驾驶的最低标准。其二,根据机动车的用途分为营运机动车和非营运机动车,驾驶营运机动车的责任要重于驾驶非营运机动车的责任。

本款规定的是驾驶员饮酒后驾驶非营运机动车的行政责任,同时适用暂扣6个月驾驶证和罚款1000～2000元不等的行政责任(注意这两个种类的行政处罚是同时适用的,执法人员无自由裁量权。执法人员的自由裁量权限于罚款的数额,在一千至二千的幅度内)。

对于饮酒后驾驶机动车被处罚,再次饮酒驾驶机动车的,同时适用10日以下拘留、1000元至2000元罚款和吊销机动车驾驶证的行政责任:

(1)三种行政处罚必须同时适用,执法人员无自由裁量权;

(2)执法人员在拘留时间长短、罚款数额多少享有幅度内的自由裁量权;

(3)吊销机动车驾驶证,可以重新考取驾驶证,无时间限制;

(4)此种行政责任适用的前提条件必须是饮酒驾驶机动车被处罚,二次饮酒驾驶机动车,并非第二次饮酒驾驶机动车的行政责任。即第一次要被执法人员发现并处罚,第二次又被发现时的行政责任。如果第一次未被发现或者执法人员徇私未给予处罚,均不能适用该行政责任。

第二款规定的是醉驾非营运机动车的法律责任,包括行政责任和刑事责任。刑事责任:该规定与刑法修正案八规定的危险驾驶罪相呼应、相统一,一旦酒驾达到醉驾的程度(醉驾的认定参见第1款解读),即触及刑事责任,将适用剥夺人身自由6个月以下(拘役刑)并同时适用罚金附加刑的法律责任。行政责任:吊销机动车驾驶证,并且5年内不得重新考取驾驶证。对于醉驾者,执法人员有强制约束至酒醒的职责。

第三款规定的是饮酒后驾驶营运机动车的行政责任:

(1)"15日拘留、5000元罚款、吊销驾驶证且5年内不得重新考取"三种行政处罚同时并用,且执法人员无任何自由裁量权。拘留日期、罚款数额也是"一刀切",无自由裁量权。

(2)无论何人,只要饮酒后驾驶营运机动车即需要承担本款行政责任。注意:1)非营运机动车驾驶人驾驶营运机动车,可以适用本款规定;2)营运机动车驾驶人驾驶非营运机动车,不适用本款规定。

(3)营运机动车的界定,应包括载客、载货的,是经营性使用。

第四款规定的是醉酒驾驶营运机动车的法律责任,包括刑事责任和行政责任。刑事责任方面参见第2款相应部分解读,拘役刑、罚金刑并科。行政责任方面:吊销驾驶证且10年内不得重新考取,重新考取后不得驾驶营运机动车(职业限制)。醉驾者,执法人员有约束至酒醒的职责。

第五款规定的是酒驾(包括饮酒驾驶和醉驾)交通肇事的法律责任,包括刑事责任和行政责任。注意:

(1)酒驾必须发生重大交通事故,方适用本款规定。重大交通事故的认定,即酒驾构成刑法第133条交通肇事罪。

(2)刑事责任方面,酒驾同时构成危险驾驶罪和交通肇事罪的,不数罪并罚,择一重罪处罚,即以交通肇事罪定罪处罚。

(3)行政责任方面,吊销驾驶证且终身不得重新考取,日后在国内再无合法身份驾驶机动车的可能了,除非移民国外、开黑车、立法有新变化等。

另外对于醉酒驾驶的,2011年5月1日起实施的《中华人民共和国刑法修正案(八)》第一百三十三条规定:"违反交通运输管理法规,因而发生重大事故,致人重伤、死亡或者使公私财产遭受重大损失的,处三年以下有期徒刑或者拘役;交通运输肇事后逃逸或者有其他特别恶劣情节的,处三年以上七年以下有期徒刑;因逃逸致人死亡的,处七年以上有期徒刑。

在道路上驾驶机动车追逐竞驶,情节恶劣的,或者在道路上醉酒驾驶机动车的,处拘役,并处罚金。

有前款行为,同时构成其他犯罪的,依照处罚较重的规定定罪处罚。"

第九十二条 公路客运车辆载客超过额定乘员的,处二百元以上五百元以下罚款;超过额定乘员百分之二十或者违反规定载货的,处五百元以上二千元以下罚款。

货运机动车超过核定载质量的,处二百元以上五百元以下罚款;超过核定载质量百分之三十或者违反规定载客的,处五百元以上二千元以下罚款。

有前两款行为的,由公安机关交通管理部门扣留机动车至违法状态消除。

运输单位的车辆有本条第一款、第二款规定的情形,经处罚不改的,对直接负责的主管人员处二千元以上五千元以下罚款。

[解说] 本条是对超载、严重超载或者违反规定载货、载客的公路客运车辆和货运机动车有关处罚和强制措施的规定。

第九十三条 对违反道路交通安全法律、法规关于机动车停放、临时停车规定的,可以指出违法行为,并予以口头警告,令其立即驶离。

机动车驾驶人不在现场或者虽在现场但拒绝立即驶离,妨碍其他车辆、行人通行的,处二十元以上二百元以下罚款,并可以将该机动车拖移至不妨碍交通的地点或者公安机关交通管理部门指定的地点停放。公安机关交通管理部门拖车不得向当事人收取费用,并应当及时告知当事人停放地点。

因采取不正确的方法拖车造成机动车损坏的,应当依法承担补偿责任。

[解说]　本条是关于违反机动车停放、临时停车规定的处理。

本条规定有三款:是对违反机动车停放、临时停车规定的一般处理措施;是对违法停放、临时停车的,并妨碍其他车辆、行人通行的机动车,进行处罚和处置的规定;是对公安机关交通管理部门因采取不正确的方法拖车造成机动车损坏时应承担补偿责任的规定。

第九十四条　机动车安全技术检验机构实施机动车安全技术检验超过国务院价格主管部门核定的收费标准收取费用的,退还多收取的费用,并由价格主管部门依照《中华人民共和国价格法》的有关规定给予处罚。

机动车安全技术检验机构不按照机动车国家安全技术标准进行检验,出具虚假检验结果的,由公安机关交通管理部门处所收检验费用五倍以上十倍以下罚款,并依法撤销其检验资格;构成犯罪的,依法追究刑事责任。

[解说]　本条是关于机动车安全技术检验机构违法行为追究法律责任规定。

机动车安全技术检验机构的违法行为有:超过国务院价格主管部门核定的收费标准收取费用的、不按照机动车国家安全技术标准进行检验,出具虚假检验结果的。

对机动车安全技术检验机构不按照机动车国家安全技术标准进行检验,出具虚假检验结果的行政处罚:由公安机关交通管理部门处所收检验费用五倍以上十倍以下罚款,并依法撤销其检验资格。

"构成犯罪的,依法追究刑事责任"的含义,主要是指触犯了《刑法》第二百二十九条的规定。第二百二十九条规定"承担资产评估、验资、验证、会计、审计、法律服务等职责的中介组织的人员故意提供虚假证明文件,情节严重的,处五年以下有期徒刑或者拘役,并处罚金。前款规定的人员,索取他人财物或者非法收受他人财物,犯前款罪的,处五年以上十年以下有期徒刑,并处罚金。"

第九十五条　上道路行驶的机动车未悬挂机动车号牌,未放置检验合格标志、保险标志,或者未随车携带行驶证、驾驶证的,公安机关交通管理部门应当扣留机动车,通知当事人提供相应的牌证、标志或者补办相应手续,并可以依照本法第九十条的规定予以处罚。当事人提供相应的牌证、标志或者补办相应手续的,应当及时退还机动车。

故意遮挡、污损或者不按规定安装机动车号牌的,依照本法第九十条的规定予以处罚。

[解说]　本条是关于违反有关号牌、标志和证照规定应当承担的法律责任的规定。

本条有二款,第一款是关于上道路行驶的机动车违反有关号牌、标志和证照规定应当承担的法律责任及公安机关交通管理部门应当采取的强制措施的规定;第二款是对故意遮挡、污损或者不按规定安装机动车号牌违法行为处罚的规定。

第九十六条　伪造、变造或者使用伪造、变造的检验合格标志、保险标志的,由公安机关交通管理部门予以收缴,扣留该机动车,处十日以下拘留,并处一千元以上三千元以下罚款;构成犯罪的,依法追究刑事责任。

使用其他车辆的机动车登记证书、号牌、行驶证、检验合格标志、保险标志的,由公安机关交通管理部门予以收缴,扣留该机动车,处二千元以上五千元以下罚款。

当事人提供相应的合法证明或者补办相应手续的,应当及时退还机动车。

[解说]　本条是对违反本法第十六条第三项规定应承担法律责任的规定。本条有三

层含义:

①是对伪造、变造或者使用伪造、变造机动车牌证或使用他人牌证行为的行政处罚和强制措施;

②是对构成犯罪的,要依法追究刑事责任;

③是对退还被扣留机动车的条件的规定。

第九十七条 非法安装警报器、标志灯具的,由公安机关交通管理部门强制拆除,予以收缴,并处二百元以上二千元以下罚款。

[解说] 本法第十五条对安装警报器、灯具标志的特种车范围及使用条件作出了明确的规定,本条是对非法安装警报器、标志灯具的处罚及强制措施的规定。

机动车安装警报器、标志灯具是特定部门为公众服务、执行紧急公务在道路通行上有特殊需要而专门设置的,并非任何车辆可以随意安装的。警报器和标志灯具的安装,必须符合法定的范围和标准,同时也必须严格地按照法定的条件使用。非法安装和使用警报器、标志灯具的,要依照本法承担相应的法律责任。

第九十八条 机动车所有人、管理人未按照国家规定投保机动车第三者责任强制保险的,由公安机关交通管理部门扣留车辆至依照规定投保后,并处依照规定投保最低责任限额应缴纳的保险费的二倍罚款。

依照前款缴纳的罚款全部纳入道路交通事故社会救助基金。具体办法由国务院规定。

[解说] 本条是对未按规定投保机动车第三者责任强制保险的强制措施和处罚规定。

机动车上道路行驶是一种可能会对周围环境造成高度危险的作业,机动车在从事高速运输作业时给他人造成损害,不管造成事故的责任是否在自己,机动车在一般情况下要对交通事故承担民事责任,除非能证明损害是由对方故意造成的。而交通事故造成的生命财产损失常有可能动辄几万、几十万,并非每一个机动车所有者能够一下子拿得出来的,这就需要依靠保险制度。

本法规定,国家实行机动车第三者责任强制保险制度。法律之所以规定实行第三者责任强制保险,就是为了不特定的交通事故受害者的合法权益能够得到切实保障和得到及时赔偿。第三者责任险是指保险车辆在使用过程中因意外事故,致使第三者遭受人身伤亡或财产的直接损失,保险公司依照保险合同的规定给予赔偿。

机动车所有人、管理人未按照国家规定投保机动车第三者责任强制保险,发生交通意外事故时,就无法依靠保险公司的巨大财力及时予以赔付,而只能依靠机动车所有人、管理人本身的财力去赔付,有可能发生交通事故受害方不能得到及时足额赔偿的情况,影响社会秩序的稳定,不利于交通秩序的管理和交通法规的执行。因此,本条规定,未按照国家规定投保机动车第三者责任强制保险的,由公安机关交通管理部门扣留车辆至依照规定投保后,并处以依照规定投保最低责任限额应缴纳的保险费二倍的罚款。

本条还规定,依照前款缴纳的罚款全部纳入道路交通事故社会救助基金,具体办法由国务院规定。这就明确规定了此项罚款的去向和用途。

第九十九条 有下列行为之一的,由公安机关交通管理部门处二百元以上二千元以下罚款:

(一)未取得机动车驾驶证、机动车驾驶证被吊销或者机动车驾驶证被暂扣期间驾驶机

动车的;

（二）机动车交由未取得机动车驾驶证或者机动车驾驶证被吊销、暂扣的人驾驶的;

（三）成交通事故后逃逸,尚不构成犯罪的;

（四）动车行驶超过规定时速百分之五十的;

（五）迫机动车驾驶人违反道路交通安全法律、法规和机动车安全驾驶要求驾驶机动车,造成交通事故,尚不构成犯罪的;

（六）违反交通管制的规定强行通行,不听劝阻的;

（七）故意损毁、移动、涂改交通设施,造成危害后果,尚不构成犯罪的;

（八）非法拦截、扣留机动车辆,不听劝阻,造成交通严重阻塞或者较大财产损失的。

行为人有前款第二项、第四项情形之一的,可以并处吊销机动车驾驶证;有第一项、第三项、第五项至第八项情形之一的,可以并处十五日以下拘留。

[解说] 本条是对八种严重违反道路交通安全法的行为应当承担法律责任的规定。本条有两款内容:

①指出了八种严重违反道路交通安全法的行为及对其进行罚款处罚的规定;

②分别对前款规定的八种严重违反道路交通安全法行为实施并处的规定。

在(1)中对无证驾驶等八种严重违反道路交通安全法的行为的基本处罚是"由公安机关交通管理部门处二百元以上二千元以下罚款"。行为人实施了第二项、第四项违法行为的,除了罚款以外,还可以并处吊销机动车驾驶证;行为人实施了第一项、第三项、第五项至第八项违法行为的,除了罚款以外,可以并处十五日以下拘留。

第一百条 驾驶拼装的机动车或者已达到报废标准的机动车上道路行驶的,公安机关交通管理部门应当予以收缴,强制报废。

对驾驶前款所列机动车上道路行驶的驾驶人,处二百元以上二千元以下罚款,并吊销机动车驾驶证。

出售已达到报废标准的机动车的,没收违法所得,处销售金额等额的罚款,对该机动车依照本条第一款的规定处理。

[解说] 本条是关于对驾驶拼装的机动车或者已达到报废标准的机动车上路行驶和出售已达到报废标准的机动车的处罚和强制措施的规定。本条规定共有三款内容,分别对驾驶拼装的机动车或者已达到报废标准的机动车上道路行驶行为及出售报废机动车的行为如何处罚和处理都作出了明确的规定。

第一百零一条 违反道路交通安全法律、法规的规定,发生重大交通事故,构成犯罪的,依法追究刑事责任,并由公安机关交通管理部门吊销机动车驾驶证。

造成交通事故后逃逸的,由公安机关交通管理部门吊销机动车驾驶证,且终生不得重新取得机动车驾驶证。

[解说] 本条是关于发生重大交通事故追究法律责任的规定。

(1)关于重大交通事故责任人的刑事责任追究

交通肇事罪,是指违反交通安全管理法规而发生重大交通事故,致人重伤、死亡或者使公私财产遭受重大损失的行为。注意:行为人在交通肇事后为逃避法律追究,将被害人带离事故现场后隐藏或者遗弃,致使被害人无法得到救助而残废或者严重残疾的,应当以故意杀人罪、故意伤害罪论处。

(2) 关于重大交通事故责任人的行政责任追究

违反道路交通安全法律、法规的规定,发生重大交通事故,构成犯罪的,除依法追究刑事责任外,还要追究其行政责任。根据本条的规定,由公安机关交通管理部门吊销其机动车驾驶证。

(3) 关于终生不得重新取得机动车驾驶证的规定

依照本条第二款的规定,造成交通事故后逃逸的,由公安机关交通管理部门吊销其机动车驾驶证,且终生不得重新取得机动车驾驶证。

第一百零二条 对六个月内发生二次以上特大交通事故负有主要责任或者全部责任的专业运输单位,由公安机关交通管理部门责令消除安全隐患,未消除安全隐患的机动车,禁止上道路行驶。

[解说] 本条是关于专业运输单位发生特大交通事故承担的法律责任的规定。

承担本条规定责任的主体是专业运输单位。所谓专业运输单位,是指专门从事客、货运输业务的法人或者其他组织。本条对专业运输单位在一定条件下应当承担的法律责任作了专门的规定。

专业运输单位如果在六个月以内发生二次或者二次以上的特大交通事故,并对这些事故负有主要责任或者全部责任,说明该专业运输单位中存在着安全隐患。因此,本条规定对六个月内发生二次以上特大交通事故负有主要责任或者全部责任的专业运输单位,由公安机关交通管理部门责令消除安全隐患,未消除安全隐患的机动车,禁止上道路行驶。

第一百零三条 国家机动车产品主管部门未按照机动车国家安全技术标准严格审查,许可不合格机动车型投入生产的,对负有责任的主管人员和其他直接责任人员给予降级或者撤职的行政处分。

机动车生产企业经国家机动车产品主管部门许可生产的机动车型,不执行机动车国家安全技术标准或者不严格进行机动车成品质量检验,致使质量不合格的机动车出厂销售的,由质量技术监督部门依照《中华人民共和国产品质量法》的有关规定给予处罚。

擅自生产、销售未经国家机动车产品主管部门许可生产的机动车型的,没收非法生产、销售的机动车成品及配件,可以并处非法产品价值三倍以上五倍以下罚款;有营业执照的,由工商行政管理部门吊销营业执照,没有营业执照的,予以查封。

生产、销售拼装的机动车或者生产、销售擅自改装的机动车的,依照本条第三款的规定处罚。

有本条第二款、第三款、第四款所列违法行为,生产或者销售不符合机动车国家安全技术标准的机动车,构成犯罪的,依法追究刑事责任。

[解说] 本条是关于机动车审查、生产、销售的违法行为追究法律责任的规定。

第一百零四条 未经批准,擅自挖掘道路、占用道路施工或者从事其他影响道路交通安全活动的,由道路主管部门责令停止违法行为,并恢复原状,可以依法给予罚款;致使通行的人员、车辆及其他财产遭受损失的,依法承担赔偿责任。

有前款行为,影响道路交通安全活动的,公安机关交通管理部门可以责令停止违法行为,迅速恢复交通。

[解说]　本条是对非法施工、影响道路交通安全和秩序行为的法律责任的规定。本条共有两款：

第一款规定了对非法挖掘道路、占用道路施工以及其他影响道路交通安全活动行为的处罚。"道路主管部门"，对城市道路而言，是指市政管理部门；对公路而言，是指公路主管部门。

第二款规定了公安交通管理部门对制止非法挖掘道路和占路施工行为的职责。非法挖掘和占路施工影响道路交通安全和通行的，公安交通管理部门可以责令其停止违法行为，以便尽快恢复交通。本条未规定拒绝停止非法挖掘道路和占路施工等行为时，公安交通管理部门可以采取何种措施，但根据公安交通管理部门的职责，此时公安交通管理部门可以采取强制措施，但不能罚款。

第一百零五条　道路施工作业或者道路出现损毁，未及时设置警示标志、未采取防护措施，或者应当设置交通信号灯、交通标志、交通标线而没有设置或者应当及时变更交通信号灯、交通标志、交通标线而没有及时变更，致使通行的人员、车辆及其他财产遭受损失的，负有相关职责的单位应当依法承担赔偿责任。

[解说]　本条对施工单位、道路维护单位及交通标志设置单位未尽职责的法律责任的规定。

本条涉及到三个方面的内容，即在道路施工作业或者道路出现损毁时，由于以下三种原因，并造成通行的人员、车辆及其他财产遭受损失的，负有相关职责的单位应当依法承担赔偿责任。三种情形是：

①未及时设置警示标志、未采取防护措施；
②未及时设置交通信号的；
③未及时变更交通信号灯、交通标志、交通标线的。

第一百零六条　在道路两侧及隔离带上种植树木、其他植物或者设置广告牌、管线等，遮挡路灯、交通信号灯、交通标志，妨碍安全视距的，由公安机关交通管理部门责令行为人排除妨碍；拒不执行的，处二百元以上二千元以下罚款，并强制排除妨碍，所需费用由行为人负担。

[解说]　本条是关于违反道路两侧及隔离带管理规定妨碍安全视距的法律责任的规定。

本条规定，在道路两侧及隔离带上种植树木、其他植物或者设置广告牌、管线等，不能遮挡路灯、交通信号灯、交通标志，不能妨碍安全视距。种植行道树、绿篱等应以适应道路本身的交通功能为前提，不能妨碍安全视距。安全视距是指车辆驾驶人在行车中能看到前方一定距离的路面，以发现路上的障碍物或者迎面来车时，能在一定的车速下及时制动或者避让，从而避免发生事故的最短距离。

第一百零七条　对道路交通违法行为人予以警告、二百元以下罚款，交通警察可以当场作出行政处罚决定，并出具行政处罚决定书。

行政处罚决定书应当载明当事人的违法事实、行政处罚的依据、处罚内容、时间、地点以及处罚机关名称，并由执法人员签名或者盖章。

[解说]　本条是关于当场作出行政处罚决定以及行政处罚决定书的内容的规定。

(1)可以当场作出行政处罚决定的情形

本条规定对道路交通违法行为人予以警告、二百元以下罚款的,交通警察可以当场作出行政处罚决定。应当注意的是,这里规定的是"可以",而不是"应当"或者"必须"。对道路交通违法行为人所处的罚款超过了二百元,或者给予的处罚既不是警告也不是罚款的,交通警察就应当按照行政处罚法规定的一般程序进行处罚,而不能当场作出行政处罚决定。

(2)关于行政处罚决定书的要求

当场作出行政处罚决定的也应当出具行政处罚决定书。行政处罚决定书上应当写明下列事项:当事人的违法事实,即被处罚的人作出了哪种或者哪些违反道路交通安全法律法规的行为;行政处罚的依据,即根据哪个法律的哪条规定作出行政处罚;处罚内容,即给予的处罚是警告还是罚款;处罚的时间,即在何年何月何日作出的该处罚;处罚的地点,即在哪一个地方作出的处罚;处罚机关名称,即由哪一个机关作出的该行政处罚。除此之外,行政处罚决定书还应当由作出该处罚决定的交通警察在处罚决定书上签上自己的名字,或者盖上自己的人名章。

第一百零八条 当事人应当自收到罚款的行政处罚决定书之日起十五日内,到指定的银行缴纳罚款。

对行人、乘车人和非机动车驾驶人的罚款,当事人无异议的,可以当场予以收缴罚款。

罚款应当开具省、自治区、直辖市财政部门统一制发的罚款收据;不出具财政部门统一制发的罚款收据的,当事人有权拒绝缴纳罚款。

[解说] 本条是关于缴纳罚款的有关规定。

(1)缴纳罚款的方式

本条规定,当事人应当从收到罚款的行政处罚决定书之日起的十五日内,到指定的银行缴纳罚款。但为了方便当事人,本条规定在法定的条件下,执法人员也可以当场予以收缴罚款。当场收缴必须符合两个条件:一是对行人、乘车人和非机动车驾驶人的罚款,二是被处以罚款的当事人对该罚款完全同意、没有意见。

(2)罚款应当依法开具罚款收据

为了制止乱罚款,并保证收缴的罚款全部上缴国库,本条规定罚款应当开具省、自治区、直辖市财政部门统一制发的罚款收据。

第一百零九条 当事人逾期不履行行政处罚决定的,作出行政处罚决定的行政机关可以采取下列措施:

(一)到期不缴纳罚款的,每日按罚款数额的百分之三加处罚款;

(二)申请人民法院强制执行。

[解说] 本条是对当事人逾期不履行行政处罚决定而采取的行政强制执行的规定。

依照我国法律规定,当事人逾期不履行行政处罚决定的,作出行政处罚决定的行政机关可以采取行政强制执行措施。行政强制执行是指公民、法人或者其他组织不履行行政机关依法所作行政处理决定中规定的义务,有关国家机关依法强制其履行义务或者达到与履行义务相同状态的行为。我国行政强制执行制度是以申请人民法院强制执行为原则,以行政机关强制执行为例外。

本条第一款规定的当事人"到期不缴纳罚款的,每日按罚款数额的百分之三加处罚款",属于法律的特别授权。

第一百一十条 执行职务的交通警察认为应当对道路交通违法行为人给予暂扣或者吊销机动车驾驶证处罚的,可以先予扣留机动车驾驶证,并在二十四小时内将案件移交公安机关交通管理部门处理。

道路交通违法行为人应当在十五日内到公安机关交通管理部门接受处理。无正当理由逾期未接受处理的,吊销机动车驾驶证。

公安机关交通管理部门暂扣或者吊销机动车驾驶证的,应当出具行政处罚决定书。

[解说] 本条是关于暂扣或者吊销机动车驾驶证行政处罚程序的规定。

(1)暂扣或者吊销机动车驾驶证处罚的程序规定

在本条第一款的规定中有二层含义:赋予了执行职务的交通警察可以先予扣留机动车驾驶证的权力;规定了对扣留的机动车驾驶证的处理方式。

(2)对不依法接受处理的当事人的处理规定

本条规定有关的当事人应当主动接受处理。道路交通违法行为人应当在十五日内,自行到公安机关交通管理部门去接受处理。只有在有正当理由的情况下,比如,遭遇地震、洪水等而使道路阻断,无法通行,或者突患严重疾病而无法行动等不可抗力情况,不能如期到公安机关交通管理部门接受处理的,才能超过十五日的期限去接受处理。没有正当理由超过十五日的期限没有接受处理的,就由公安机关交通管理部门吊销其机动车驾驶证。

(3)暂扣或者吊销机动车驾驶证应当出具行政处罚决定书的规定

本条规定公安机关交通管理部门暂扣或者吊销机动车驾驶证应当出具行政处罚决定书。

第一百一十一条 对违反本法规定予以拘留的行政处罚,由县、市公安局、公安分局或者相当于县一级的公安机关裁决。

[解说] 本条是关于行政拘留处罚裁决权限的规定。

本条规定对违反本法规定予以拘留的行政处罚,由县、市公安局、公安分局或者相当于县一级的公安机关裁决,行政拘留决定书上必须加盖县、市公安局、公安分局或者相当于县一级的公安机关的印章;没有加盖相应公安机关印章的,不发生相应的法律效力。

本条中的"相当于县一级的公安机关",是指铁路、民航、交通、森林、农垦等专业部门的公安机关。具体是指:铁路公安局(处)、公安分局(分处)、公安段;交通、港航公安局(处)、公安分局(分处)航务工程局公安处;民航公安处、公安分处;县一级的林业公安局、公安处等。

第一百一十二条 公安机关交通管理部门扣留机动车、非机动车,应当当场出具凭证,并告知当事人在规定期限内到公安机关交通管理部门接受处理。

公安机关交通管理部门对被扣留的车辆应当妥善保管,不得使用。

逾期不来接受处理,并且经公告三个月仍不来接受处理的,对扣留的车辆依法处理。

[解说] 本条是关于扣留机动车、非机动车的规定。

"逾期"与本条第一款中的"规定期限"是同一个期限,即《交通违章处理程序规定》中规定的扣留期限。

第一百一十三条 暂扣机动车驾驶证的期限从处罚决定生效之日起计算;处罚决定生效前先予扣留机动车驾驶证的,扣留一日折抵暂扣期限一日。

吊销机动车驾驶证后重新申请领取机动车驾驶证的期限,按照机动车驾驶证管理规定办理。

[解说] 本条是关于暂扣机动车驾驶证的期限和吊销机动车驾驶证后重新领取驾驶证的规定。

(1)暂扣机动车驾驶证期限计算方法

本条第一款规定了暂扣机动车驾驶证期限方法计算。暂扣机动车驾驶证的期限是从处罚决定生效之日起计算,"处罚决定生效之日",是指行政处罚决定书上载明的日期。应当注意的是,即便当事人对公安机关交通管理部门裁决的暂扣机动车驾驶证的处罚不服而申请行政复议或者提起行政诉讼,也不影响暂扣机动车:驾驶证处罚的生效,不影响暂扣机动车驾驶证处罚的执行。

(2)暂扣机动车驾驶证期限的折抵

第一款还规定了期限的折抵的方法是先予以扣留一日,折抵暂扣期限一日。

(3)吊销机动车驾驶证后重新申领的期限

按照《机动车驾驶证管理办法》的规定,被吊销机动车驾驶证未满2年的,不得申请机动车驾驶证。

第一百一十四条 公安机关交通管理部门根据交通技术监控记录资料,可以对违法的机动车所有人或者管理人依法予以处罚。对能够确定驾驶人的,可以依照本法的规定依法予以处罚。

[解说] 本条是关于根据交通技术监控记录资料对道路交通违法行为人进行处罚的规定。

本条赋予公安机关交通管理部门根据交通技术监控记录资料对违法的机动车所有人或者管理人依法予以处罚的权力。即无论是谁在驾驶机动车,一旦交通技术监控记录资料显示机动车有违法的地方,在无法确定驾驶人的情况下,公安机关交通管理部门就可以对机动车的所有人或者管理人依法予以处罚。能够确定驾驶人的,可以按照本法的规定依法予以处罚。

第一百一十五条 交通警察有下列行为之一的,依法给予行政处分:

(一)为不符合法定条件的机动车发放机动车登记证书、号牌、行驶证、检验合格标志的;

(二)批准不符合法定条件的机动车安装、使用警车、消防车、救护车、工程救险车的警报器、标志灯具,喷涂标志图案的;

(三)为不符合驾驶许可条件、未经考试或者考试不合格人员发放机动车驾驶证的;

(四)不执行罚款决定与罚款收缴分离制度或者不按规定将依法收取的费用、收缴的罚款及没收的违法所得全部上缴国库的;

(五)举办或者参与举办驾驶学校或者驾驶培训班、机动车修理厂或者收费停车场等经营活动的;

(六)利用职务上的便利收受他人财物或者谋取其他利益的;

(七)违法扣留车辆、机动车行驶证、驾驶证、车辆号牌的;
(八)使用依法扣留的车辆的;
(九)当场收取罚款不开具罚款收据或者不如实填写罚款额的;
(十)徇私舞弊,不公正处理交通事故的;
(十一)故意刁难,拖延办理机动车牌证的;
(十二)非执行紧急任务时使用警报器、标志灯具的;
(十三)违反规定拦截、检查正常行驶的车辆的;
(十四)非执行紧急公务时拦截搭乘机动车的;
(十五)不履行法定职责的。

公安机关交通管理部门有前款所列行为之一的,对直接负责的主管人员和其他直接责任人员给予相应的行政处分。

[解说] 本条是对交通警察执法时有违法行为给予行政处分的规定。

本条规定共有二款内容,第一款规定了依法给予交通警察行政处分的十五种违法行为;第二款规定了直接负责的主管人员和其他直接责任人员的行政责任。本条规定是在有关法律规定的基础上,对交通警察在执法中的违法行为给予行政处分的详细规定。

第一百一十六条 依照本法第一百一十五条的规定,给予交通警察行政处分的,在作出行政处分决定前,可以停止其执行职务;必要时,可以予以禁闭。

依照本法第一百一十五条的规定,交通警察受到降级或者撤职行政处分的,可以予以辞退。

交通警察受到开除处分或者被辞退的,应当取消警衔;受到撤职以下行政处分的交通警察,应当降低警衔。

[解说] 本条是关于依法给予违法的交通警察行政处分时有关问题的规定。

第一百一十七条 交通警察利用职权非法占有公共财物,索取、收受贿赂,或者滥用职权、玩忽职守,构成犯罪的,依法追究刑事责任。

[解说] 本条是关于交通警察利用职权犯罪的刑事责任的规定。

本条规定涉及的交通警察职务犯罪有:贪污罪、受贿罪、滥用职权罪和玩忽职守罪。

第一百一十八条 公安机关交通管理部门及其交通警察有本法第一百一十五条所列行为之一,给当事人造成损失的,应当依法承担赔偿责任。

[解说] 本条是关于公安机关交通管理部门及交通警察违法行为需承担赔偿责任的规定。

①公安机关交通管理部门及其交通警察违法行为需使职权时受害人有依法取得国家赔偿的权利。国家赔偿法规定,国家机关和国家机关工作人员违法行使职权侵犯公民、法人和其他组织的合法权益造成损害时,受害人有依照国家赔偿法取得国家赔偿的权利。

②交通警察应当承担的民事赔偿责任。国家赔偿法规定,对行政机关工作人员与行使职权无关的个人行为,国家不承担赔偿责任。此时,当事人应当依照民法通则的规定,要求交通警察予以赔偿。

第一百一十九条 本法中下列用语的含义:
(一)"道路",是指公路、城市道路和虽在单位管辖范围但允许社会机动车通行的地方,包括广场、公共停车场等用于公众通行的场所。

(二)"车辆",是指机动车和非机动车。

(三)"机动车",是指以动力装置驱动或者牵引,上道路行驶的供人员乘用或者用于运送物品以及进行工程专项作业的轮式车辆。

(四)"非机动车",是指以人力或者畜力驱动,上道路行驶的交通工具,以及虽有动力装置驱动但设计最高时速、空车质量、外形尺寸符合有关国家标准的残疾人机动轮椅车、电动自行车等交通工具。

(五)"交通事故",是指车辆在道路上因过错或者意外造成的人身伤亡或者财产损失的事件。

[解说] 本条是对《道路交通安全法》中主要术语的解释。

(1)道路

本法定义的道路"是指公路、城市道路和虽在单位管辖范围但允许社会机动车通行的地方,包括广场、公共停车场等用于公众通行的场所"。

(2)车辆

本条第二项是对车辆的定义。《道路交通安全法》中的车辆是指能在道路上行驶的机动车和非机动车。

(3)机动车

本法定义的机动车,是指以动力装置驱动或者牵引,上道路行驶的供人员乘用或者用于运送物品以及进行工程专项作业的轮式车辆,机动车的种类包括汽车、电车、摩托车、拖拉机、挂车和轮式专用机械车等。

(4)非机动车

本法定义的非机动车是指以人力或者畜力驱动,上道路行驶的交通工具,以及虽有助力装置驱动但设计最高时速、空车质量、外形尺寸符合有关国家标准的残疾人机动轮椅车、电动自行车等交通工具。

(5)交通事故

本法定义的交通事故"是指车辆在道路上因过错或者意外造成的人身伤亡或者财产损失的事件。"

第一百二十条 中国人民解放军和中国人民武装警察部队在编机动车牌证、在编机动车检验以及机动车驾驶人考核工作,由中国人民解放军、中国人民武装警察部队有关部门负责。

[解说] 本条是对军队机动车及其驾驶人管理的规定。

第一百二十一条 对上道路行驶的拖拉机,由农业(农业机械)主管部门行使本法第八条、第九条、第十三条、第十九条、第二十三条规定的公安机关交通管理部门的管理职权。

农业(农业机械)主管部门依照前款规定行使职权,应当遵守本法有关规定,并接受公安机关交通管理部门的监督;对违反规定的,依照本法有关规定追究法律责任。

本法施行前由农业(农业机械)主管部门发放的机动车牌证,在本法施行后继续有效。

[解说] 本条是关于道路上行驶的拖拉机管理的规定。本条分三款,第一款是关于管理职权的范围。第二款是对农业(农业机械)主管部门行使职权的要求。第三款肯定了以往农业(农业机械)主管部门发放的机动车牌证的效力。

第一百二十三条 省、自治区、直辖市人民代表大会常务委员会可以根据本地区的实际情况,在本法规定的罚款幅度内,规定具体的执行标准。

[解说] 本条是对规定处罚具体标准的授权性规定。

本条授权省、自治区、直辖市人民代表大会常务委员会可以根据本地区的实际情况,对《道路交通安全法》法律责任中规定的罚款幅度,规定具体的执行标准。

第一百二十四条 本法自2004年5月1日起施行。

[解说] 本条是对法律生效日期的规定。

《道路交通安全法》已于2003年10月28日经第十届全国人民代表大会常委会第五次会议通过。同日由国家主席胡锦涛签署第八号主席令予以公布,并于2004年5月1日起施行。

附1:

中华人民共和国主席令(十届第81号)

《全国人民代表大会常务委员会关于修改〈中华人民共和国道路交通安全法〉的决定》已由中华人民共和国第十届全国人民代表大会常务委员会第三十一次会议于2007年12月29日通过,现予公布,自2008年5月1日起施行。

中华人民共和国主席 胡锦涛

2007年12月29日

全国人民代表大会常务委员会关于修改《中华人民共和国道路交通安全法》的决定

(2007年12月29日第十届全国人民代表大会常务委员会第三十一次会议通过)

第十届全国人民代表大会常务委员会第三十一次会议决定对《中华人民共和国道路交通安全法》作如下修改:

第七十六条修改为:"机动车发生交通事故造成人身伤亡、财产损失的,由保险公司在机动车第三者责任强制保险责任限额范围内予以赔偿;不足的部分,按照下列规定承担赔偿责任:

(一)机动车之间发生交通事故的,由有过错的一方承担赔偿责任;双方都有过错的,按照各自过错的比例分担责任。

(二)机动车与非机动车驾驶人、行人之间发生交通事故,非机动车驾驶人、行人没有过错的,由机动车一方承担赔偿责任;有证据证明非机动车驾驶人、行人有过错的,根据过错程度适当减轻机动车一方的赔偿责任;机动车一方没有过错的,承担不超过百分之十的赔偿责任。

交通事故的损失是由非机动车驾驶人、行人故意碰撞机动车造成的,机动车一方不承担赔偿责任。"

本决定自2008年5月1日起施行。

《中华人民共和国道路交通安全法》根据本决定作相应修改,重新公布。

附2:

中华人民共和国主席令(第四十七号)

《全国人民代表大会常务委员会关于修改〈中华人民共和国道路交通安全法〉的决定》已由中华人民共和国第十一届全国人民代表大会常务委员会第二十次会议于2011年4月22日通过,现予公布,自2011年5月1日起施行。

中华人民共和国主席　胡锦涛
2011年4月22日

全国人民代表大会常务委员会关于修改《中华人民共和国道路交通安全法》的决定

(2011年4月22日第十一届全国人民代表大会常务委员会第二十次会议通过)

第十一届全国人民代表大会常务委员会第二十次会议决定对《中华人民共和国道路交通安全法》作如下修改：

一、将第九十一条修改为："饮酒后驾驶机动车的，处暂扣六个月机动车驾驶证，并处一千元以上二千元以下罚款。因饮酒后驾驶机动车被处罚，再次饮酒后驾驶机动车的，处十日以下拘留，并处一千元以上二千元以下罚款，吊销机动车驾驶证。"

"醉酒驾驶机动车的，由公安机关交通管理部门约束至酒醒，吊销机动车驾驶证，依法追究刑事责任；五年内不得重新取得机动车驾驶证。"

"饮酒后驾驶营运机动车的，处十五日拘留，并处五千元罚款，吊销机动车驾驶证，五年内不得重新取得机动车驾驶证。"

"醉酒驾驶营运机动车的，由公安机关交通管理部门约束至酒醒，吊销机动车驾驶证，依法追究刑事责任；十年内不得重新取得机动车驾驶证，重新取得机动车驾驶证后，不得驾驶营运机动车。"

"饮酒后或者醉酒驾驶机动车发生重大交通事故，构成犯罪的，依法追究刑事责任，并由公安机关交通管理部门吊销机动车驾驶证，终生不得重新取得机动车驾驶证。"

二、将第九十六条第一款修改为："伪造、变造或者使用伪造、变造的机动车登记证书、号牌、行驶证、驾驶证的，由公安机关交通管理部门予以收缴，扣留该机动车，处十五日以下拘留，并处二千元以上五千元以下罚款；构成犯罪的，依法追究刑事责任。"

"伪造、变造或者使用伪造、变造的检验合格标志、保险标志的，由公安机关交通管理部门予以收缴，扣留该机动车，处十日以下拘留，并处一千元以上三千元以下罚款；构成犯罪的，依法追究刑事责任。"

"使用其他车辆的机动车登记证书、号牌、行驶证、检验合格标志、保险标志的，由公安机关交通管理部门予以收缴，扣留该机动车，处二千元以上五千元以下罚款。"

原第九十六条第二款作为第四款。

三、本决定自2011年5月1日起施行。

《中华人民共和国道路交通安全法》根据本决定作相应的修改，重新公布。

案例6-4：某日晚6时许，张某驾驶两轮摩托车在某公路由西往东行驶时，与由王某驾驶的往西行驶的大型货车相撞，张某倒地受重伤，即被送医院急救，由于张某昏迷不醒，一直在重症监护室救治，并随时有生命危险。大型货车驾驶员王某在肇事后逃逸。伤者张某的家人为挽回张某的生命，先后用去了抢救费10多万元，但由于家境贫寒，还是欠下医院5万元的医疗费，医院多次向张某家人催交未果，想停止抢救。后经了解，事故发生前王某的车辆在某保险公司投保了交强险，王某车辆的交强险能否为张某垫付抢救费用？

案情分析及结论：本案焦点问题在于：王某车辆的交强险能否为张某垫付抢救费用？

"垫付"在交强险中只规定了四种情形，具体为：当驾驶人未取得驾驶资格、驾驶人醉酒的、车被盗抢期间肇事的、被保险人故意制造道路交通事故的，保险公司在强制保险责任限额范围内垫付抢救费用,并有权向致害人追偿。其他情形不予垫付。所以王某车辆的交强险不能为张某垫付抢救费用。

但是我国《道路交通安全法》第十七条规定:国家实行机动车第三者责任强制保险制度,设立道路交通事故社会救助基金。具体办法由国务院规定。

根据《中华人民共和国道路交通安全法》、《中华人民共和国保险法》制定的《机动车交通事故责任强制保险条例》第二十四条规定:国家设立道路交通事故社会救助基金。有下列情形之一时,道路交通事故中受害人人身伤亡的丧葬费用、部分或者全部抢救费用,由救助基金先行垫付,救助基金管理机构有权向道路交通事故责任人追偿:(一)抢救费用超过机动车交通事故责任强制保险责任限额的;(二)肇事机动车未参加机动车交通事故责任强制保险的;(三)机动车肇事后逃逸的。所以本案中张某的抢救费用可由救助基金先行垫付,救助基金管理机构有权向道路交通事故责任人追偿。

(一)不定项选择

1. 我国机动车、非机动车实行(　　)通行。
   A. 左侧　　　　B. 右侧　　　　C. 中间　　　　D. 左右都可以
2. 根据道路条件和通行需要,道路划分为(　　)、(　　)、(　　),机动车、非机动车、行人实行分道通行。
   A. 机动车道　　B. 行车道　　　C. 超车道　　　D. 非机动车道　E. 人行道
3. 机动车与非机动车驾驶人、行人之间发生交通事故的,(　　)责任。
   A. 一律由机动车承担
   B. 一律由非机动车承担
   C. 根据过错分担
   D. 交通事故的损失是由非机动车驾驶人、行人故意造成的,机动车一方不承担
4. 在允许拖拉机通行的道路上,拖拉机可以(　　)。
   A. 货运　　　　　　　　　　B. 客运
   C. 确保安全的情况下,可以从事客运　D. 可以从事客运,但不得人货混装
5. 对交通事故损害赔偿的争议,当事人可以(　　)。
   A. 请求公安机关交通管理部门调解　　B. 请求道路管理部门调解
   C. 直接向人民法院提起民事诉讼　　　D. 向仲裁机构提起仲裁
6. 机动车通过交叉路口遇有交通信号的指示与交通警察的指挥不一致时,应当(　　)通行。
   A. 按照交通信号的指示
   B. 按照交通警察的指挥
   C. 在确保安全的情况下自行
   D. 在确保安全的情况下既可以按交通信号的指示,也可以按照交通警察的指挥

7. 对道路安全违法行为的处罚种类包括：（   ）。
   A. 警告   B. 罚款   C. 暂扣驾驶证   D. 没收驾驶证
   E. 吊销驾驶证   F. 拘留   G. 通报批评
8. 对（   ）的罚款，当事人无异议的，可以当场收缴罚款。
   A. 行人   B. 机动车驾驶人   C. 非机动车驾驶人   D. 乘车人
9. 有下列情形之一的，应当办理相应的登记。（   ）
   A. 机动车所有权发生转移的   B. 机动车登记内容变更的
   C. 机动车用作抵押的   D. 机动车用作租赁的
   E. 机动车报废的
10.《道路交通安全法》中所指的道路包括：（   ）
   A. 公路
   B. 城市道路
   C. 虽在单位管辖范围内但允许社会机动车通过的地方
   D. 公共停车场

（二）判断题

1. 施工单位因工程需要可以在不妨碍交通通行的情况下临时占用道路进行施工。
   （   ）
2. 因行人违反交通规则造成机动车与行人发生交通事故的，机动车不承担责任。
   （   ）
3. 机动车在道路上临时停车的，不得妨碍其他车辆和行人的通行。（   ）
4. 任何单位和个人不得在高速公路上拦截检查行驶的车辆，但公安机关人民警察除外。
   （   ）
5. 交通事故是指车辆在道路上因过错或者意外造成的人身伤亡或财产损失的事件。
   （   ）
6. 除公安机关外，任何单位和个人不能收缴、扣留机动车号牌。（   ）
7. 货运机动车在设置安全保护措施后可以载客。（   ）
8. 造成交通事故后逃逸，由公安机关交通管理部门吊销机动车驾驶证的，二年内不能重新申领驾驶证。（   ）
9. 机动车之间发生交通事故的按照过错责任原则承担相应的责任。（   ）
10. 公安机关交通管理部门对被扣留的车辆应妥善保管，临时需要使用的，应确保车辆使用后完好无损。（   ）

（三）简答题

1. 交通事故认定书应包括哪些内容？
2. 怎样取得机动车驾驶证？
3. 道路交通安全违法行为的处罚种类有哪些？
4. 什么是第三责任强制险？

参 考 文 献

[1] 李景芝,赵长利.汽车保险与理赔[M].北京:国防工业出版社,2010.
[2] 付铁军,杨学坤.汽车保险与理赔[M].北京:北京理工大学出版社,2008.
[3] 中国法制出版社.中华人民共和国合同法(实用版)[M].北京:中国法制出版社,2009.
[4] 刘凯湘.名校名师法学讲义——合同法[M].北京:中国法制出版社,2010.
[5] 中国保险监督鼓励委员会保险中介监管部.保险中介相关法规制度汇编(1998—2009)[G].北京:中国财政经济出版社,2010.
[6] 中国保险监督管理委员会保险中介监管部.2010保险中介相关法规制度汇编(1998—2009)[G].北京:中国财政经济出版社,2010.
[7] 王永盛.车险理赔查勘与定损[M].北京:机械工业出版社,2008.
[8] 董恩国,张蕾.汽车保险与理赔实务[M].北京:机械工业出版社,2007.
[9] 杨磊.汽车保险与理赔操作指南[M].北京:法律出版社,2007.
[10] 张新宝,陈飞.机动车交通事故责任强制保险条例理解与适用[M].北京:法律出版社,2006.
[11] 李敏.汽车保险法律法规[M].北京:人民交通出版社,2005.
[12] 李后龙.生活诉讼丛书(保险类)[M].南京:江苏人民出版社,2004.
[13] 王灵犀,王伟.机动车辆保险与理赔实务[M].北京:人民交通出版社,2004.
[14] 梁军.汽车保险与理赔[M].北京:人民交通出版社,2004.
[15] 刘建军.中华人民共和国道路交通安全法解说与运用[M].北京:人民交通出版社,2004.
[16] 徐文虎,陈东梅.保险学[M].上海:上海人民出版社,2004.
[17] 房永斌,孙运英.保险法规监管[M].北京:中国人民大学出版社,2004.
[18] 王灵犀.机动车辆保险与理赔实务[M].北京:人民交通出版社,2004.
[19] 程荣斌.刑事诉讼法学[M].北京:中国人民大学出版社,2004.
[20] 张世诚.中华人民共和国道路交通安全法通释[M].北京:人民交通出版社,2003.
[21] 张洪涛,郑功成.保险学[M].北京:中国人民大学出版社,2000.
[22] 陈欣.保险法[M].北京:北京大学出版社,2000.
[23] 周玉华.保险合同法总论[M].北京:中国检察出版社,2000.
[24] 孙蓉.保险法概论[M].成都:西南财经大学出版社,1999.
[25] 罗豪才.行政法学[M].北京:北京大学出版社,1996.
[26] 江伟.民事诉讼法[M].北京:中国人民大学出版社,1993.